# 모두
# 참여
# 수업

# 모두
# 참여
# 수업

## 통합교육, 참여가 열쇠다

신상미
이리라
이영수
임경희
지음

새로온봄

추천의 글

    저는 초등학교에서 특수학급을 맡고 있는 특수교사입니다. 이 책을 읽으며 눈가가 뜨거워져 몇 번이나 책을 내려놓았다가 다시 들기를 반복했습니다. 제가 그동안 특수교사로서 통합학급 선생님들을 붙들고 했던 말, 간절히 하고 싶었으나 현실 불가능한 이야기라고 할 것 같아 속으로 삼켰던 말, 저도 누군가에게서 꼭 듣고 싶었던 말들이 너무나 깊이 있고 생생하게 담겨 있었기 때문입니다.

    "○○이가 교실에 있으면서 아무 의미 없이 그냥 앉아만 있는 것 같아 미안한 마음이 들어요."

    "내 수업 시간에 ○○에게 뭔가를 해주고 싶은데, 뭘 해줘야 좋을지 모르겠어요."

    "우리 반 아이들한테 강조하는 학급 규칙을 ○○이에게도 똑같이

모두 참여 수업

시켜도 되는지, 아니면 빼줘야 하는지 모르겠어요"

통합학급 선생님들과 말씀을 나누다 보면 선생님들의 고민은 비슷합니다. 이 책을 쓴 네 분 선생님도 마찬가지였을 것입니다.

아주 오래전 애니메이션으로 본 '나무를 심은 사람'이라는 영화가 있습니다. 주인공인 한 노인은 모래바람만 가득한 황무지에 매일 밤 좋은 도토리 씨앗들을 골라내어 다음날 심습니다. 30년의 세월이 흘러 튼튼한 나무로 가득한 큰 숲을 이루는 이야기입니다. 저는 이 책의 선생님들이 주변의 어떤 상황에도 아랑곳하지 않고 묵묵히 나무를 심는 사람의 모습과 겹쳤습니다.

AI가 교육의 일부를 담당하고 각종 스마트 도구를 이용해 미래 교육을 계획하는 이 시대에 왜 우리나라 통합교육 현장에는 나무를 심는 사람만 있고, 거친 땅을 고르는 굴착기를 지원하고, 토양과 기후에 맞춰 나무의 가지를 치고 양분을 공급하는 시스템은 없는지, 꼭 필요한 곳에 나무 전문가들을 보내 주는 제도는 왜 아직도 없는지 한편으론 속상하기도 했습니다. 여전히 갈 길 먼 통합교육의 상황입니다만, 손 놓고 있을 수는 없겠지요.

이 책이 부디 널리 읽히면 좋겠습니다. 당장 제도와 시스템이 갖춰지지 않는다 해도 우리 선생님들은 학생과 교육에 대한 애정이 가득하다는 것을 알기 때문입니다. 장애 학생의 성공적인 통합교육을 어떻게 돕고 지원할지를 교대와 사범대학에서부터 배우고 준비하도록 했다면, 또는 1정연수 과정에서라도 배울 기회가 있다면, 그리고 이렇게 성공과 실패를 먼저 경험한 교사들의 사례를 공유하는 기회가 일상적으로 마련된다면, 적어도 우리 장애 학생들을 좀 더 가볍게 맞이할 것이기 때문입니다. 통합학급을 맡고 계시는 선생님의 숫자만큼 해마다 이 책이 읽혀서 일 년 동안 장애 학생들과 함께하는 학급살이가 두려움과 불안함으로 흔들리는 좌절의 연속이 아니라, 용기와 기대감으로 도전하고 성장하는 기쁨으로 채워지기를 간절히 바라봅니다.

이 책을 읽으며 중요하게 깨달은 것이 있습니다. 특수교육을 전공하고 통합교육 현장에서 오랫동안 뛰어온 저조차도 통합교육의 '통합'을 단순히 장애와 비장애의 통합으로 생각해 왔다는 자각이었습니다. 통합교육은 장애와 비장애의 통합만도, 아이들의 물리적 환경의 통합만도 아니었습니다. 다수와 소수의 통합, 강점과 약점의 통합, 가능과 불가능의 통합, 성공과 실패의 통합, 평등과 차이의 통합, 갈등과 화해의 통합, 개인과 사회의 통합 등을 모두 아우르는 것임을 알게 되었습니다. 그리고, 이 소중한 가치들의 교육은 제각각 다른 다양한 아이들이 '통합'된 환경에서 함께할 때만이 실현할 수 있는 가치교육이라는 것도 알았습니다. 이 책은 교실에서 아이들과 매 수업에서 뜨겁게 녹여내고 실천하신 선생님들의 증거이자 기록이기에 더 값진 의미가 있습니다.

책에서 통합교육대상 학생에 대해 많이 다루었지만, 교실에서 어려움을 겪는 다양한 학생들을 포괄하고 있습니다. 수업에서 소외되거나 어려움을 겪는 학생들은 다양하니까요. 유니버설 러닝 등 수업혁신에 대한 교사들의 노력은 깊고 다양하지만, '모두 참여 수업'은 그 연장선이자 보다 구체적이고 실천적입니다. 어느 학생도 소외되지 않는 '모두 참여 수업'을 해냈을 때 우리는 '모두'를 위한 수업, 모두를 위한 배움을 실천했다고 할 수 있겠지요.

이 책을 읽다 보면 장애 학생이나 비장애 학생, 그리고 학생들뿐만 아니라 교사, 학부모까지도 성장으로 이끄는 교육, 이것이 진짜 '통합교육'의 존재 이유이자 힘이라는 것을 알게 될 것입니다. 교사와 학생, 부모님들까지 모두가 성장하는 교실, 그 교실들이 모이고 모여 '통합교육'이라는 커다란 숲을 일구도록 저도 함께 '모두 참여 수업'의 나무를 심겠습니다.

박현주(인천부현초등학교 특수교사)


교실에 있는 모든 아이가 저마다의 속도로, 즐겁게 배우고 성장해야 하는 것은 당연합니다. 하지만 저는 그 '모든 아이'에 속하지 못하는 아이들이 있음을 종종 잊었습니다. 때로는 무엇을, 어떻게 해야 하는지 몰라서 발만 동동 구르다 말았습니다. 그런 제가 이 책 덕분에 '모두 참여 수업'의 당위성을 확인하고, 그런 수업이 일어나는 교실이 어떤 모습인지 구체적으로 그려볼 수 있었습니다. 책에서 언급된 디지털 도구나 교수적 수정 방법은 '나도 할 수 있겠다'라는 용기를 갖게 해주었습니다.

저자 신상미 선생님은 모두가 존중받고 행복한 교실이 좋은 사회로 피어날 씨앗이 된다는 기대를 하게 해주셨고, 임경희 선생님과 이리라 선생님은 학습에서 소외되는 학생이 없도록 애정 어린 관심을 기울이고, 전문성을 발휘하는 교사의 모습을 보여주셨습니다. 이영수 선생님은 일반학급 교사가 특수교육대상 학생이 함께 배울 수 있게 돕는 작은 노력이 매우 의미 있고 중요함을 알려주셨습니다.

많은 분이 읽고, 모든 아이가 수업에 참여하는 다양한 수업 장면을 상상해 보면 좋겠습니다. 우리 모두 만나서 자신이 해본 '모두 참여 수업'은 이렇다고, 이야기꽃 피울 날을 꿈꿔봅니다.

박미정(서울두산초등학교 교사)
《우리는 책 모임 하러 학교에 갑니다》《책 모임 이야기》저자


교사라면 통합교육에 대해 들어보았을 것이고, 통합교육을 지향해야 한다고 배웠을 것이다. 그러나 막상 학교 현장에 나가면 통합교육을 어떻게 해야 할지 막막하다. 장애가 있는 학생을 배제할 의도는 없었지만 정신 없이 수업을 하고 나서 돌아보면 장애가 있는 아이가 수업에 참여하지 못했음을 깨닫고 자책하곤 한다. 그러나 막상 수업에 참여시키기 위해 어떻게 해야 할까 고민해 보면 방법을 딱히 모르겠다. 장애가 중한 학생이라면 더 당황스러울 수 있다. 통합교육에 대해 배웠는데 왜 잘 못하는 것일까? 통합교육은 왜 이렇게 어렵게 느껴질까? 그것은

통합교육을 이론으로만 배웠기 때문일 것이다.

　　듀이는 우리는 경험을 통해 가장 잘 배운다고 하였다. 핸즈온 학습 (Hands-On Learning), 프로젝트 학습, 거꾸로 교실 등이 효과가 있는 이유이다. 이러한 교육학적 이론들은 우리 학생들에게만 해당하는 이야기가 아니다. 우리 자신들의 학습에도 적용되는 이야기이다. 통합교육에 대해 가장 잘 배울 방법은 경험을 통해서이다. 그런데 통합교육을 어떻게 우리가 핸즈온 학습을 하고, 프로젝트 학습을 하고, 거꾸로 학습을 해서 배울 수 있을까? 그것도 나 혼자서 통합교육에 대한 경험주의적 학습이 과연 가능할까? 가능하다. 다른 사람이 통합교육을 어떻게 실천했는지 그 경험을 보고 배움으로써 가능하다. 이것이 반두라가 말한 사회적 학습이다. 즉, 다른 사람의 경험을 보며 우리는 배울 수 있다. 간접 경험을 통한 학습은 안전하고, 효율적이고, 빠르다. 잘 가르치는 교사의 특징 중 하나가 바로 "끊임없이 학습하는 자세"를 가졌다는 것이다. 가르치는 사람은 끊임없이 새로운 것을 배우고, 실험해 보고, 자라나는 세대와 함께 계속하여 성장해 나가야 한다. 이 책이 바로 독자들에게 그러한 배움과 성장의 기회를 제공한다.

　　통합교육을 위해 힘쓰는 현장의 선생님들을 응원한다. 이 세상을 조금 더 나은 세상으로 바꾸기 위해 현장에서 애쓰는 모든 선생님을 응원한다.

권정민(서울교육대학교 유아/특수교육과 교수)
《최고의 원격수업만들기》《최고의 블렌디드러닝》등 저자, 유튜버, 웹툰 작가

들어가며

'모두 참여 수업'에 대한 책 기획 이야기를 처음 들었을 때, 학교 상황과 학년이 다른 교과별 수업 이야기가 모여 어떻게 한 권의 책으로 엮일까 궁금했다. 통합학급에서 수업은 아이의 특성에 따라 전혀 다른 방식을 적용해야 하고 상황은 항상 변하는데 교과별 수업 이야기가 읽는 이들에게 어떤 의미를 담을 수 있을까.

처음 통합학급을 맡았을 때의 일들이 떠올랐다. 당시 나는 특수교육에 대한 경험이 거의 없었고 통합교육이 무엇인지도 잘 모르는 상황이었다. 그런데 갑자기 자폐 성향을 지닌 아이가 있는 통합학급의 담임이 된 것이다. 여러 가지 일들을 겪고 시간이 지나면서 아이와 좀 익숙해졌으나 수업은 할수록 고민이 깊어졌다. 특수교육대상 학생을 포함하여 모든 아이들이 함께 하는 수업이 당시에는 불가능해 보였다. 다른

모두 참여 수업

선생님들은 수업을 어떻게 하실까 들어보고 싶었지만, 통합학급 수업의 이야기를 듣기가 쉽지 않았다. 아마 나처럼 궁금한 선생님들도 계시리라.

모든 아이가 안정된 환경에서 함께 배우고 성장하는 데 필요한 것은 과연 무엇일지 자세히 들여다봐야 한다. 수업 시간에 돌아다니고 다른 친구들을 방해하는 행동을 할 때는 대부분 수업 참여를 하지 못할 때이다. 평소 장난을 치고 수업 시간에 집중하지 못하는 학생들도 뭔가 역할을 주고 의미 있는 참여를 할 때는 소위 문제행동이라는 것이 줄어든다.

이 책에는 사회, 음악, 영어, 과학 교과별로 네 분 선생님의 수업 이야기가 담겨있다. 교과 특성에 따른 지도 방식의 차이도 있고, 저자마다 수업에 접근하는 방법, 학교 상황, 통합학급의 수업을 고민하게 된 시점도 다르다. 그러나 한 권의 책으로 엮어진 가장 큰 공통점은 아이들 모두 함께 할 수 있는 수업 방법을 고민한 점이다. 다른 선생님들이 쓰신 글을 읽으면서 나 또한 많은 참고가 되었다. 통합학급의 수업을 고민하면서 나의 수업도 조금씩 나아짐을 느끼고 있다. 교육과정에 담긴 내용을 전달하기에 급급했던 나에서 아이들을 바라보며 아이들과 함께 할 수 있는 수업을 고민하게 된 것이 가장 크게 달라진 점이다. 아이들을 찬찬히 살피는 것부터 수업 준비를 시작하면 수업 장면을 구체적으로 떠올려 볼 수 있었고 어떤 장면에서 어려움을 느낄지 예상해 볼 수 있었다. 거창하게 시작하지 말고 오늘보다 조금 더 참여를 확대하는 것을 목표로 시작해 보니 작은 참여에도 기뻐할 수 있었고 그렇게 하루하루를 보내다 보니 아이들 모두 부쩍 자라 있었다.

이 책에 실린 수업 이야기는 특별한 선생님, 특별한 교실의 이야기가 아니다. 학급에 맞는 수업 방법을 모색하고 반 아이들 모두와 함께 하는 수업을 만들어 가는 대다수 선생님 중 일부 선생님들의 이야기다. 현재 초등학교 교실에서 선생님들이 겪고 있는 어려움과 고민, 그 속에서 아이들과 함께 웃었던 이야기도 담겨 있다. 학교 현장의 이야기는 중요하다. 그리고 교실 이야기는 교사와 학생들의 목소리를 통해 전해져야 한다. 이 책이 그런 면에서 목소리를 전하는 책이었으면 좋겠다. 나아가 읽는 사람들이 학교 교육의 의미와 앞으로 학교, 우리 사회에 필요한 것이 무엇인지 생각해 보게 되는 책이 되었으면 하는 바람이다.

통합교육이 시행된 이후, 세월이 흘러 학생 시절 통합교육을 경험한 선생님들이 교단에 서고 있지만 여전히 제도와 지원은 더디게 변하고 있다. 급변하는 사회에서 제도가 뒷받침되고 있지 않으니 학교 현장의 어려움은 크다.

하지만 힘든 상황이라고 교사들이 아무것도 하지 않는 것은 아니다. 그동안 교실 속 교육 활동은 사회적 관심을 받지 못한 까닭에 드러나지 못했다. 학교에 대한 안 좋은 일들이 소문으로 퍼져나갈 때마다 긍정적인 면들이 주목받지 못하고 소리 없이 사라져갔다. 그 과정에서 꼭 필요한 학교 현장의 고민이나 개선할 점도 함께 묻혔다.

점점 교실 속 아이들의 모습은 다양해지고 있다. 통합학급인가 아닌

모두 참여 수업

가 구분하는 것이 큰 차이가 없을 정도다. 특수교육대상 학생이 아니어도 상황에 따라 어떤 아이는 교실에 앉아 수업에 참여하는 것조차 힘들다. 같이 수업 시간에 활동하기 어렵다는 이유로 누군가를 항상 배제하는 것도 방법이 아닐뿐더러, 무조건 같이 있게 하는 것도 해법이 아니었다. 이제는 통합교육의 의미를 좀 더 폭넓게 바라볼 필요가 있다.

이 책은 완성형이 아니다. 선생님들과 함께 고민해 보자고 이야기를 건네는 책이다. 아이들이 학교에서 보내는 시간 대부분이 수업 시간인데 우리는 그동안 통합학급의 수업 이야기가 너무 부족했던 것이 아닐까? 이 책이 전국의 수많은 통합학급 선생님들에게 아이들이 모두 참여하는 수업을 만드는 계기가 되기를 간절히 바란다.

좋은 책을 기획하여 교실 수업을 깊이 바라볼 기회를 만들어 준 출판사에도 진심으로 감사드린다.

저자들을 대표하여, 신상미

차례

## 1부 사회, 통합과 모두 참여의 시간

## 2부 음악, 누구나 음악을 즐긴다

## 3부 영어, 도구는 거들 뿐

## 4부  과학, 모두 참여 수업의 과학

일러두기

· 본문에 등장하는 인물에는 가명을 썼습니다.
· '도움반' 등 특수학급을 일컫는 명칭은 '통합교육을 실시하기 위해' 설치한 취지에 맞춰 '통합지원반'으로 주로 표기하였습니다.

# 1부

# 사회,
# 통합과 모두 참여의 시간

## 신상미

경기도에 근무하는 초등학교 교사로 20여 년간 아이들을 가르치고 있습니다. 장애학생 등을 포함해 해마다 다른 아이들을 만나 저마다의 방식으로 성장하는 모습을 가까이서 보면서 아이들 한 사람 한 사람의 성장을 지지하고 그 과정을 함께하는 교사가 되기 위해 노력하고 있습니다. 통합학급 운영과 모두가 참여하는 사회 수업을 통해 아이들 모두의 성장과 관계의 발달을 이야기합니다.

# 01

# 통합학급,
# 사람과 사회를 보는 교실

사회 시간, 지역의 위치와 특성을 알아보기 위해 지도에 관해 설명하고 있는데 한 아이가 먼 산을 바라보며 하품을 하고 있다. 여러 지도를 살펴보는 가운데 보조 자료로 그림이 많은 학습지도 나누어 주었지만, 빈칸에 아무것도 쓰지 않았다. 축척, 행정, 상업 이런 말들이 아이에게는 낯설다. 내가 다가가니 뭐라도 써야 하나 연필을 바로 쥐어 보지만 그것이 전부다.

교실에는 다양한 아이들이 모인다. 그동안 만난 아이 중에는 언어로 의사소통이 거의 되지 않는 아이도 있었다. 어떤 아이는 조용하고 말이 없어 아이가 겪고 있는 학습장애를 시간이 한참 지나 발견하기도 했고, 저학년 때는 드러나지 않던 언어 발달 장애가 고학년이 되어서야 발견되기도 했다. 요즘은 부모님이 다른 나라 사람이어서 문화적 차이가 학습에 영향을 주는 경우도 늘고 있다. 아이들의 학습이 어떤 방향으로 이루어지는지 자세히 들여다보면 아이가 자란 환경, 양육 방식, 부모와의 상호 작용, 배움에 대한 태도 등 많은 것이 연결되어 있음을 알게 된다.

통합학급을 맡으면 특수교육대상 아이들이 함께하는 수업 시간에 대한 고민이 커진다. 특수교육대상 학생이 수업 시간에 자리에 잘 앉아 있도록 하는 것부터 수업에 함께 참여하는 것까지 고민의 연속이다. 수업 내용을 조금이라도 이해하고 있을까? 지루해하면서 계속 다른 행동을 하는 듯한데 어떻게 해야 할까? 조용히 앉아 있을 수 있는 단순 반복 과제들을 제시하게 되는데, 이것은 바람직한가? 수업 시간이 어떻게 하면 이 학생에게 의미가 있을까?

통합학급에서 사회 교과는 어떻게 가르쳐야 할까? 사회 교과는 개념 학습, 문제 해결 학습, 탐구 학습, 의사결정 학습 등의 방법을 활용한다. 개별 학습도 있으나 모둠을 구성하여 활동하는 때도 다른 교과에 비해 많다. 그래서 다른 사람과 의사소통 방식이 달라 어려움이 있거나 협력이 원활하지 않은 학생들이 함께 수업에 참여하기가 쉽지 않다. 더구나 중학년에서 고학년으로 올라 갈수록 사회 교과에 대한 아이들의 흥미는 줄어든다. 일부 아이들은 사회 교과 내용에 깊이 관심을 보이며 상당히 높은 수준의 지식을 갖추기도 한다. 그런 몇몇을 제외하면 아이들은 사회 교과를 대체로 어렵거나 외울 것이 많아 힘든 과목으로 인식하는 편이다. 교사들에게도 사회 수업은 재구성할 요소들이 많고 수업 전에 학생들의 수준이나 지역사회의 특성에 맞게 계획을 해야 하는 교과다. 특수교육대상 학생들은 몇몇 교과는 특수학급에서 수업받기도 하지만, 사회 교과는 주로 원반에서 담임선생님과 수업한다. 활동이 많은 예체능 교과의 경우 아이들의 흥미를 이끌어 갈 요소들이 많으나 사회 교과는 상대적으로 그 요소들을 찾아내기가 어렵다.

아이들의 흥미를 높이기 위해 영상 자료를 활용하기도 한다. 다양한 영상 자료를 찾아 보여주면 다른 것을 하던 아이들도 순간 화면에 집중한다. 특수교육대상 학생들 역시 교사의 목소리보다 영상에 더 빠르게 반응한다. 영상 매체에 익숙한 요즘 아이들의 특성이다. 그런데 영상 자료를 자주 활용하다 보면 이것이 사회 교과에서 추구하는 목적과 과연 맞는 것인지 되짚어 보게 된다.

사회 수업을 통해 아이들은 무엇을 배우게 될까?


사회과는 학생들이 시민으로서의 자질을 함양할 수 있도록 사회 현상에 관한 기초적 지식을 습득함은 물론 지리, 역사 제 사회과학의 기본 개념과 원리를 발견하고 탐구하는 능력을 익혀 우리 사회의 특징과 세계의 여러 모습을 종합적으로 이해하게 한다. 또한 사회과는 다양한 정보를 활용하여 현대 사회의 문제를 창의적, 합리적으로 해결하는 데 적극적으로 참여하는 능력과 태도를 기르는 것을 목표로 한다. 이를 통해 사회과는 개인의 성장은 물론 지역사회, 국가, 세계의 발전에 이바지할 수 있는 책임 있는 시민을 기른다.

2022 개정 교육과정에 제시된 사회과 목표다. 사회과학의 기본 개념을 익히고, 원리를 탐구하여 세상을 알아가고, 살면서 겪게 될 문제를 이해하며 해결하는 사람으로 성장하도록 하는 것이 중심 방향이다. 목표는 '사회와 공동체에 책임 있는 시민'을 기르는 것이다. 우리는 사회 수업과 교실에서 어떻게 이 목표를 달성하는가? 지식을 넘어 시민으로서의 관점과 태도, 관계를 만들어 가고 있는가?

아이들은 사회 시간에 여러 사회 현상들을 배운다. 우리 학교를 둘러싼 마을을 살펴보고, 주민을 위한 공공 기관이 하는 일도 배운다. 문제가 있을 때 마을 주민들이 어떻게 협력하여 갈등을 풀고 문제를 해결하여야 하는지를 알아가며 법의 의미와 역할, 권리와 의무, 인권에 대해서도 배운다. 우리나라가 어떻게 세워져 지금의 모습을 갖추고 있는지 역사 공부를 통해 배운다. 생산과 소비를 통한 경제 활동, 그리고 환경 문제와 세계 여러 나라의 관계까지 수업의 내용은 광범위하다. 교실의 아이들은 막상 사회 교과서를 마주하면 외울 것이 많다, 용어가 어렵다, 지루하다고 생각한다. 학년이 올라갈수록 점점 어렵다고 하는 사회 시간에, 특수교육대상 학생들도 함께하는 통합학급에서 학생들에게 의미 있는 수업을 하려면 어떻게 해야 할까. 어떻게 해야 사회와 현실을 제대로 배울 수 있을까. 이렇게 배우고 성장한 아이들이 만들어갈 미래 사회는 어떤 모습이어야 할까. 아이들은 교과서와 현실의 사회를 어떻게 바라보고, 어떤 사회를 꿈꿀까?

통합학급을 통해 성장한 아이들이 다양한 사람들을 이해하고 받아들이는 사회에서 살았으면 하는 바람이 생겼다. 같은 반 친구들을 외면하지 않고 시간이 걸리더라도 같이 가는 학급, 함께 공부하는 힘을 경험하는 교실, 서로 도움을 주고받으며 성장하는 우리 반을 만들자고 아이들과 자주 이야기했다. 이런 생각을 하며 사회 수업을 다시 들여다보았다. 아이들이 접하는 사회, 교실에서 직접 경험하는 사회를 떠올렸다. 학교에 와서 서로 다른 아이들이 함께 배우며 성장하고 그 경험에서 힘을 얻어 아이들이 더 나은 새로운 세상을 만들 수 있게 하려면 어떤 수업을 해야 할까?

먼저 교사인 내 생각, 편견부터 바꾸어야 했다. 애들이 다 그렇지, 저 아이들은 도대체 왜 그런 거야, 푸념했던 적도 있었다. '이런 아이들'과 같은 틀에 가둔 채 아이들을 바라보기도 했다.

통합교육을 하면서 나는 보지 못했던 세상이 보이기 시작했다. 다양한 사람들이 눈에 들어왔다. 출근길에 종종 만나는 자폐 청년이 있었다. 계단을 성큼성큼 걸어 내려가며 혼자 무어라 중얼거렸다. 옆을 지나던 어떤 사람은 갑작스러운 말소리에 깜짝 놀라 쳐다봤다. 그 청년은 다른 사람의 시선은 아랑곳없이 말을 반복하며 길을 갔다. 전에도 비슷한 시간이면 스쳤겠지만, 그때는 별 관심 없이 지나쳤을 것이다. 자폐 학생의 담임이 되고 나서야 늘 다니던 출근길에서 그 청년이 눈에 들어왔다. 옆을 지나가는 그 청년을 보면서 대견하다는 생각이 먼저 들었다. 어디를 가는지 모르지만 홀로 자기 갈 길을 가기까지 얼마나 연습했을까. 매일 저렇게 열심히 혼자서 잘 다니는 모습이 좋아 보여 볼 때마다 은

근히 미소가 지어졌다. 예전 같았으면 괜스레 피해서 지나갔을지도 모른다.

몇 년 동안 통합학급을 맡았다. 그 과정에서 교사로서 가장 크게 주목하게 된 것은 바로 아이를 둘러싼 사회였다. 아이들 앞에서 어른들이 하는 행동과 말들이 그대로 아이들의 입을 통해 표현되었다. 학교 교육에 대한 의견, 정치에 대한 비판, 소수자들에 대한 차별, 경제 문제, 법에 대한 태도 등 긍정 또는 부정의 말들 모두 아이들의 입을 통해 직간접으로 드러났다. 학교에서 아이들을 보는데 이 아이들을 둘러싼 사회가 함께 보이기 시작했다. 교실에 모인 아이들의 주변에는 가까이 부모와 가족들이 있고 친구들, 친구의 부모님, 이웃, 지역사회와 그 문화가 있다. 아이들은 주로 가정과 학교를 오가니 사회와 무관하게 자란다고 생각할 수 있으나, 사회의 온갖 것들이 아이들과 밀접하게 연결되어 있었다. 아이들을 자세히 들여다보니 그동안 비슷하게 보였던 세상이 다채롭고 더 크게 보이기 시작했다. 내가 알고 이해해야 할 사회와 세상이 늘어났다.

통합학급을 맡으면서 아이들의 행동을 진지하게 들여다보게 되었다. 모르는 것은 책을 찾아보고 동료 교사들과 협의했다. 모두 참여하는 수업은 학생들뿐만 아니라 동료 교사와 모두 함께하는 의미도 지닌다. 다양한 책을 찾아 읽으며 교사들 모임에서 사회에 관한 이야기, 아이들의 발달과 변화에 관한 이야기를 나누었다. 그렇게 지내다 보니 아이들의 글 속에서도, 놀이 속에서도, 동화책 속에서도 사회가 보이고 그동안 들리지 않던 세상 속 소수의 모습이 보였다. 아이들의 말들이 귀하게 여겨졌다. 아이들 앞에서 하는 나의 말과 행동도 중요하고도 무겁게 느껴졌다. 이해할 수 없다고 여겼던 아이들의 행동들을 자세히 관찰하니 행동 이전의 감정이 보였고 발달 단계에 따른 특성들이 이해되었다. 아무 이유도 없이 제멋대로 행동하는 아이, 그런 사람은 없었다.

교사는 온몸으로 사회라는 세상을 느낀다. 누군가는 교사가 세상에서 떨어져 아이들과 교실에서만 종일 지내니 답답하겠다고 한다. 그러나 교실은 밖에서 지레짐작하듯 온통 평화롭고 만만한 곳이 아니다. 오히려 아이들 세상은 온갖 갈등과 감정들이 부딪히며 붐빈다. 갖은 실수와 시행착오가 혼란스레 펼쳐진다. 그래서 교사의 일은 고되고, 교육의 과정은 험난하다. 그러나 매일매일 조금씩 성장하는 아이들과 그들을 둘러싼 사회를 온몸으로 받아들이면 나날이 새롭다. 더불어 교사인 나도 커간다. 한 아이는 하나의 우주다. 이 아이들이 서로 만나 무엇을 만들어 낼지 너무도 복잡하고 깊어 정확히 그릴 수는 없지만, 그들이 섞여 새로운 것들을 만들어 내는 것은 분명하다.

모든 교실은 다 다른 사회다. 사회 시간에 다루는 내용이 의미 있으려면 먼저 교실이란 사회를 아이들과 '함께' 만들어 가야 했다. 나는 모두가 모여 공동체를 이루듯, 수업에서도 아이들 모두의 참여(관계)가 엮이며 상호작용하는지, 우리 반이 좋은 공동체가 되어 가는지 열린 마음으로 살피기로 했다. 교실 내 갈등과 문제도 드러내고 함께 풀어가기로 했다. 사회 수업을 다른 교과와 연계하여 열어두기로 했다.

나의 사회 수업에 대한 이야기는 수업 방법을 구체적으로 제안하거나 다양한 교수 학습 아이디어를 서술하기보다는 반 아이들의 특성과 변화에 따라 어떻게 사회 수업의 의미를 찾아갔는가에 관한 이야기를 주로 담았다.

# 02

# 어떻게 할까?

> [4사08-01] 학교 자치 사례를 통하여 민주주의의 의미를 이해하고, 학교생활에서 민주주의를 실천하는 능력을 기른다.

## 민주주의

며칠 동안 기다리던 학급회의가 시작되자, 규칙을 바꾸길 원했던 아이들의 목소리가 커졌다. 점심 시간에 빨리 먹고, 빨리 나가 놀고 싶은 마음이 강한 아이들이었다. 자기가 원하는 대로 되길 바라는 마음과 자신의 의견이 어떻게든 받아들여졌으면 하는 마음이 커 보였다. 회의가 진행되면서 일부 아이들이 지금 규칙을 유지하자고 의견을 냈다. 조금씩 자신들 의견과 다른 의견이 나오자 가끔 야유 섞인 소리를 내기도 했다. 누군가 반대 의견을 낼 때마다 어떻게 해서든 반박을 했고 반대를 위한 반대 의견이 반복됐다. 몇몇 아이들의 목소리가 커졌다. 자신의 의견이 마치 반 전체의 의견인 것처럼 확신하며 말했다. 발표하지 않은 사람들의 의견은 점점 묻혔다.

지난 학급회의 시간에 급식실 이동과 관련하여 아이들이 여러 말들을 했다. 각자 원하는 것과 생각이 달랐기 때문에 현재 규칙에 불만들이 조금씩 생겨났다. 식사는 천천히 여유 있게 하는 것이 좋다고 하여 같이 배식하고 같이 정리하는 것이 규칙이었다. 점심 식사를 후다닥 하고 놀고 싶은 아이들이 먼저 먹고 먼저 나가는 방식으로 바꾸길 원했다. 아이들에게 며칠 후에 있을 학급회의를 통해 정해 보자고 했다. 회의 전에 친구들의 의견도 들어 보고 자기 생각을 정리해 오도록 했다. 학급회의를 통해 결정된 내용으로 우리 반의 규칙을 정할 것이라고 했다.

나는 반 아이들에게 모두의 목소리가 골고루 들리는 교실을 만들어 가자고 자주 이야기해 왔다. 그래서 누구도 빠짐없이 이 안건에 대해 의견을 말할 기회를 주자고 건의했다. 조용히 듣기만 하던 친구들의 이유는 생각보다 다양했다. 말이 없다고 의견이 없는 것은 아니었다. 가끔 주제를 벗어나는 의견을 내기도 하지만 나름대로 이유를 들어 각자 자신의 의견을 발표했다. 목소리를 크게 내던 아이들은 다른 사람들의 의견을 들으며 생각할 시간을 가졌다.

모든 아이의 이야기를 빠짐없이 듣고 난 뒤 투표했고, 다수결에 의해 규칙이 정해졌다. 그런데 소수 의견을 냈던 한 아이가 볼멘소리로 손을 들며 이의를 제기했다. 소수 의견도 중요하다고 해놓고 의견을 정할 때는 왜 다수결로 하느냐고 물었다. 자신들의 의견이 받아들여지지 않은 것에 대한 불만 때문에 던진 질문이었지만, '다수결'에 대해 다시 생각해 보게 되는 질문이었다. 이 물음을 아이들에게 던졌다. 어떤 아이는 다수결로 정하는 것이 무조건 당연하다 했고, 어떤 아이는 왜 다수결로 정해야 하는지 나름대로 이유를 들어 설명했다. 다수의 의견이 정해지면 따르는 것이 민주주의의 원칙이나 소수의 의견을 경청해야 하는 까닭에 대해 아이들은 다시 이야기를 나누었다.

민주주의의 의사결정 절차와 참여의 의미, 민주주의를 실천하기 위한 바람직한 태도는 교실 상황과 연결 지으면 아이들이 주체가 된다. 사회 시간에 민주주의 의사결정 원리에 대해 배운다. 여러 의견을 들어 보고 다수결로 정하는 것을 알고 있지만, 막상 자신의 의견이 소수 의견이 될 때 그것을 받아들이기 쉽지 않다. '대화와 토론으로 서로 의견을 주고받으며 문제 상황에 관해 서로 존중하고 의논'하는 일이 얼마나 어려운지 학급에서 겪고 나면, 사회에서 일어나는 갈등을 더 자세히 보도록 이끌어갈 수 있다.

아이들은 교사가 일방적으로 통보한 것보다 회의를 통해 자신들이 정한 규칙을 더 잘 따른다. 그래야 문제가 생겼을 때 아이들이 스스로 해결 방법을 찾아낼 힘을 얻는다. 시행착오를 겪더라도 아이들이 주체가 되어 문제 상황에 부딪혀 보는 것이다. 이렇게 배운 가치들은 아이

모두 참여 수업

들의 마음에 오래 남는다. 교실 상황에서 일어나는 일을 수업과 연결하기 위해서는 아이들 사이에 일어나는 일들과 주고받는 말, 행동들에서 의미를 찾아내는 것이 필요했다. 사회 수업 연구는 아이들 사회를 깊이 들여다보는 것으로 시작되었다.

교실은 서로 다른 아이들이 모여 함께 지내는 공간이다. 이 공간이 '아이들'이라는 이름으로 묶여 외부에서 보면 단조롭게 보일 수도 있으나, 아이들을 개별 존재로 보면 하루하루는 다양한 이야기들로 채워진다. 더욱이 몸과 마음이 성장하는 중인 아이들이기 때문에 발달 단계별로 다른 특성들을 보인다. 교실은 매일 변하는 날씨처럼 여러 갈등이 나타났다 사라지는 변화무쌍한 '사회'다.

## 공정

"이 게임은 공정하지 않아요. 우영우(자폐 스펙트럼 성향의 주인공)는 매번 우리를 이기는데 정작 우리는 우영우를 공격하면 안 돼요, 왜? 자폐인이니까. 우영우가 약자라는 거, 그거 다 착각이에요."

얼마 전 인기를 끌었던 드라마 속 대사다. 이 말은 당시 사람들 사이에 누가 약자인가로 많은 의견이 오가게 했다.

수업 시간에 매우 산만하며 시끄러운 소리를 내는 아이가 있었다. 계속 장난을 치거나 말을 하여 수업의 흐름을 자주 끊었고 친구들을 놀리기도 했다. 아이를 관찰하고 상담해 보니 심리적 요인과 외적 요인들 때문에 수업에 집중하기 어려운 상황이었다. 수업 중 과제를 잘 해결하지 못했고 규칙도 자주 어겼다. 몇몇 아이들이 쉬는 시간에 와서 그 아이 때문에 방해가 된다고 했다. 한 아이는 내게 이렇게 말했다.

"선생님은 쟤만 봐주시는 것 같아요."

듣고 보니 이 말은 통합학급을 운영하던 초기에 아이들이 했던 말들과 거의 같았다. "왜 쟤만 봐주는데요?" "쟤는 안 하는데 왜 우리만 해야 해요?" "이건 불공평해요." "쟤 때문에 방해되잖아요." 장애가 있는 친구에 대해 방해가 된다, 왜 저 애는 안 해도 봐주느냐, 등 불만 섞인 말들이었다. 통합학급이든 아니든 교실은 다양한 아이들이 모여 상호작용을 하면서 보낸다는 공통점이 있다. 장애, 비장애를 떠나 아이들에겐 자신과 전혀 다른 친구들이 낯설다. 그 낯섦은 "정말 이해가 안 돼."에서 시작하여 불평으로 이어지기도 한다. 통합학급에선 불만의 이유가 장애 학생에게 집중되는 경우가 있는데 자세히 살펴보면 사실은 타인에 대한 이해가 부족해서 나오는 불만일 때가 많다. 누군가는 수업 시간 자리에 가만히 앉아 있기가 쉽지만, 누군가에게는 그 '가만히' 앉아 있는 것 자체가 큰 어려움일 수도 있다. 누군가는 수업 시간에 큰 소리로 장난스러운 말을 하며 즐거워하지만, 누군가는 그 소리 때문에 힘들어할 수 있다. 서로 다른 친구에 대해 이해하며 함께 지내는 경험이 학교라는 사회를 통해 배우는 일이다.

통합학급을 운영하다 보면 교사가 일방적으로 특수교육대상 학생을 도와주라고 하거나 양보하라는 경우가 생긴다. 배려의 차원에서 그렇게 하지만 과연 아이들도 그렇게 생각할까? 특정 학생에게 우선권을

모두 참여 수업

주거나 다르게 대하면 아이들은 금세 왜 저 아이는 그냥 넘어가며 자신들과 다르게 대하는지 불만을 표시한다. 그 아이 때문에 '우리가 손해 본다'는 말도 거침없이 한다. 이런 말들이 늘어나면 별말 없이 조용히 있던 아이들도 거침없이 불평을 말하는 아이들 쪽으로 기울어지기도 한다. 학급 안에서 역차별이라는 분위기가 순식간에 만들어지면 이후 대부분 상황에서 아이들은 이 역차별의 논리에 따라 생각하게 된다.

자폐 스펙트럼 성향을 지닌 학생이 있는 통합학급에서 1인 1역을 정해야 하는 일이 있었다. 각자 한 가지씩 할 일을 정하는데 다수의 아이가 원하는 역할이 있었다. 희망하는 아이들이 많을 경우는 가위바위보로 정하기로 했다. 그런데 자폐 학생이 어떤 역할을 맡을지 문제가 생겼다. 의사 표현 방식이 다르기에 말로 물어 답을 들을 수 없어서 모두와 똑같이 그 학생도 가위바위보 방식으로 참여하는 것이 바람직한가 하는 문제였다.

어떻게 하는 것이 좋을까? 가위바위보나 제비뽑기로 정하는 것이 모두에게 공평한 일일까? 그렇게 정해졌을 때 그 친구가 역할을 해낼 수 있을까? 이런 질문을 던지고 아이들과 생각을 나누었다. 이런저런 의견이 오갔고 누군가가 자폐 성향의 친구가 할 수 있는 일을 먼저 정하도록 선택의 기회를 주자고 했다. 다른 아이들도 동의하며 크게 이의를 제기하지 않았다. 담임교사가 아이들과 의견을 나누지 않고 무조건 어떤 역할을 줬다면 불만이 나올 수도 있는 상황이다.

또 다른 사례도 있었다. 한 학생이 수업 후 1인 1역을 하기 어려워

편의상 그 학생 먼저 역할을 선택하는 것이 어떤지 제안했다. 대다수 아이는 상황을 이해하며 찬성했으나 몇몇 아이들이 손을 들어 그건 불공평하다고 말했다. 저 아이에게 우선권을 주어 그 일을 계속하게 되면 다른 사람들은 그 역할을 선택할 수 없으니 반대한다는 것이다.

1인 1역을 정해 활동하는 것은 원활한 학급 생활을 위해서다. 그런데 '공평'해야 한다는 이유로 모두에게 똑같이 적용하는 것을 바람직한 규정이라고 생각하는 바람에 원활한 학급 생활이 되지 않을 때가 종종 생긴다. 그 예외의 선은 어떻게 만들어야 할까.

이전에 통합학급을 경험한 아이들은 어느 정도의 예외와 상황을 별 불만 없이 받아들인다. 통합학급 경험이 적으면 모두 다 똑같아야 한다는 이유로 다름을 받아들이기까지 시간이 오래 걸린다. 또 아이들이 보기에 장애가 있어 당연히 도움이 필요할 것 같은 친구의 상황에서는 자연스럽게 예외 상황을 받아들이지만, 그렇지 않으면 이의를 제기한다. 그럼 어떻게 해야 할까? 무조건 공평하게 하는 일이 옳은 일일까? 장애 학생일 때는 받아들이는 예외 상황이 왜 다른 친구일 때는 안 되는 일일까? 그 경계는 누가 만드는 것일까?

1인 1역을 선택하는 것에 이의를 제기했던 아이 두세 명도 대다수가 그냥 먼저 정하게 하자고 하니 따랐지만, 상황에 따라 얼마든지 달라질 수 있다. 사회 수업에서도 지역 간에 대립해 갈등할 때 그것을 해결하는 방법에 관해 이야기를 나누며 민주주의와 자치에 대해 배운다. 규칙이 공동체의 특성과 상황에 따라 조금씩 다르게 적용될 수 있다

모두 참여 수업

는 생각은 어려운 일이다. 양쪽의 상황을 고려해 보고 의견을 내야 하기 때문이다. 그래도 끊임없이 아이들에게 질문을 던진다. 한번쯤 다시 생각해 보고 사회의 규칙과 질서가 무엇을, 누구를 위한 것인가 고민해 보는 것이다.

"어떻게 할까?"

통합학급을 운영하면서 아이들에게 많이 했던 말이다. 이런 질문은 아이들에게 문제 해결 방법을 스스로 생각해 보게 한다. 가끔 담임교사가 생각하지 못한 좋은 의견들을 나오게도 했다. 매일 끊임없이 크고 작은 갈등들이 일어나는 교실에서 교사가 일방적으로 지시하면 어쩌면 문제를 빠르게 해결할 수도 있다. 그렇게 보일 수도 있다. 그러나 교사의 일방적 지시는 어찌 보면 권력의 강압과 크게 다르지 않을 수 있다. 교실에서 아이들은 사회를 배운다. 중요한 것은 상황과 처지에 대해 아이들이 의견을 나눠보는 것, 자신의 의견이 반영될 수 있음을 경험하는 것이다. 누구라도 자기 생각을 드러내도록 하는 것, 그 의견에 비판과 수용이 씨줄과 날줄로 엮이는 경험이 쌓여야 제대로 민주주의를 배우고 제대로 공동체의 일원(시민)이 되어간다.

## 선거로 뽑힌 대표의 역할

[6사08-01] 민주주의에서 선거의 의미와 역할을 파악하고, 시민의 주권 행사를 위해 선거에 참여하는 태도를 기른다.

학급 임원 선출 기간이 되면 아이들은 출마 의사를 밝히기도 하고 자신을 뽑아달라며 친구들에게 나름 선거 운동을 한다. 누구에게나 똑같은 투표권이 주어지고 누구나 후보로 나갈 수 있다. 후보가 없어 애를 먹거나 다수의 후보가 난립하는 상황도 종종 생긴다. 통합학급에서는 특수교육대상 학생이 투표하기 어려운 때도 있고 선거 상황을 이해하지 못해 참여하지 못할 때도 있다. 자신이 뽑히지 않자 다음 선거에서 기권표를 행사하는 아이, 떨어져서 눈물을 보이는 아이, 친구들이 추천하는 바람에 얼떨결에 당선이 된 아이, 자신이 지지하는 친구가 당선되자 환호하는 아이. 여러 모습을 보며 선거를 직간접으로 배운다.

학급 임원은 어떤 역할을 하는 것일까? 한번은 임원으로 당선된 학생이 '친구들에게 어려움이 있으면 솔선하여 돕겠다, 예를 들면 1인 1역 같은 것도 대신해 주겠다'라는 공약을 낸 적이 있다. 어느 날, 1인 1역 활동 시간에 한 아이는 놀고 있고 학급 임원이 그 아이의 일을 대신하고 있었다. 잠시 머뭇거리던 임원 아이가 다가와서 "선생님, 쟤가 할 일을 제가 하고 있는데 대신해도 되는지 모르겠어요"라고 말했다. 무슨 일이냐고 물어보니 수업 시간에 과제를 다 못해 남아야 하는 아이가 '이따 남아야 해서 못 놀게 되었으니 1인 1역을 해야 하는 시간에 놀겠다'라면서 자신에게 대신해달라고 했단다. 공약으로 "1인 1역을 대신하며 어려움이 있는 친구들 돕겠습니다."라고 말했으니 공약을 지키라면서 말이다. 아이들과 이 일에 대해 함께 토의했다. 과연 이 상황에서 학급 임원이 역할을 대신해주어야 할까? 왜 학급 임원은 거절하지

모두 참여 수업

않고 그 친구의 역할을 대신하고 있었을까?

교사의 시선에서는 부당하게 자기 역할을 떠넘긴 일이었지만, "공약이잖아요. 자기가 낸 공약은 지켜야죠."라고 당당하게 말하는 학생의 생각을 바꾸려면 서로 의견을 나누는 것이 필요해 보였다. 교사가 일방적으로 안 된다고 말했을 경우, 학급 임원은 그 친구에게 '공약도 안 지키는 임원'이라는 말을 들을 수도 있다.

고학년이 되면 어떤 경우는 교사의 말보다 친구들의 의견에 더 마음을 크게 움직인다. 당연히 역할을 대신해야 한다고 주장하던 아이는 공약에서 말한 '어려운 상황'이 무엇인가에 대해 친구들의 의견을 듣고 난 다음에야 자신이 주장한 '어려운 일이 있을 때'와의 차이를 받아들였다.

아이들은 교실에서 여러 갈등 상황을 마주한다. 사회 시간에 민주주의를 실천하기 위해 갖추어야 할 태도로 관용, 비판적 태도, 양보와 타협, 그리고 실천을 배운다. 글로 배울 때는 당연한 듯 보이는 내용이다. 실제 교실 생활에서 자신이 갈등을 겪게 되면 관용과 양보를 실천하기는 쉽지 않다. 하지만 한두 번이라도 이런 경험을 하게 되면 아이들은 '나 중심'에서 탈피해 다른 사람을 고려하며 내면의 사회를 확장한다.

아이들이 교실에서 접하는 사회는 단순히 아이들끼리 모여 있는 '순진한' 세상, 혹은 '학교폭력'이 걱정되는 위험한 세상만이 전부가 아니다. 극단적 모습도 있을 수 있겠지만, 교실에서 아이들을 만나며 자세히 들여다보니 이곳은 여느 사회 못지않게 다양하다. 여러 갈등과 문제들이 매일 새롭게 생겨났다 해결되며 새로운 문제들이 이어지는 사회였다.

아이들에게 학교는 성장의 바탕이 되는 사회다. 학교가 아이들이 제대로 성장하는 곳이 되려면 학교를 둘러싼 안팎에서 만나는 어른들이 든든한 울타리가 되어야 한다. 현실의 어려움은 이 울타리를 제멋대로 넘나드는 이들과 이를 방치하는 제도와 시스템에서 온다. 담임교사가 교실에서 알아서 해결하라는 지금의 제도로는 울타리를 만들기 어렵다. 교사가 든든한 울타리 역할을 하기 위해서는 교실에서 일어나는 일들에 대하여 교사, 학생들의 목소리에 귀기울이고 학교의 요구에 맞도록 법과 제도의 개선이 절실히 필요하다. 이 울타리가 튼튼해야 아이들은 한 사람 한 사람 자유롭게 의견을 내고, 보고, 듣고, 실수도 하면서 경험한 것을 토대로 자란다. 아이들 모두 그렇다.

# 03

# 이상하다고
# 보지 않고

[4사08-02] 지역에서 이루어지는 민주주의 사례를 통해 주민 자치와 주민 참여의 중요성을 파악하고, 지역사회의 문제 해결에 참여하는 태도를 기른다.

"학교에 연못을 만듭시다."

학급회의 시간, 우리 반 학급비로 할 수 있는 활동에 관하여 이야기를 나눌 때였다. 아이들이 몇 가지 학급 활동을 제안하고 여러 의견을 나누는 데 한 학생이 손을 들고 이야기했다.

관심이 온통 '곤충'에 집중되어 다른 일에는 별로 흥미가 없는 아이였다. 자폐 스펙트럼 범주에 있던 이 아이는 그림을 그려도 곤충을 그렸고, 발표할 때도 꼭 곤충 이야기와 연결 지었다. 수업이 지루하면 곤충 가면을 만들어 머리에 쓰고 있기도 했다. 곤충 도감과 같은 책만 봤다. 이 학생은 곤충을 좋아해서가 아니라, 곤충과 관련 없는 일은 전혀 할 의지가 없다는 것이 문제였다. 고학년이 되니 아이들을 그런 친구의 행동에 대해 이상하다고 느끼며 거리를 두기 시작했다. 곤충 가면을 쓰고 곤충 소리를 내며 돌아다니는 그 친구를 담임교사에게 와서 이르기도 했다.

그 아이는 연못을 만들면 거기에 곤충들이 많이 모여들기 때문에 좋다고 했다. 운동장 한구석을 가리키며 연못을 만들기 적당한 장소까지 말했다. 아이들은 재미있는 상상에 웃었고 곧 몇몇 아이들이 그것은 우리 반이 할 수 있는 활동이 아니며 교장 선생님께서 결정하실 일이라고 했다. 비용이 많이 들어 아마 못 만들 것이라는 말도 했다. 그러다가 한 아이가 그럼 우리 교실에 어항이라도 놓으면 어떨까 하는 의견을 냈다. 갑자기 회의에 활기가 넘치기 시작했다. 아이들 생각에 그것은 가능할 것 같았다. 연못 의견을 낸 아이도 신나서 좋다고 했다.

몇몇 아이들은 어항을 설치하는 일에 반대 의견을 냈다. 쉬는 시간에 놀다가 어항을 깨트릴 수도 있어 위험하다는 것이었다. 교실처럼 시끄러운 곳에 어항을 두면 물고기들이 스트레스를 받아 잘 살지 못할 것이니 불쌍하다고도 했다. 그러자 바로 반론이 나왔는데 어항이 있으면 우리가 조심하며 지내게 되어 교실이 더 조용해질 것이라고 했다. 나는 어항이 왜 필요한지 물었다. 아이들은 물고기들을 돌보면서 정서적인 안정과 위안을 얻을 수 있고, 실과 시간의 동물 단원과도 연관이 있는 교육 활동이라고 했다. 어항 관리에 대해서도 이미 집에서 물고기를 기르는 아이들 중심으로 관리하면 된다면서 자신감이 넘쳤다. 물고기를 잘 기를 수 있을 거라는 친구들의 의견에 반신반의하는 아이들도 여전히 있었지만, 다수의 의견에 따라 교실에 어항을 설치하게 되었다. 자신의 의견이 받아들여진 자폐 성향의 아이는 매우 기뻐하며 친구들에게 고마워했고, 어항이 생긴 후 등교하면 가장 먼저 하는 일이 어항 속을 살피는 것이었다.

아이들의 관심 속에 어항은 잘 관리되었는데 이후 날씨가 따뜻해지면서 이 학생이 여러 곤충을 들고 오는 문제가 생겼다. 교실까지 들고 들어와 곤충을 자기 자리 주변에 놓았고 틈나는 대로 살폈다. 메뚜기, 사마귀, 매미, 귀뚜라미, 여치, 개구리 등 종류도 다양했다. 도시에 이렇게 여러 곤충이 있다는 것이 놀라울 정도였다. 책상 주변에 곤충 채집통이 놓여 있는 날이 점점 늘면서 교실에 곤충을 들고 들어오는 문제를 어떻게 해야 하는지 고민되었다. 어떤 아이들은 곤충을 슬슬 피하기도 하고 치우라고도 했다. 마음 한편으로는 곤충을 그렇게 좋아하는 아이에게 무조건 금지하는 것도 방법이 아닐 것 같았다.

나는 곤충을 전혀 좋아하지 않지만, 아이가 곤충을 가져오면 먼저 다가가 크게 관심을 표했다. 내가 다가가니 아이들도 뭔가 신기한 구경거리라도 생긴 듯 자연스레 다가왔다. 늘 혼자 말하고 상대의 반응을 얻지 못했던 아이는 사람들이 몰려오니 좋아했다. 멀리서만 곤충을 보던 아이들도 옆에 와서 자세히 들여다보았다. 아이는 신나서 곤충에 관해 설명했다. 자세히 설명하는 아이는 반에서 곤충 박사가 되었다. 쉬는 시간이면 틈나는 대로 학교 구석구석 곤충을 찾아다니는 이 친구를 반 아이들도 '가서 붙잡아 오는' 것이 아니라 이제는 기다려 주고 함께 교실로 올라왔다.

나 역시 곤충을 자세히 보니 생각보다 흥미로웠다. 자세히 보면 아름답다는 말이 실감났다. 수업 시간에 자꾸 낙서만 하는 아이가 걱정되었는데, 공책에 써 놓은 글을 보니 곤충에 대한 애정이 듬뿍 담겨 있어 읽다 보면 웃음이 났다. 모든 것을 '곤충'으로만 표현해 단조롭게 보였던 아이의 글과 그림도 다채롭게 보였다. 그림에는 곤충 날개의 끝, 다리의 꺾인 각도 등도 섬세하게 표현되었다. 그동안 내가 곤충에 대해 잘 몰랐기에 그저 똑같은 곤충 낙서로 보였던 것이었다.

수업 시간에는 책상 옆에 곤충을 두지 않는 등 몇 가지 규칙을 세워 교실에 가져올 수 있도록 해서 몇 달 동안 우리 반은 여러 곤충과 직간접적으로 함께 지냈다. 평소 가까이하기엔 어색한 곤충이 우리 반 아이들과 나에게 친근하게 다가왔다. 아이들은 우리 교실에 곤충이 있다는 것과 어항이 있다는 것을 자랑하기도 했다. 겨울에 한 아이가 전학을 왔는데 어쩌다 곤충 이야기가 나오니, 아이들은 우리 교실에 곤충이 있었다면서 곤충을 좋아하는 친구 덕분에 직접 만져도 보고 자주 볼 수 있었다고 했다. 어항 역시 곤충을 좋아하는 친구 덕분에 우리 반에 생긴 것이라고 했다. 누구 때문에 불편하거나 방해가 된다고 말하기보다 누구 덕분에 우리가 더 많은 것을 경험했다는 부분에 힘이 실려 있었

모두 참여 수업

다.

물론 문제도 있었다. 이 친근하지 않은 곤충이 돌아다니기도 하고, 곤충 채집통을 치우고 정리하며 뒤처리를 말끔하게 하지 않는 태도 때문에 갈등이 생겼으며, 수업 중에도 곤충을 옆에 두려는 아이와의 실랑이도 있었다. 관심사가 서로 다른 사람들이 함께 어울려 살아가려면 어떻게 해야 할까?

통합학급을 운영하면서 모든 상황을 긍정적인 방향으로 이끌어가기는 참으로 어렵다. 이 학생과 아이들의 소통 통로로 '곤충'을 활용했지만, 수업 시간에는 다른 어려움이 있었다. 다른 교과에 비해 사회 시간에 이 학생은 유난히 지루해 했다. 어려운 용어도 많고 교과 내용도 이해하기 힘들어 짜증을 냈다. 그러면 종이와 가위를 꺼내 곤충 가면을 그리고 색칠하고 오려 붙여 얼굴에 쓰고 있었다. 아이들 눈에는 분명히 '딴짓'이었다. 가면에서 끝나지 않고 봄에서 가을까지 당장 곤충 채집을 떠날 듯한 차림으로 등교하곤 했다. 학교에 오면 틈나는 대로 곤충 소리를 냈고 그것을 따라 하는 아이들로 복도가 시끌시끌했다.

"매미가 '맴~맴' 울면 저는 대답을 해주어야 할 것 같아 소리를 내요"

1년 내내 이 행동은 이어졌고 교사인 나의 고민은 어떻게 하면 수업 중 가면을 만들지 않게, 쓰고 다니지 않게, 곤충 소리를 내지 않게 하는가였다. 내가 고민했던 '~하지 않게 하기'는 성공하지 못했다. 나는 왜 많은 것을 못 하게 해야 한다고 생각했을까. 내가 받아들인 것은 '곤충을 교실로 들고 들어오기'까지였고 나머지는 그냥 '안 되는 것'이었다.

그게 되지 않으니 '힘든 학생'이었다.

학년을 마칠 무렵 한 아이가 이런 말을 했다.

"선생님, 저는 이 친구가 우리 학교 애들이 많이 가는 중학교에 갔으면 좋겠어요. 다른 학교 아이들이 그냥 보면 너무 이상하다고 생각할 것 같아요. 놀림을 당할 수도 있고요. 우리 학교 아이들이 많으면 우리가 이 친구의 특징을 설명하고 얘기해줄 수 있잖아요. 이상하다고 보지 않고 이해해 줄 수 있고 같이 지내다 보면 재미있는 친구라는 것을 알게 하고 싶어요"

그 학생의 말이 오래 남았다. 아이들은 이 친구를 '그 자체'로 받아들인 것 같다. '우리 반' 안에서 같이 지내고 모둠 활동을 하고 놀이하면서 서로 이해하게 되는 일을 통합학급의 시간 속에서 아이들이 깨달아 간 것이다.

사회과는 학생이 자신을 바르게 이해하고 사람들과 상호 작용하면서 세상을 알아가게 하는 교과이다. 사회과에서 학생은 자기 삶의 맥락에서 실존하는 주체이며 타인과 함께 살아가는 책임 있는 시민으로서 관계적 존재이자 사회적 존재이다.

2022 개정교육과정 사회과 교육과정 중 '교육과정 설계의 개요'

교실에서는 종종 여러 대립 집단이 생겨난다. 여자, 남자 편을 나누거나 친한 아이들끼리 편을 먹고 대립하거나 또는 1 대 다수가 대립하

모두 참여 수업

기도 한다. 학교의 규칙들과 부딪치며 자기들이 원하는 것을 요구하기도 하고 대립하는 다른 편의 의견은 무조건 반대하기도 한다. 누군가는 이 모든 상황에 침묵한다. 문제 상황이 생겼을 때 자신이 속한 집단을 벗어나 학급 전체를 생각하며 결정을 내리기란 참으로 어렵다. 다수의 의견으로 정해졌더라도 '억울하다'라는 말을 계속하는 아이들도 있다. 그래서 갈등 상황이 생기면 자주 아이들과 회의하고 이야기를 나눈다. 목소리 큰 몇 명의 의견이 아니라 목소리가 작은 아이들 의견도 빠짐없이 들어 보는 분위기를 만들고자 했다.

교실이란 작은 공간 안에서 아이들은 서로 경계를 만들기도 한다. 누군가는 학급 전체 활동에 관심도 없고 친구의 어려움을 자신과 상관없는 일이라고 생각했다. "왜 내가 저 친구 때문에 손해를 봐야 하느냐"는 말도 했다. 모둠 활동에서 기분이 상하면 "나 안 해!"라고 하고 혼자 있는 아이도 있었다. 같이 안 놀고 말을 안 하는 경우도 생겼다. 누군가를 배제하는 일은 아이들에게 가장 손쉬운 문제 접근 방법이었다. 아이들이 서로에게 관심을 두고 모두가 함께 지낼 방법을 고민하는 순간, 민주주의의 자치와 참여의 의미를 찾게 되었다. 모두가 참여하는 수업은 서로가 연결되어 있고 함께 사는 다른 사람을 있는 그대로 인정하는 것, 그 다른 사람들 각자의 이야기를 듣는 것이 출발이었다.

# 04

# 너는 아주 멋진 반에
# 전학을 왔어

> [6사03-01] 일상 사례에서 법의 의미와 역할을 이해하고, 헌법에 규정된 인권
> 이 일상생활에서 구현되는 사례를 조사하여 인권 친화적 태도를 기른다.
>
> ───────────────────────────────────────
>
> [6사03-02] 일상생활에서 인권이 침해되는 사례를 찾아 그 해결 방안을 탐색하
> 고, 인권을 보호하는 활동에 참여한다.

　자폐 성향의 학생이 있는 통합학급. 3월 첫날, 두 명의 학생이 전학
을 왔다. 통합학급 경험이 없는 학생들이었다. 그중 한 학생이 자폐성
장애가 있는 친구에 대해 민감한 반응을 보였다. 보통 자폐 친구를 보
면 놀란 눈으로 쳐다보는데 이 학생은 화를 냈다. 이 화는 한 학기 내내
이어졌다. 자폐 학생은 수시로 소리를 내고 손뼉을 친다. 다른 아이들

은 그러다 멈추는 것을 알기에 그냥 자기 할 일을 이어가는데 전학생은 그때마다 시끄럽다고 화를 내며 아무것도 하지 않았다. 교사인 내겐 왜 저 아이가 소리를 내도 그냥 두느냐, 쟤도 안 하니 나도 공부 안 하겠다, 학생 하나 조용히 못 시키는 선생이라며 화를 냈다. 반 아이들이 너 때문에 수업 시간에 방해된다고 하니, 왜 자기만 갖고 그러냐면서 분노했고 아이들과 자주 다투었다. 이 학생의 학부모는 우리 반 장애 학생 때문에 자기 아이가 스트레스를 받는다면서, 그 부모는 왜 그런 학생을 학교에 보내는가, 담임이 조처하라고 민원 전화를 했다.

그동안 듣지 못한 말들이었기에 당황스러웠다. 또 다른 전학생은 조용한 아이였는데 글쓰기 공책에 '그 친구의 말에도 일리가 있다. 여기 선생님과 아이들은 대단하다'라고 썼다. 교실을 조금만 벗어나면 우리 사회 어디에서나 들을 수 있는 이야기였다. 통합학급은 교실에 한정된 것일까?

교실에서 잘 성장한 아이들은 어른들의 생각과 세상을 바꾸는 힘이 있다고 생각한다. 아이가 학교에 다니며 잘 성장하는 것을 볼 때 학부모도 공교육을 바라보는 시선이 바뀔 수 있다. 아이들은 도전하고 실패하고 갈등하고 화해하면서, 아주 서서히지만 분명 커나간다. 성장의 방향을 폭넓게 제시해 주는 것이 어른들의 몫이다. 나는 막연하지만 전학생도 통합학급 안에서 분명히 잘 성장할 것이라는 믿음이 있었다.

반 아이들에게 '전학 온 친구도 나름대로 어려운 점이 있을 것이다, 기다려 주자'고 했다. 그러나 그 학생은 쉽게 마음을 열지 않았다. 어떤 두려움과 분노가 마음을 가로막고 있어 보였다. 아이는 왜 욕하고 화내는 자기를 벌주지 않느냐고도 했다. 원래 선생님들은 학생들을 혼내는 사람이 아니냐면서. 나는 선생님은 학생들의 성장을 돕는 사람이라고 했다. 모르는 것이 있거나 어려운 점이 있으면 언제든 말하라고 했다. 네가 행복한 학교생활을 할 수 있도록 돕고 싶고, 그게 선생님의 일이라고 했다. 너와 자폐 학생 누구에게나 마찬가지라고 했다.

화내고 욕하고 자기 마음대로 안 되면 교실을 뛰쳐나가는 전학생의 행동은 이어졌다. 담임교사로서 힘든 시간이었다. 어느 날 수학 시간, 이 학생이 칠판 앞에 서서 수학 문제를 낑낑대며 풀고 있었다. 수업을 잘 듣지 않았으니 수월하게 풀지 못했다. 나는 남겨서라도 공부를 시켜야겠다고 생각하며 답답해하고 있었는데, 자리에 앉아 있던 아이들이 하나둘 힌트를 주기 시작했다. "약분을 먼저 해야지" "그리고 다시 더해 봐." 얼마 후 전학생이 답을 풀어내자, 아이들은 다 같이 환호의 박수를 보냈다. 그 순간 나도 놀랐고 이 전학생도 놀랐다. 매일 화내던 자신에게 보내는 응원에 당황한 듯 보였다. 아이를 다그치려던 나의 마음이 부끄러워지는 순간이기도 했다. 아이들은 그동안 통합학급을 하면서 내가 했던 '모든 행동에는 이유가 있다, 기다려 주자, 어려울 땐 함께 돕고 응원하자'라는 말을 행동으로 보여주고 있었다. 나는 전학생에게 다가가 조용히 말해주었다. "너는 아주 멋진 반에 전학을 왔다."

그날 이후였을까, 전학생은 서서히 마음을 열었다. 얼마 후 사회 수업에서 인권을 배우는 시간이었다. 전학 온 학생은 그간 자기 말이 인

모두 참여 수업

권 침해였음을 바로 깨달았다.

"나는 얼마 전까지 인권을 침해하는 말을 막 했었는데."

'인권'을 배우는 단원에서 유난히 중얼거림을 많이 하는 아이도 있었다. 고백이라도 하듯이, 말투는 혼잣말인데 교실에 있는 모두에게 들릴 정도였다. 자신이 예전에 했던 말들을 부끄러워했다.

"그때는 인권을 제대로 배우지 않았었잖아. 지금은 배웠고 앞으로 너는 안 그럴 것이고."

수업 중에 누군가 전학생이 장애인의 교육권을 침해하는 말을 해서 자폐 친구의 기분이 나빴을 것이라고 했다. 교실에서 이 말들을 고스란히 듣고 있던 자폐 학생의 마음을 아이들은 들여다보고 있었던 것이다. 전학생은 그동안 막말을 했던 자폐 학생에게도 사과하고 싶다고 했고 정식으로 사과를 했다. 자폐 학생은 알아들었는지 몸을 앞뒤로 흔들며 "괜찮아, 괜찮아"를 반복했다.

또 다른 변화는 수업 태도였다. 수업 시간에 아무것도 하지 않고 학습지에는 '모름'이라고만 써서 내던 아이가 모르는 것이 있으면 모른다고, 알려 달라고 들고 나왔다. 모르는 것을 부끄러워하지 않고 어려워도 한번 해 보면서 배움의 즐거움을 조금씩 알아가기 시작했다. 그동안 그렇게 남겨서라도 가르치려고 해도 되지 않던 것이 학습이었다. 정서적으로 안정된 이후에 배움이 일어난다는 사실을 확실하게 경험했다.

아이들은 통합교육 안에서 서로 다름을 받아들이고 존중하는 학급을 만들어 갔다. 담임인 내가 생각하지도 못했던 방향으로 커나갔다. 전

학생의 변화도 예상 밖이었다. 이 학생은 자신의 지난 모습을 매우 부끄러워했다. 친구들과 선생님께 욕하고 화냈던 것을 진심으로 미안해했다. 자폐 친구까지 서로 돕는 우리 반에서 가장 도움을 많이 받은 사람은 바로 자기 자신이라고 했다. 그리고 앞으로 공부든 뭐든 열심히 해 보자고 결심하게 되었다고 했다. 학년이 끝나갈 무렵 우리 반에 대한 글을 쓰게 되었는데, 하나같이 '서로를 존중하고 배려하는 반' '어려울 때 서로 도와주는 반' '친구들을 기다려 주고 응원해 주는 반'이라고 썼다. 통합학급은 아이들에게 우리 반의 장점이었다.

- 우리 반은 통합학급이다. 여러 의사소통 방법을 가진 친구들과 어울릴 수 있다. 그렇지만 서로 다른 친구들을 차별하지 않는다. 서로 다름을 존중한다. 그래서 우리 반은 다른 사람의 특징과 특색을 이해할 수 있는 능력이 많이 있는 것 같다. 또 우리 반은 친구가 어떤 일을 어려워할 때 비난하지 않고 응원해 주거나 도와주기도 한다.
- 처음에는 친한 친구들과 노는 것이 가장 재미있다고 생각했는데 요즘에는 안 친한 친구와 놀아도 다른 성향을 가져 재밌다는 생각을 했다.
- 선생님이 어떤 상황이든 때리지 말라고 했다. 난 그것을 배웠지만 나는 때리기도 한다. 그러나 그 배운 말을 기억하여 안 때리려고 노력한다.

'인권은 모든 사람이 인간다운 삶을 살아가기 위해 당연히 누려야 할 기본적인 권리이다. 인권은 태어나면서부터 모든 사람이 자연적으

모두 참여 수업

로 갖게 되는 권리로서 다른 사람이 함부로 빼앗을 수 없다.' 교과서에 서는 이렇게 말한다.

인권이란 무엇일까? 아이들은 인권을 그저 책 속의 문장으로만 받아들이는 경우가 있다. 위의 말을 부정하는 아이들은 없다. 당연히 차별해서는 안 되고 누구에게나 동등한 권리가 있다고 말한다. 뉴스에서 접하는 흑인 차별 이야기에 아이들은 아무런 갈등 없이 부당하다고 느끼며 인권을 존중해야 한다고 말한다. 시간, 공간상으로 멀리 있는 이야기들은 자신이 직접 마주하거나 겪는 갈등이 아니기에 '인권 존중'을 쉬운 일로 받아들인다.

교실 안 현실은 어떨까? 아이들은 서로의 인권에 대해 어떤 태도를 지니고 있을까? 아이들은 생활 속에서 수많은 갈등을 겪는다. 외모를 특정해 별명을 부르며 친구를 놀리고, 남녀 차별의 말들을 서슴없이 한다. 가까이 있는 어른들의 말이나 사회에서 들은 차별의 말들을 따라 하는 것도 많다. 이 아이들이 진정한 인권을 배운다는 것은 어떤 것일까?

교실 상황에서 인권을 배운 아이들은 기본적으로 장애, 비장애를 떠나 서로를 있는 그대로, 인권을 지닌 한 사람으로 보았다. 부족하고 미완인 서로를 믿고 기다리고 함께 공부하며 새싹처럼 쑥쑥 자랐다. 다른 사람을 존중해야 자신도 존중받을 수 있다는 것을 온몸으로 경험하며 자랐다. 아이들은 모두 공동체 안에서 참여하며 배우고, 경험하며 자란다.

# 05

# 현실과
# 동화

[4사01-02] 주변의 여러 장소를 살펴보고, 우리가 사는 곳을 더 살기 좋은 곳으로 만드는 방안을 탐색한다.

[4사09-01] 생활 주변에서 찾을 수 있는 여러 가지 문제를 파악하고, 그 문제를 합리적으로 해결하는 능력을 기른다.

[4사03-02] 우리 사회에 다양한 문화가 확산되면서 나타나는 긍정적 효과와 문제를 분석하고, 나와 다른 사람이나 집단의 문화를 존중하는 태도를 기른다.
* 외국인 이주민의 증가, 1인 가구와 비혼, 반려동물 양육 등 다양한 문화가 확산·공유되면서 나타나는 긍정적 효과와 사회문제를 사례 또는 통계 자료를 통해 파악하도록 설정한 것이다. 이를 바탕으로 나와 다른 사람들의 삶의 방식이나 문화를 존중하는 태도를 함양하는 데 초점을 맞춘다.

모두 참여 수업

자폐 성향의 학생이 있던 통합학급 담임을 처음 맡았을 때, 자폐 스펙트럼에 대해 아이들에게 설명해 주어야겠다고 생각하여 자료와 책들을 찾아봤다. 나 역시 '자폐'가 무엇인지 모르기는 마찬가지였는데 몇 가지 자료를 찾다 자폐의 특징과 행동, 예민한 감각, 어떻게 대해야 하는가, 어떤 도움이 필요한가 등이 나와 있는 책을 아이들에게 읽어주었다. 그렇게 글을 읽으며 설명하고 있는데 아이들의 표정이 지루해 보였다. 그나마 내 말에 귀를 기울이고 있던 한 아이가 손을 들고는 "그래서 우리 반 ○○가 자폐라는 거예요?"라고 했다. 그 말을 듣는 순간, 뭔가 잘못되었다는 것을 깨달았다. 나는 누군가를 '자폐'라는 선을 그어 그 테두리에 가두고 마치 우리가 알고 있어야 할 지식처럼 설명한 것이었다. 아이들은 '자폐'라는 단어를 처음 들어 보는 표정이었다.

"그래서 어떻게 하라는 거지?"

아이들은 자폐가 무엇인지, 그 어려운 단어를 왜 배워야 하는지 관심 없었다. 옆에 있는 친구랑 어떻게 하면 같이 놀 수 있는지, 나랑 친하지 않은 친구와 짝이나 같은 모둠이 되었는데 이 시간을 어떻게 지내야 할지, 이런 것이 더 중요했다. 장애라는 선을 그어 놓고 다가가기보다 그 친구, 즉 한 사람의 특성으로 다가갔다. 친구랑 놀고 싶고, 함께 하고 싶은 것은 자폐 성향의 학생도 마찬가지였다.

그날부터 통합학급 수업의 방향을 바꾸었다. 지식으로 알리고 설명하기보다 아이들이 경험하고 마음이 움직이는 수업을 해야겠다는 생각이 들었다. 여러 방법을 고민하다가 찾은 것이 책이었다. 아이들에게 동화책을 읽어주고 함께 이야기를 나누는 활동을 시작했다.

교육과정에는 국어 교과에 독서 단원이 있어 '온 작품 읽기' 활동을 할 수 있다. 그런데 특수교육대상 학생들은 국어 시간에 통합학급에 있지 않고 통합지원반에 가서 개별수업을 받는 경우가 많았다. 자폐 학생을 처음 맡았을 때는 언어로 의사소통이 원활하지 않으니 굳이 같이 있는 수업 시간에 책을 읽어야겠다는 생각조차 하지 않았다. 그런데 코로나로 인해 온라인으로 수업하던 시기 우연히 이 자폐 성향의 학생이 책 이야기 듣는 것을 무척 좋아한다는 것을 발견했다. 다른 수업 시간에는 자리에 잘 앉아 있지 못하고 많이 움직였으나 책 읽을 시간이 되면 귀를 바짝 화면에 대고 열심히 들었다. 표정에서 이야기에 귀를 기울이는 것이 느껴졌다. 등교해서도 수업 중 이런 모습은 이어졌다.

그림책이나 동화책을 읽어주며 이야기를 듣고 질문하고 대답하는 수업 방법은 통합학급에서 생각보다 효과적이었다. 언어로 의사를 표현하기 어려운 자폐 학생도, 수업 내용이 어려워 무슨 말인지 모르겠다는 학습 부진 학생도 함께 이야기 속에 빠져들었다. 교사가 읽어주는 책 이야기를 반 친구들과 함께 들으며 나름대로 자기 생각을 표현하기도 했다.

사회과 교육과정의 목표는 '초등학교에서는 학생들이 주변의 사회 현상에 관하여 관심과 흥미가 있으며, 생활과 관련된 기본적 지식과 능력을 습득하고, 이를 자신의 주변 환경이나 문제에 적용할 수 있는 적극적인 태도를 기른다.'라고 제시되어 있다. 주변에서 일어나는 일들에

모두 참여 수업

관해 관심을 두고 생각해 보는 수업을 위해 동화책을 적극적으로 활용하였다. 어린이책이지만 아이들을 둘러싼 사회를 바라보게 하는 이야기들, 자신의 경계를 벗어나 더 큰 세상으로 나아가기 위한 디딤돌이 되는 책을 찾아 함께 읽었다.

아이들에게 동화책을 읽어줄 때, 아이들의 눈은 각자의 색으로 빛났다. 마음의 움직임이 눈빛으로 나타났다. 함께 읽은 책에 등장하는 인물을 마치 우리 반 친구나 우리가 모두 아는 사람처럼 여기며 이야기했다. 책 속에서 펼쳐진 상황은 우리 동네의 일처럼 생생하게 느껴졌다. 그 이야기 속에서 인물들의 움직임은 아이들의 경험이 되었다. 직접 겪은 일은 아니지만, 이야기 속 등장인물들의 상황과 사건들을 통해 나름대로 사회를 탐색했다. 지식으로 배운 내용보다 어린이들이 자신과 타인을 깊이 탐색할 수 있는 좋은 작품은 힘이 컸다.

윌 스토는 《이야기의 탄생》에서 "좋은 스토리텔링은 좋은 심리학과 좋은 신경과학과 마찬가지로 인간의 행동을 깊이 탐색한다. 문학적 스토리텔링은 표면에 드러난 행위보다는 인물들이 왜 그렇게 행동하는지에 관한 폭넓은 단서를 배치하는 작업이다."라고 했다. 함께 읽은 여러 책이 아이들의 마음을 움직였다.

## 힘이 세다는 것

힘이 세지고 싶은 아이가 있었다. 자신보다 약한 사람은 힘으로 누를 수 있다고 생각했다. 힘이 센 사람 앞에서는 하라는 대로 하지만 자기 힘이 세지면 언제든지 반항할 수 있다는 태도였다. 아직 초등학생이라 힘이 그다지 세지 않았던 아이는 쉬는 시간에 농담처럼 중학교에 가면 일진에 들어갈 것이라고 했다. 아이들이 그 말을 듣고 기막혀 하든 말든 진심으로 말했다. 힘을 키우고 싶어 했다. 아이가 믿는 것은 주먹, 바로 힘이었다.

아이는 힘 대신 목소리가 컸다. 화가 나면 아무에게나 화를 쏟아냈다. 자신보다 약한 아이에게 다가가 덤볐고 탓을 했다. 장애가 있는 친구에 대한 거부감은 더 심했다. 반 아이들과 갈등이 많았다. 담임인 나뿐만 아니라 교과 선생님들도 수업하기 힘들어하셨다. 통합학급이 아니어도 이런 학생이 있으면 수업을 제대로 이어가기가 힘들다. 화가 나면 안 하겠다고 버티거나 학습지를 구겨버리기도 했다. 사회 시간에 모둠을 구성할 때는 이 아이와 최대한 갈등이 없는 모둠원으로 구성해야 했다. 지역사회의 갈등을 어떻게 해결할 것인가를 배우는 데 무조건 자기 맘대로 해버리겠다고 주장하는 바람에 다른 모둠 아이들이 불만이 많았다.

이런 상황에서 함께 읽은 책이 《싸움의 달인》(김남중 지음, 조승연 그림, 낮은산)이었다. 책은 반에서 힘이 가장 센 아이에게 눌려 괴롭힘을 당하던 주인공이 주먹싸움의 기술을 배우면서 시작된다. 이 책을 읽기 시작하자 그 아이의 눈이 빛났다. 뭔가 대단한 고수의 주먹질 비법이라도 들어있는 듯 기대하는 눈빛이었다. 이런 책이 있다니 신기해 하면서 말이다.

모두 참여 수업

이야기는 교실 안 아이들의 싸움에서 가족과 가까운 사람들, 권력과 돈을 쥔 사람들과 그렇지 않은 사람들 사이의 싸움으로 서서히 전환된다. '법'을 내세우는데, 무고한 사람들이 억울해지고 가족이 잡혀가는 세상의 싸움을 보게 된다. 책을 읽어갈수록 아이들의 표정이 진지해졌다. 교실에서 친구들끼리 억울하다며 다투던 일들과는 전혀 다른 싸움의 세계, 우리가 예상하는 결말대로 '착한 사람'이 승리하는 싸움이 아니었다. 진짜 싸움이란 무엇일까, 아이들은 자신들이 싸워야 할 대상에 대해 다른 시각으로 고민하기 시작했다. 이 책을 읽고 나서 아이들은 진정으로 싸워야 할 일이 무엇인가에 대해 한 단계 더 넓은 시각으로 볼 수 있게 되었다. 가끔 다툼이 생기면 웃으며 "우리가 진정으로 싸워야 할 대상은 이게 아니야."라고 말하며 사소한 다툼을 그냥 넘기기도 했다. 목소리가 크고 주먹이 센 것이 진정한 힘이 아니며, 힘이란 어떻게 작용해야 하는지를 돌아보는 책이었다.

세상의 차가운 면까지 동화로 표현해내는 같은 작가의 또 다른 책 《동화 없는 동화책》(김남중 지음, 오승민 그림, 창비)은 사회 시간에 주제로 다룰 만한 이야기들이 여러 편 실려 있다. 거칠고 힘든 사회 속에서 아이들이 어떻게 살아가고 있는가를 보여주는 책이어서 수업 내용이나 학급 상황에 맞춰 함께 종종 읽었다. 사회의 이면을 들여다보거나 그 속에서 살아가는 아이들의 이야기가 펼쳐져 함께 생각을 나눌 주제가 많았다.

## 돈, 학원비, 집값

우리나라 인구 분포와 인구 구조의 변화를 공부하는 수업 시간에 저출생 문제에 대해 아이들과 이야기가 오갔다. 우리나라 합계 출산율이 점점 낮아지는 문제가 무엇인지 아이들은 자유롭게 자신들의 생각을 꺼냈다.

- 아이를 안 낳는 것은 애 키울 때 돈이 많이 들어서 그래요. 먹을 것도 사야 하고 학원비도 너무 비싸고요.
- 우리 엄마 보면 하는 일이 너무 많아요. 직장도 다니시는데 집안일도 하셔야 하고 아이들도 돌봐야 하고 음식도 만들어야 하고.
- 아빠들도 마찬가지예요. 직장에 다니시며 힘들게 돈 벌어야 아이들을 키울 수 있잖아요. 우리 아빠는 몸도 안 좋으신데 쉬시지 못해요.
- 저는 원래 운동선수가 되려고 했었는데 그만두었어요. 그전까지 저는 우리 집이 아파트에 살면서 평범하게, 걱정 없이 사는 집인 줄 알았어요. 그런데 운동하니 돈이 많이 들고 그 돈을 막 쓰면서 운동할 수 있는 집이 아닌 것을 알았어요. 그 돈을 다른 곳에 쓰는 게 나을 것 같아 그만두었어요.
- 엄마가 산 주식이 뚝뚝 떨어지는 곡선을 본 적이 있어요. 걱정이 되더라고요.
- 저는 미술을 전공하고 싶어서 미술 학원에 다니고 있어요. 그런데 학원비가 매우 비싸거든요. 하고 싶어서 하는 것이지만 어느 땐 힘들기도 하

　　　　　　　　　　　　　　모두 참여 수업

고, 나 때문에 비싼 학원비를 쓰시니 잘해야겠다는 부담도 있어요.

- 그러니까 그냥 애를 안 낳으면 돼요. 우리 집을 봐도 돈이 너무 많이 들어요.
- 저는 그래서 학원 몇 개를 끊고 싶은데 부모님께서 안 된대요.
- 저도요, 저도 학원 끊고 싶어요.
- 그래도 다녀야 해요. 공부를 잘하려면요.

"부모님께서는 학원비 때문에 힘들게 일해 돈을 모으고 그 돈을 자식들을 위해 쓰는데 그 돈을 받는 너희는 왜 기쁘지 않을까? 고맙거나 행복해야 하는 일인데 왜 점점 아이를 안 낳으려고 할까?"

이 질문에 아이들의 긴 침묵이 이어졌다. 결말이 없이 수업이 끝났다.

의외로 아이들은 부모님의 부담을 꽤 깊이 느끼고 있었다. 아이들과 이 수업을 통해 저출생의 이유를 명확하게 알아내지 못했지만, 아이들은 주변에서 일어나는 변화를 충분히 느끼고 있었다.

수업 후 아이들과 단편 동화를 하나 읽었다. 《수학왕 기철이》(강정규 외 지음, 이덕화 그림, 창비)는 수학을 잘하는 기철이가 학원을 보내달라고 조르다가 결국 부모님께서 보여주신 가계 재정을 보고 학원비를 찾아내려 돈 계산을 하는 이야기다. 기철이가 계산을 하다 보면 시급, 하루 노동 시간, 청약 통장, 집값, 실직 이런 변수들이 등장한다. 어떻게든 답을 찾고 싶지만, 경시대회에나 나올 만큼 풀기 어려운 문제다.

'답이 없는 것도 답일 수 있을까?' 이야기 속 주인공의 말처럼 답이 분명하게 보이지 않는 문제도 있다. 답이 없지만 나아갈 방향에 대해 아이들도 한 번쯤은 고민해 볼 일이었다. 사회의 여러 문제가 그렇다. 생활 주변의 문제를 찾고 그것을 해결하는 방법을 찾는 것이 사회과의 목표라면 이런 고민 역시 아이들에게 의미 있는 일이다.

### 아이들의 인권, 가정폭력, 사회와 법의 변화

어린이 인권에 대한 특강 수업이 있던 날이었다. 어느 때보다 진지하게 수업을 듣던 한 아이가 강사에게 질문을 했다.

"제가 진짜 엄청나게 큰 잘못을 한 적이 있어요. 진짜 맞을 짓을 했다면 부모님이 절 때려도 되는 건가요?"

강사는 아이의 질문에 약간 당황해하며 때리는 것은 안 되며 부모님 말씀을 잘 들어야 한다는 투로 대략 대답을 마무리했다. 질문을 하는 아이의 진지한 표정이 눈에 띄었다. 사회 시간에 유엔 아동 인권 조약을 배우고 인권 선언문 만들기 수업을 진행하다가 이 문제가 다시 나왔다.

친구를 때리면 안 된다. 이 말을 아이들은 어린이집, 유치원 시절부터 듣는다. 그런데 부모는 아이를 때려도 될까. 아이들은 잘못했으면 맞을 수도 있다면서 부모님께 혼난 이야기, 친구에게 들은 이야기들을 꺼냈다.

"안 맞은 애들이 어딨어요?"

"나는 한 번도 맞아본 적이 없는데!"

모두 참여 수업

아이들은 각자의 경험 세계에서 상대방의 말을 매우 낯설게 받아들였다. 어떻게 그럴 수가 있는가 하는 표정으로 말이다. 어떻게 키워졌는가에 따라 이를 대하는 아이들의 태도는 극명하게 나뉘었다. 자주 혼나거나 맞아 본 아이들은 부모님께 자기 잘못이 전해지는 것을 두려워한다. 잘못을 돌아보고 고치려고 하기보다는 어떻게든 상황을 모면하고 부모님 모르게 넘어가기에 급급하다.

어떠한 경우든 누가 누구를 때릴 권리는 없다, 아무리 부모여도 그렇다고 나는 단호하게 이야기했다. 몇몇 아이들은 내 말이 진짜인가 놀란 눈으로 쳐다봤다. 2021년 1월 8일, 국회는 이른바 자녀징계권이라 불렸던 민법 915조의 '친권자는 그 자를 보호 또는 교양하기 위하여 필요한 징계를 할 수 있고 법원의 허가를 얻어 감화 또는 교정기관에 위탁할 수 있다'는 조항을 삭제했다.

아이들과 함께 《영모가 사라졌다》(공지희 지음, 오상 그림, 비룡소)를 읽었다. 사라진 친구 영모를 찾아다니는 이야기다. 영모는 평소 조용한 모범생이었으나 아버지의 엄격한 훈육과 성적이 떨어질 때마다 맞는 체벌을 피해 어느 날 갑자기 다른 세상으로 사라졌다. 그 낯선 세상은 '라온제나'. 그곳은 시간도 다르게 흘러 영모는 아버지 정도의 어른이다. 영모는 그 다른 세상을 안식처럼 느끼며 살다 결국 용서를 빌기 위해 찾아온 아버지를 만난다. 같은 또래의 성인이 되어 있지만, 여전히 아버지를 마주치기 두려운 상황. 아버지는 자기 잘못을 인정하고 눈물을 흘리지만 영모는 쉽게 용서하지 못한다. 유년기 체벌의 상처는 너무도 크고 깊다. 다시 이 세상으로 돌아오게 되는 결말에서 영모는 아버지와 떨어져 살기로 한다.

결말을 두고 아버지와 함께 가족이 모여 살아야 하는가 토의하면 아이들의 의견이 팽팽했다. 엄마를 생각해 함께 살아야 한다는 의견도 있지만, 이미 폭력을 휘두른 사람과는 절대 같이 살 수 없다는 의견이 많았다.

책에는 아이를 잡으려는 어른들을 피해 다니는 또 다른 아이가 나온다. 동화 속에서 아이들이 그들의 눈을 피할 수 있는 때는 시간이 뒤섞여 어른의 모습으로 지내는 시간뿐이다.

책을 읽으며 아이들은 마음속에 소용돌이 같은 갈등을 느낀다. 분명 폭력은 나쁜 것이지만, '맞을 짓'이라는 것이 있다고도 생각한다. 여러 친구와 학교에서 생활하다 보면 화가 났을 때 욕을 하거나 손과 발이 먼저 나가기도 한다. 그것이 나쁜 행동임을 알지만 화를 어떻게 조절하는지 배우지 못해서, 또 화를 폭력으로 표현하는 어른들을 보며 그 방법을 사용하는 것이다.

함께 읽은 후에 아이들은 거의 일 년 내내 '누가 누구를 때릴 권리가 없다.'라는 말을 했다. 신체적 폭력뿐 아니라 언어폭력도 마찬가지였다. 일 년을 마칠 때쯤 어떤 아이가 이런 글을 썼다. '선생님이 어떤 상황이든 때리지 말라고 했다. 난 그렇게 배웠지만 때리기도 한다. 그러나 그 배운 말을 기억하여 안 때리려고 노력한다.'

당장 모든 것을 바꿀 수는 없다. 아이들이 교실에서 배움을 통해 바람직한 방향으로 성장하려고 애쓰는 마음, 잘못했을 때 자신을 부끄러워하는 마음도 중요하다.

부모님과 갈등이 많았던 한 아이가 자신의 이야기를 들려줬다. 화가 나서 자신을 때리려는 부모에게 '누가 누구를 때릴 권리는 없다.'라고 소리쳤다고, 선생님께 배운 대로 부모님에게 말했다고 했다. 그런데 부모가 그건 그냥 학교에서 하는 말이지, 애를 안 때리고 어떻게 키우냐고 하셨단다.

아이는 부모를 믿고 있지 않았다. 집을 안식처로 느끼지 않고 있었다. 동화 속 영모처럼 자신이 편히 쉴 곳을 끊임없이 찾고 있었다. 과도하게 자신에게 관심을 두는 부모님이 부담스럽다고 했다. 나는 아이의 말을 다 듣고서 그래도 키워주시는 부모님께 감사해야 한다고는 말할 수 없었다.

나는 아이에게 조용히 물었다. 너는 어떤 사람, 어떤 부모가 되고 싶냐고. 아이는 자식을 안 때리고 키우고 싶다고 했다.

"사람은 다 다른 인생을 산다. 선생님은 네가 옳다고 생각하는 행동을 하며 살아가길 바란다."

나의 말은 아이의 마음에 어떻게 남았을지, 궁금하다.

변진경이 쓴《울고 있는 아이에게 말을 걸면》(아를)에는 스웨덴 아동 옴부즈맨의 법무관인 카린 파게르홀름의 '만약 아이들의 이야기가 들리지 않는다면, 아무도 묻지 않았기 때문이다. 아이들은 항상 온몸으로 시그널을 보내고 있다.'라는 말이 나온다. 아이들이 보내는 시그널은 매우 중요하다. 사회 교과서에만 머물면 들을 수 없는 이야기다. 책을 통하면 아이들의 진짜 이야기를, 아이들이 바라보는 사회에 대한 시선을 조금이라도 더 가까이에서 보고 들을 수 있다.

## 보리, 보리네 집

교실에서 아이들은 다양한 친구들을 만난다. 자신과 다른 친구를 만나 잘 어울려 지내기도 하지만, 자신과 다르다는 이유로 '이상한 애야.'라고 단정 짓기도 한다. 아이들이 갈등 없이 잘 지내기를 바라는 부모의 마음처럼, 갈등 없는 조용한 반을 만나는 것이 교사의 바람이기도 하다. 하지만 성장 곡선의 한 중심에서 변화무쌍한 모습을 보이는 아이들에게 아무 일이 안 일어날 수는 없다. 그 변화를 어떻게 들여다보고 이끄는가가 학교생활과 수업의 중심 과제이기도 하다.

학교는 아이들이 가정에서 벗어나 더 큰 사회를 경험하는 곳이다. 사회를 경험하며 생각이 커나가며 바뀌기도 하고 미처 생각하지 못한 세상에 눈을 뜨기도 한다. 영화는 그런 면에서 다양한 가치들을 이야기할 수 있는 매체다. 사회 시간에 다양성과 차별 등에 대해 수업할 때 고학년 아이들과 함께 보고 좋았던 영화 〈나는 보리〉(김진유 감독)가 있다.

장애에 대한 영화나 책들이 가끔 장애를 극복한 이야기나 불쌍하니 도와주어야 한다는 분위기로 흘러 불편했다. 통합학급 초기 아이들이 무조건 도와주려고 하는 태도는 이런 맥락에서 나온 것이었다. 잘 못하니 도와주고 싶은 마음, 장애가 언젠가는 고쳐질 것으로 생각하면서 말이다. 실제 통합학급을 한 번도 경험해 보지 않은 아이들은 장애에 대한 이해가 거의 없어서 자신과는 상관없다는 식으로 막연하게 배우거나, 장애 학생 스스로는 할 수 있는 것이 없다고 보는 까닭에 뭔가 같이 하겠다는 생각을 못 하기도 한다.

나는 생활 방식이 다른 이들의 삶을 있는 그대로 보고 이해하는 교육을 하고 싶었다. 자신과 다른 삶에 대해 함부로 이야기하지 않고 이해하고 다가갈 수 있는 것을 고민하다 발견한 영화가 바로 〈나는 보리〉였다.

수어로 이야기하는 보리네 가족을 보며 첫 부분에서 아이들은 "왜 못 들어요?" "못 들으면 말도 못 해요?"라는 질문을 많이 한다. 요즘 수어로 전하는 뉴스나 프로그램도 많고 노래들도 있지만, 여전히 수어를 쓰는 사람들은 아이들에게 낯선 이들이다.

'보리가 소리를 잃으려고 하는 모습'을 다룬 이 영화는 어떤 이야기일까? 아이들과 생각을 나눈다. 청각장애에 관한 이야기? 가족 이야기? 소통에 관한 이야기?

- 보리도 가족들처럼 소리가 안 들리면 가족과 똑같은 사람이 되어서 조금 더 잘 이해하려고 하는 것 같다. 그건 좋지 않은 소원인 것 같다. 아무래도 보리마저 안 들리면 불편할 것 같다.
- 난 보리가 왜 소리가 들리지 않았으면 하는지 알 것 같다. 보리네 가족은 보리를 빼고 소리도 못 듣고 말도 못 한다. 보리는 아마 자기도

소리를 듣지 못한다면 가족들과 더 잘 소통할 수 있을 거로 생각했을 것이다.

• 보리가 자신과 비슷한 할아버지하고 얘기하는 걸 보면 굉장히 편하고 즐겁게 대화한다. 그래서 보리가 소리를 잃고 싶은 것 같다.

영화 초반에 가족들이 축제를 즐기는 모습이 나온다. 왁자지껄한 축제 소리와 배경 음악이 깔리며 다정하고 행복한 가족의 모습이 이어지는데 그때까지는 몰랐다가 나중에 이 가족이 보리를 제외하고 모두 청각장애라는 사실을 깨닫고 나면 이 장면이 무척 인상적이었다고 말하는 아이들이 있다. 장애가 있지만 가족들의 모습이 행복해 보인다고 말한다. 장애를 지닌 사람들의 삶이 고달파야 할까, 그것이 가족 모두 슬프게 지내야 하는 이유일까? 물론 사회에서 살기 어려운 점이 있다. 후반부 장면처럼 부당한 대우를 받고 피해를 보기도 한다. 보리가 거짓으로 소리를 듣지 못하는 것처럼 지내면서 자기 가족을 향한 차별의 말이 들려오기 시작한다. 이것은 보리네 가족의 문제일까? 사회에서 살아가는 데 어려움이 있다면 사회의 모습을 조금씩 바꿔 나가면 되지 않을까?

이렇게 확장된 수업으로 나아갈 수 있는 여지가 많은 영화다. 교실에서 영화를 함께 보는 것은 여러 수업 차시가 필요하므로 재구성을 꼭 해야 한다. 사회과의 인권, 차별, 다양성 등의 주제와 창의적 체험활동 시간을 활용했다. 이렇게 함께 영화를 보면 우리 반의 공통 간접 경험이 된다. 영화를 보고 난 이후, 사회 시간에 배리어 프리(barrier free)에 대해 배울 때 아이들은 "보리네 집 있잖아. 보리네 집에서 영화를 보려면 꼭 필요하지."라며 자연스럽게 받아들였다. '보리'는 가상의 우리 반아이가 되었다. 아마도 앞으로 수많은 수어를 보며 아이들은 '보리 가족'을 떠올릴 것이다. 아이들의 마음이 자라서는 보리네와 우리가 함께할 수 있는 일들이 더 많아졌으면 좋겠다. 아이들은 방법을 찾을 것이다.

브래디 미카코는 《나는 옐로에 화이트에 약간 블루》(다다서재)에서 '심퍼시(sympathy)는 가여운 사람이나 문제를 떠안고 있는 사람, 자신과 비슷한 의견을 지닌 사람을 보며 품는 감정이기 때문에 딱히 노력하지 않아도 자연스럽게 생겨난다. 하지만 엠퍼시(empathy)는 다르다. 자신과 이념이나 신념이 다른 사람, 또는 그다지 가엾지는 않은 사람들이 어떤 생각을 하는지 상상해 보는 능력인 것이다. 심퍼시가 정적 상태라면, 엠퍼시는 지적 작업이라고 할 수도 있겠다.'라고 했다.

## 역사 속 장애인의 삶

역사 속 장애인의 삶은 어땠을까? 인권 신장을 위해 노력했던 옛사람들의 활동을 살펴보는 수업이 있다. 신분, 장애, 어린이, 여성의 인권을 신장하기 위해 노력한 위인들의 업적을 알아보는 내용이다. 인물을 정해 주고 자료를 찾아 발표하는 수업을 하면 아이들이 열심히 자료를 만들어 발표한다. 그런데 조사를 하면서 아이들의 마음에 어떤 것이 남을까? 옛날에는 인권을 존중하지 않았다는 부정적인 인식보다 당시 사람들의 생활과 인식, 그에 따른 사회 제도가 어떻게 만들어졌는지 시대의 특성을 들여다보는 수업을 하고 싶었다. 이 수업을 하기 전에 읽어 보니 좋았던 책이 바로 《소리를 보는 소년》(김은영, 서해문집)이었다. 이 소설은 시각장애인인 주인공이 조선 최고의 독경사를 꿈꾸며 성장하는 이야기다.

조선은 장애인을 배제하거나 격리시키지 않았고 체계적인 복지정책들이 있었다. 특히 조선왕조실록에 보면 이 소설의 배경이 되는 명통시 이야기가 기록되어 있다. 명통시는 시각장애인들이 독경사가 되어 독경을 익히고 기우제 등을 지낼 때 독경을 암송하는 역할을 하는 곳이다.

태종실록 33권, 태종 17년 6월 16일 경자 6번째기사
: 선공감(繕工監)에 명하여 명통사(明通寺)를 다시 짓게 하고, 이어서 노비를 합하여 10구(口)를 주니, 오부(五部)의 맹인(盲人)이 모이는 곳이기 때문이었다.

세종실록 32권, 세종 8년 5월 25일 무오 6번째기사
: 명통사(明通寺)에서 기우하는 맹인(盲人)에게 쌀 30석을 내리었다.

세종실록 84권, 세종 21년 3월 27일 을해 1번째기사
: 호조에서 명통사(明通寺)의 맹인(盲人)들의 상언에 의하여 아뢰기를, "기유년으로부터 매년 본사에 쌀 30석과 황두 20석을 의례로 주어서 부처에게 봉양하고 축복하는 재물로 삼았사온데, 정사·무오년에 흉년

모두 참여 수업

든 것으로 인하여 제폐하였사오니, 청하건대, 이제부터는 다시 쌀·콩 각 20석을 하사하게 하소서." 하니, 그대로 따랐다.

〈조선왕조실록〉(국사편찬위원회)

현재의 우리 사회는 조선시대에 비해 장애를 지닌 사람들이 살아가기 좋은 사회일까. 장애인으로 사회 속에서 살아가는 것은 개인의 문제가 아니라 사회 제도가 뒷받침되어 있지 않으면 어렵다는 것을 생각해 볼 수 있었다.《역사 속 장애인은 어떻게 살았을까》(정창권, 글항아리)에 보면 '흔히 과거의 장애인은 오늘날에 비해 매우 힘들게 살았을 것으로 생각하지만, 장애인과 비장애인을 구분 지어 장애인을 차별하기 시작한 것은 근현대에 이르러서이다. 과거의 장애인은 과학기술이 발달하지 못해 몸은 좀 불편했더라도, 장애에 대한 편견은 훨씬 덜해 사회에서 비교적 자유롭게 살아갔다.'라고 서술하고 있다. '예로부터 우리나라 장애인은 기본적으로 자신만의 직업을 가지고 자립하도록 하였다. 단적인 예로 시각장애인의 경우 점복과 독경, 음악 등 다양한 직업을 가지고 스스로 먹고살았다. 다만 나이가 들거나 가난하여 생계가 어렵다거나 거동이 불편한 중증장애인은 국가가 직접 나서서 진휼하였다.'는 기록이 있다고 한다.

이야기의 주인공은 조선시대 시각장애인 청소년이다. 주인공은 독경사라는 시각장애인의 직업을 알게 되고 그 꿈을 향해 나아간다. 이 책을 읽다 보면 결국 시각장애인의 삶이 어떠한가 보다 한 사람의 성장과정에 집중하게 된다. 책 속에는 시각장애인인 어른들, 자신과 함께 독경을 배우는 학생이자 경쟁자인 친구, 부모, 가족, 주변 사람들이 다양하게 등장한다. 주인공을 둘러싼 사람들 속에서 한 사람으로 성장하는 것이다.

우리는 매번 좌절을 겪고 어떤 선택을 해야 할 상황에 놓인다. 조선시대, 시각장애인이라는 먼 곳의 이야기지만, 아이들은 이 책을 읽으며 주변과 자신을 비춰본다. 단단하게 성장하는 주인공의 모습을 마주하며 그 단단함을 마음에 담아 둔다.

"너라면 어떻게 했겠니?"

이 책을 읽어주며 자주 한 질문이다. 이런 질문을 던질 수 있어서 아이들과 읽기 좋다. 누구의 삶이나 다 소중하고, 자기 삶 안에서 자신을 사랑하며 성장하는 길, 다른 사람에게 조금이라도 빛이 된다면 값진 인생이라는 것을 간접적으로 생각해 볼 수 있었다. 역사와 인권을 함께 배우는 5학년 사회 수업에 참 좋았다.

함께 책을 읽으면 아이들과 공통의 분위기가 형성된다. 책 속 등장인물과 경험은 우리 반의 일이 된다. 읽은 책들은 1년 동안 우리 교실이라는 사회에 머문다. 이야기 속 인물들을 통해 시, 공간을 자유롭게 넘나들며 사회 변화와 현상을 인식할 수 있다. 그 일들을 함께 나누는 사이에 아이들은 사회에 필요한 가치와 태도들을 마음에 담게 된다.

아이들은 동화책을 통해서지만 '사회'를 바라볼 수 있어야 한다. 아이들이 자라는 곳은 아름다운 동심의 세계가 아니기 때문이다. 아이들은 코로나와 같은 전염병, 불확실한 경제 상황, 기후 변화 등 사회의 변화를 겪으면서 그 변화를 온몸으로 느낄 수밖에 없다. 자신을 돌보는 보호자의 일상이 바뀌면 그 변화를 오롯이 받게 되는 것은 아이들이다. 세상에 어른들의 어려움은 차고 넘치듯 쏟아지지만, 그사이 아이들의 요구나 목소리는 점점 더 뒷전으로 밀렸다. 그 와중에도 아이들은 자라고 있었다.

애써 어른들의 어려운 사회를 아이들에게 감추려는 어른들도 있다. 너희는 몰라도 된다고 하거나 그런 걱정 하지 말고 공부나 열심히 하라고 말이다. 그 공부가 무엇일까? 자신이 사는 세상을 제대로 인지하지 못하고 지식을 채워 넣는 공부가 아이들 성장에 어떤 의미가 될까? 실제로 사회 시간이 되면 아이들은 별의별 질문을 많이 한다. 뉴스에서 보고 들은 이야기나 부모님들이 하는 말을 듣고 그게 무슨 말이냐고 묻는다. 답하기 어려운 정치적인 판단을 해야 하는 때도 있다. 누가 옳은지 그른지 어른들의 말을 듣고 자기 생각인 듯 그대로 따라 하는 아이들도 있다. 정치인들을 흉내 내며 장난을 친다. 때로는 몰랐던 사실들을 듣고 분노하거나 놀라워하기도 하고, 왜 바꾸지 않느냐고 따진다. 가끔 어른인 나로서도 제대로 이유를 말할 수 없어 난감할 때도 있다.

이런 주제와 관련해 사회 수업을 구성하기 위해 자주 했던 일 역시 관련된 책을 찾아 읽는 것이었다. 아이들 책이나 사회과학과 관련된 모든 책이 교실에서 아이들을 만날 때 길잡이가 되었다. 혼자 읽기보다 주변 동료들과 함께 읽고 생각을 나누었다. 수업에 적용한 사례도 나누고 아이들을 만나며 겪은 어려움을 함께 고민했다. 학교라는 직장에서 만나는 동료들도 돌아보면 다양하다. 동학년 교사, 사서교사, 특수교사들과 각자의 상황에서 겪은 소중한 경험을 나눌 수 있었다. 읽고 쓰고 이야기 나누고, 다양한 사람들의 생각을 수용하는 것은 아이들에게도 나에게도 중요한 일이었다. 아이들에게 사회를 제대로 가르치려면 나의 사회와 세계를 넓혀야 했다.

이야기는 첨단기술이 아닐뿐더러 새로운 것도 아니지만 그럼에도 외집단이라고 느껴지는 사람을 향한 공감을 향상시키는 효과적 방법으로 입증되어왔다. 무엇보다도, 가장 배타적인 사람들이 접촉의 효과를 가장 크게 보이는 것으로 나타났다.

《다정한 것이 살아남는다》(브라이언 헤어, 버네사 우즈, 디플롯)

모두 참여 수업

# 지금 시대의
# 역사 교육

---

[6사04-01] 선사 시대와 고조선의 유적과 유물을 활용하여 당시 사람들의 생활을 추론한다.

---

[6사04-02] 역사 기록이나 유적과 유물에 나타난 고대 사람들의 생각과 생활을 추론한다.

---

[6사04-03] 다양한 역사 자료를 활용하여 고려 시대 사회 모습과 사람들의 생활을 추론한다.

"이번 시간에는… (아이들을 둘러보며) 너는 견훤, 너는 궁예, 음… 그래, 네가 왕건!"

"이야~, 내가 왕이다!"

아이들은 무슨 당첨이라도 된 것처럼 배역을 정할 때마다 환호했다.

"근데 견훤아, 아들들이 서로 왕이 되겠다고 다퉈. 어떻게 할래?"

그러면 뒤에 아들들 역할을 맡은 아이 몇 명이 팔을 휘두르며 싸우는 척을 한다. 견훤은 그런 아들들을 아버지의 눈빛으로 둘러보며 고민한다. 딱히 대답을 못 해도 상관없다. 이미 아이들은 삼국시대로 가 있다.

역사를 처음 배우기 시작하는 5학년이 되면 역사가 어렵다고 말하는 아이들이 늘어난다. 최근 몇 년간 담임을 하며 조사해 본 결과, 이 시기 아이들이 가장 싫어하는 교과는 '사회'였다. 외울 것이 많고 생소한 용어들이 대거 등장해서다. 전체 흐름을 파악하고 있지 않으면 한두 시간 멍하니 있다 보면 몇백 년을 건너뛸 수도 있다. 시리즈 드라마에서 몇 편을 보지 못한 채 다음 편을 보는 것과 같다고나 할까. 더구나 역사는 맥락 속 의미까지 파악해야 하니 더 어렵다. 남은 방법은 '달달' 외우는 것, 그때부터 역사는 지루해진다.

역사 수업은 교사에게도 부담이 크다. 초등학교 때 처음 배우는 수업에서 역사적 지식을 잘 전하기도 해야 하지만, 동시에 가르치는 교사의 시선을 창으로 하여 역사를 바라보게 하기 때문이다.

가끔은 역사 덕후의 분위기를 풍기며 해박한 역사 지식과 관심을 드러내는 아이도 있다. 반면 전혀 관심이 없는 상태거나, 학력 수준을 떠나 다문화 가정에서 자라 누구나 알 만한 이야기조차 모르는 아이들도 있다. 여기에 통합학급의 특성까지 더해지면 이 다양한 아이들과 함께하는 역사 수업이 고민될 수밖에 없다. 열심히 학습지를 만들어 나누

모두 참여 수업

어주고 문제를 풀고 쪽지 시험을 보고 지식을 늘려야 할까, 그렇게 얻은 지식은 얼마 지나지 않아 의미 없이 남을 텐데, 사라지지 않게 하려면 어떻게 해야 하나. 아이들에게 역사는 어떤 의미여야 할까, 우리가 역사를 배우는 이유는 무엇일까, 수업 전 교사의 고민과 방향성이 그 어느 때보다 중요해진다.

통합학급을 운영하면서 여러 가지로 역사 수업의 방법을 시도해 봤다. 학급의 특성에 따라 다르게 할 수밖에 없었다. 지난 반에서 했던 방식과 자료가 지금 우리 반에 맞지 않는 경우가 많았다. 그래서 더욱 아이들의 문화와 배경지식 같은 학급의 특성을 빨리 파악하는 것이 중요했다.

## 상황극으로 역사 수업하기

역사 배경지식이 별로 없는 학급이었다. 오늘 배우는 내용이 삼국시대인지 조선시대인지 헷갈리는 아이들, 신라의 어떤 왕이었을까 물으면 언제나 답은 세종대왕인 아이들, 통합학급이어서 자폐 스펙트럼 범주와 ADHD 특성을 지닌 아이도 있었는데, 역사가 관심 밖의 내용이라 알고 싶지 않을뿐더러 수업 참여는 물론 앉아 있는 것조차 괴로워했다. 미리 역사를 서술한 책들을 학급 문고로 비치해 두고 아이들에게 자율적으로 표시해 가며 읽도록 했다. 책을 읽은 아이들은 꽤 있었는데 정말 눈으로 '읽기'만 했는지 책 내용이 수업 시간에 잘 반영되지 않았다.

관련 영상을 보여주어도 수업 내용과 잘 연결되지 않았다. 영상에 나오는 인물, 용어, 배경들이 생소했기 때문이다. 역사 동화책 읽기, 배운 내용을 공책에 정리하기 등 활동을 계획한 대로 진행할 수 없었다. 이 학급에서는 역사 수업을 어떻게 해야 할까? 영상 자료를 더 다양하게 준비해야 할까? 그림이 많은 학습지를 만들어 줄까? 이것도 부담스러울까? 노트 정리를 꼼꼼하게 하도록 공책을 준비할까?

역사는 옛이야기다. 사람은 누구나 이야기를 좋아한다. 이런 생각이 들자 이야기에 중심을 둔 수업을 구상하게 되었다. 그동안 해 오던 영상 자료뿐만 아니라 학습지, 노트 정리까지 역사 시간만큼은 다 접어두기로 했다.

사회 시간을 '아이들에게 역사 이야기를 들려주는 시간'으로 바꾸었다. 어려운 말들을 쉬운 말로 풀어 설명해 주며 역사 이야기를 이어갔다. 긴 이야기라 혼자 끌고 가면 좀 지루할 듯했다. 그래서 등장인물들이 필요했는데 바로 아이들이었다. 준비가 필요한 연극도 아니고 그날그날 만들어지는 상황극이었다. 임의로 아무나 정했다. 너는 견훤, 너는 궁예, 너는 왕건. 무리와 부족은 그 주변에 앉아 있는 친구들이다. 중간중간 질문을 던졌다. 아이들은 1초 만에 배역이 정해지더라도 흥미진진해하며 그 배역을 옹호했다. 활발한 아이들은 몸을 움직이며 진짜 전투하는 흉내도 내고, 왕이라도 되면 "역시 나야!"를 외쳤다. 이런 수업은 아무나, 아무 때나 어떤 역할을 맡게 되고, 역할을 맡아도 꼭 뭔가 해야 하는 것은 아니라서 부담이 없었다. 무슨 말인지도 잘 모른 채 반쯤 졸린 얼굴로 앉아 있던 아이에게 "너는 이성계야."라고 말하는 순간부

모두 참여 수업

터 몰입하기 시작했다. 이야기는 교사가 이끌어가고 아이들은 역할 속에 빠져들어 나름대로 상상해 보기 시작했다. 그리고 교과서로 내용을 정리하고 필요한 사진 자료 등을 살펴봤다.

역사 수업을 이렇게 이어가니 언제나 조용하던 학급이 사회 시간이면 시끌벅적해졌다. 아이들의 말도 많아졌다. "자주 권력 다툼이 일어나면 나라 힘이 약해져요." "아, 그 땅이 지금 우리 땅이었다면 좋았을 텐데!" "선생님, 저 여행 가서 그 유물 본 적 있어요." 가끔 우리가 배운 내용과 관련된 전시나 영화가 개봉되기라도 하면 보고 온 아이들이 신나서 이야기하기도 했다. 역사 공부 후반부에는 아이들과 역사의 의미를 나눠볼 수 있는 분위기가 만들어졌다. 역사가 지금 우리에게 어떤 의미인가, 과거에 비해 지금 사회의 모습은 완전히 새로운가, 여전히 비슷한 부분은 무엇인가, 앞으로 우리는 어떤 방향으로 나아가야 하는가. 그리고 계속하여 '우리가 역사를 배워야 하는 이유'를 묻고 서로의 생각을 나누었다. 학년을 마칠 때쯤 사회 시간이 재밌었다고 말하는 아이들도 생겼다. 이 상황극 수업 방식은 적어도 좀 더 많은 아이들이 역사가 어렵고 지루하다는 생각이 들지 않았으면 하는 바람에서 시작했다. 역사 기록과 유물들을 보며 주인공이 되어 상상해 보는 활동을 하는 사이, 아이들의 (교육과정이 목표로 한) 진짜 추론이 시작되었다.

## 책과 함께 역사 이야기 만들기

아이들끼리 모둠 활동이 활발한 학급이었다. 혼자 조사하고 발표하기보다 의견을 주고받으며 같이 자료를 찾고 모둠으로 발표하는 활동을 즐거워했다. 크고 작은 갈등들이 생겼지만, 갈등을 조정하는 역할을 하는 아이들이 여럿 있어 서로 소통하며 해결해 나갔다. 통합학급이어서 혼자서 이동하기 힘든 아이도 있었는데 신체 활동이 불편했지만, 재미있는 말과 성실한 태도로 아이들과 잘 어울렸다. 모둠 활동에도 적극적이었다. 역사 수업을 하며 학급의 특성을 살려 시도해 본 것이 '역사 이야기 재구성'이었다. 아이들과 함께 책을 읽으며 '온 작품 읽기'를 하고 있었기 때문에 역사 동화책을 같이 읽고 그 책을 재구성하는 것이다. 한 시대라도 자세히 들여다보고 자신이라면 어땠을까, 주인공이 그 시대가 아닌 다른 시대에 태어났다면 어땠을까, 라는 질문으로 아이들과 이야기 재구성을 시작했다.

함께 재구성한 책은 이현 작가의 《나는 비단길로 간다》(이현 글, 백대승 그림, 푸른숲주니어)였다. 이 책의 주인공 '홍라'는 반 아이들과 비슷한 또래의 여자아이다. 발해가 배경인데 당시 상단을 이끌었던 사람이 여성이었다는 것과 '우리나라 역사상 가장 드넓은 꿈'을 가지고 대륙과 바다 건너까지 넘나들었다는 것이 아이들의 상상력을 마음껏 끌어올릴 수 있을 것으로 생각했다. 아이들과 여러 번 이야기를 나누며 '홍라'를 과거, 현재, 미래라는 배경 속에 새롭게 등장시켜 보기로 했다. 그렇게 세 모둠이 꾸려지고 아이들은 교과서와 역사책, 지도를 펼치며 이야기를 만들었다. 그리고 만든 이야기는 짧은 역할극과 해설을 붙여 발표했다.

모두 참여 수업

이 과정은 한 달 정도 걸렸다. 초반에는 모둠마다 어떻게 이야기를 펼쳐야 할지 몰라 우왕좌왕했다. 역사 공부, 이야기 만들기, 모둠 활동이 복합적으로 섞여서 쉽지 않은 과제였다. 괜히 이런 수업을 구성했나, 잠깐 회의가 밀려왔다. 아이들 수준을 파악하지 못하고 너무 거대한 주제를 정한 것은 아닌가 돌아보기도 했다. 그래도 시간을 두고 아이들과 함께 아이디어를 나누었다. 잘 안 풀리면 지도와 유물 사진에서 실마리를 찾아봤다. 역사 지식이 있는 아이, 이야기를 잘 만드는 아이, 중간중간 감초 같은 재미를 집어넣는 아이, 상상력이 우주까지 뻗어가는 아이, 지도를 보며 계속 길의 방향을 안내하는 아이, 모둠 의견을 정리하는 아이 등 모둠 활동에 참여하는 각자의 모습은 다양했다.

드디어 모둠마다 이야기가 마무리되고 발표까지 마쳤다. 막상 발표 수업 땐 자신들의 발표에 몰두하느라 아이들이 생각보다 조용했다. 수업을 마치고 난 아이들의 소감은 '힘들었다'였다. 이야기를 꾸미는 것이 진짜 힘들었단다.

힘들었는데 모둠끼리 자료를 찾고 상상하고 서로 이야기 조각을 만들어 맞춰가며 완성해 가는 시간이 재밌었다고 했다. 지금은 아이들이 꾸며 완성한 이야기가 구체적으로 생각나지 않지만, 이 활동을 하느라 아이들과 수도 없이 많이 들여다본 발해의 교통로 지도와 유물 사진들은 생생하다. 아이들이 재밌다고 한 말의 의미가 유물 사진과 지도를 보며 왠지 두근거리는 기분, 뭔가 이야기를 감추고 있을 듯한 신비한 느낌이 있어 자꾸 들여다보게 되는 그런 재미였다면 좋겠다.

## 매체를 활용한 역사 수업하기

다음 역사 수업은 자폐 성향을 지닌 아이가 있는 통합학급 이야기다. 나는 3년째 그 아이의 담임을 하고 있었기 때문에 아이의 성향을 어느 정도 파악하고 있었다. 아이는 나와 언어 이외에도 의사소통이 잘되고 있었고 이야기 듣는 것, 영상 보는 것을 좋아했다. 온라인 수업 이후에는 화면을 보고 따라서 적는 습관도 형성되어 있었다. 가끔 돌아다니거나 손뼉 치고 소리를 내지만, 아이들은 통합학급 경험이 많아 수업 집중도가 높았다. 한 차시에 역사를 설명하고 관련 자료가 필요하면 찾아 보여주고 배운 내용을 노트에 짧게 요약하여 정리하는 패턴을 계획했다.

다른 수업에 비해 한 시간에 다루는 내용이 많은 편이어서 아이들이 사회 시간을 편하게 느끼지 않았다. 모든 수업이 재밌고 흥미진진할 수는 없다. 이렇게 배우는 과정 역시 아이들에게 중요한 경험이 될 수 있다고 했다.

중간중간 퀴즈 형식으로 내용을 정리하거나 영상을 보고 이야기를 나누었다. 자폐 성향 학생에게는 단어 중심으로 공책에 적어보게 했고, 지도를 탐색하는 활동을 할 땐 영역을 색칠해 보거나 오려 보는 활동을 하도록 제시했다. 학생이 스스로 완료했다고 느낄 땐 잘했다는 표시로 하이파이브를 하고 남은 시간을 쉬게 했다. 자신이 할 일을 다 했기 때문인지 다른 친구들이 수업을 마칠 때까지 조용히 함께 있었다. 작은 활동이라도 사전에 준비해 제시하는 것과 아닌 것의 차이는 컸다. 교사가 말이나 행동으로 '잠깐만 기다려, 다른 아이들과 활동 먼저 하고.'라는 메시지를 전하게 되면 자폐 성향의 아이는 혼란스러워했다. 이때는 조용히 기다리지 못하고 소리를 냈다. 한 차시 수업 분량이 많으면 교사의 마음도 분주하고 돌발 행동에 대처하기도 쉽지 않았다. 미리 아이의 특성에 맞은 작은 활동이라도 계획하는 것이 훨씬 효과적이었다.

아이들은 어디에서 들었는지 역사적 근거가 없거나 한쪽 편의 관점과 감정이 실린 역사적 사건에 대해 종종 질문했다. 책에서 읽기보다는 영상매체를 통해 얻은 정보들이 많았다. 디지털 기기를 통해 어디서든 역사 정보를 얻을 수 있는 세상이다. 최근 온라인 학습을 경험한 이후 아이들은 교사나 어른들에게 묻고 스스로 생각해 보기보다 디지털 기기에서 묻고 찾는 일이 더 익숙하다. 온라인에는 사실(팩트)과 진실, 과학적 검증이 안 된 것들이 넘쳐난다. 디지털 리터러시 교육이 당장 중요해지고 필요해졌다. 역사 관련 내용 역시 텍스트와 이미지, 동영상을 넘나들며 검증되지 않은 정보들이 넘쳐나고 아이들은 그 정보를 쉽게 곧장 사실로 받아들인다. 교실에서도 이런 자료를 활용한 역사 수업이 늘고 있는데 자료를 고를 때마다 자료의 타당성, 방향성, 교육적 의미에 대한 고민이 따른다.

서로 갈등이 있는 나라들의 배경, 동양과 서양의 변화, 인종 갈등이 생긴 까닭, 영토 분쟁, 당시 다른 나라에서는 어떤 일이 있었는가, 아이들은 궁금한 것들이 많다. 빠르게 지나가는 영상 자료들을 보면 집중도가 올라가는 아이들을 보며 나는 과연 이 영상들이 아이들이 머릿속으로 상상하고 질문하고 생각하고, 답하고 듣는 추론을 가능하게 하는가, 의문이 계속 뒤따랐다.

## 다문화 사회에서 역사 수업

학교에 점점 다문화 가정에서 자라는 아이들이 늘고 있다. 역사 수업에서 또 다른 고민은 다양한 문화에서 성장하고 있는 아이들과 함께하는 어려움이다. 한민족 역사라는 인식이 강했던 이전 세대들과 달리 다양한 배경에서 성장하는 지금의 아이들에게는 다른 역사 교육 방법이 필요해졌다.

교실에서 수업할 때 다문화 학생들이 대체로 겪는 어려움은 낯선 단어다. 수학이나 과학과 달리 사회와 역사 교과의 단어는 일상생활에서 잘 사용하지 않는 말이다 보니 교실에서 처음 듣는 아이들도 많았다. 다른 교과 시간에 어느 정도 수업 내용을 잘 받아들이는 아이도 유난히 사회 시간을 힘들어했는데, 역사 용어가 어려워 무슨 말인지 잘 모르겠다는 토로였다.

또 다른 어려움도 있었다. 일본인과 한국인 부모 사이에서 자라는 학생이 있었다. 한국인 아버지보다 일본인 어머니가 주로 양육하고 함께 보내는 시간이 많다 보니 일본어와 일본식 생활 방식에 익숙했다. 급식을 골고루 먹기 힘들 때 '한국 음식'을 못 먹는다고 했다. 말에서도 일본어 억양이 강했다. 그러다 보니 어릴 때부터 알던 아이들은 이 친구를 일본 사람이라고 말하기도 했다. 이 아이는 일본의 문화를 좋아했고 새 학년이 되어 담임을 만났을 때 일본 여행을 해봤는지 등 일본을 주제로 말을 많이 걸어왔다. 자폐 성향이 있어 관심 있는 것에 집중하는 부분도 있었지만, 무엇보다 한국에 대한 지식이 적은 편이었다. 집에서 쓰는 언어와 학교에서 쓰는 언어가 달랐다. 내/외국인을 구분할 때 아이는 자신을 외국인으로 구분하기도 했다.

이 학생의 개별화 회의 때 일이다. 한국어가 익숙하지 않은 어머님은 아버님의 통역을 들으며 회의에 참석하셨다. 아무래도 간접적으로 이야기를 나누다 보니 대화가 쉽지 않아 어머니께서는 주로 듣기만 하셨다. 가끔 학교의 관리자께서 회의에 참석했는데 일본어로 소통이 가능한 분이셨다. 처음엔 특수교사와 담임교사가 한국어로 이야기를 시작했는데 나중에는 학부모님과 관리자가 일본어로 더 많은 이야기를 나누게 되었다. 어머니의 말도 많아졌다. 자연스레 담임교사와 특수교사의 말이 줄어들었다. 중간중간 통역을 해주기는 했지만, 그들의 대화 속 맥락을 들여다보지 못하니 답답했고 회의를 마쳤으나 중요한 이야기를 못 나눈 기분이었다. 문득 아이의 심정이 이와 비슷했을 것이란 생각이 들었다. 학교와 집에서 사용하는 언어가 다를 때, 아이는 둘 사이를 오가야 했을 것이다. 여기에 자폐 성향도 있으니 몇 배는 더 힘들었을 것이었다.

이 아이는 역사 시간에 모두 '우리'라고 당연히 말하는 것들을 혼란스러워했다. 이 아이의 말과 행동을 어떻게 다루어야 하는지 몰라 당황한 일들이 있었는데, 한국의 전통 음식이나 문화의 우수성을 이야기하면 "일본에도 좋은 것이 있습니다."라며 비슷한 일본 문화 이야기를 한참 했다. 일본과 우리나라의 전쟁을 다루는 내용에서 반 아이들이 분개하면 "저는 기분 나쁘지 않은데요?"라고 말하여 미묘한 감정과 갈등 기류가 흐르기도 했다. 독도를 영토 분쟁지역으로 놓고 다케시마라고 말하는 것도 가정에서 나누던 이야기와 연결되어 수업 중에 민감한 사안이 되기도 했다.

역사 시간 한국사를 가르치면서 나 역시 그동안 배워 온 우리 모두 한민족이라는 생각에서 벗어나기 쉽지 않았다. 반일, 반중 등 주변 국가에 대한 막연한 반대 감정도, 한쪽에 치우쳐 과거를 바라보는 시각도 이제는 정교하게 들여다봐야 한다는 생각이 들었다.

> 결국 지구상에 존재하는 수많은 사람과 그들이 만들어가는 문화는 다른 사람과 완전히 분리해 독자적으로 이루어지는 것이 아니라 서로 만나고 싸우고 어울리는 과정에서 함께 영향을 주고받으면서 변화하고 또 지켜가는 것이다.
>
> 《다문화 시대의 어린이 역사 교육》(최용규 외, 대교)

역사 수업을 하다 보면 역사는 과거에만 머물러 있지 않다는 생각을 자주 하게 된다. 같은 역사 내용이더라고 그 수업을 하는 시기, 정치, 사회의 분위기가 어떠냐에 따라 민감한 이야기가 되거나 중요한 사건으로 다뤄지기도 했다. 더구나 주변 국가의 이야기가 어떤 학생에게는

모두 참여 수업

부모님의 나라 이야기가 될 수 있다. 누군가의 뿌리가 되는 이야기다. 그 뿌리를 바탕으로 하여 아이들은 자라고 있다.

부모님의 나라가 점점 다양해지는 변화 속에서 아이들은 그들 부모 나라의 이야기를 궁금해한다. 역사책에 등장하지 않는 주변국들이지만 우리와 함께 살아가는 사람들의 이야기다. 분명 존재하고 지금도 크고 작게 교류하며 살아가고 있다. 언제까지나 무관심할 수는 없을 것이다. 역사는 그 여러 사람의 삶들이 점점이 이어져 흐르고 만들어져 간다.

통합학급을 몇 년째 운영하면서 역사 수업을 준비하는 관점도 조금씩 달라져 갔다. 타인에 대해 관심을 두고 이해하는 과정에서 자신과 타인을 깊게 바라보는 시선을 배우는 통합학급의 모습과 앞으로의 역사 교육의 방향이 같은 맥락으로 보였다. 2022 개정 초등 사회과 교육과정에서도 역사 교육의 가치와 태도를 '역사에 관한 관심과 흥미, 역사적 시간 속에서 자기 위치 확인, 타인의 역사적 해석을 존중하는 태도, 역사에 성찰적으로 접근하는 태도'로 제시하고 있다. 다양한 국적과 문화 배경을 가진 학생들이 점점 늘어가는 교실에서, 우리의 역사/사회 교육은 어떻게 가야 할까? 모든 아이들에게 미래의 나침반이 되는 역사 교육의 방향은 무엇일까? 고민은 계속된다.

$$\begin{array}{c}(07)\end{array}$$

# 경계에
# 서 있는 아이

[4사03-01] 최근 사회 변화의 양상과 특징을 파악하고, 그로 인해 나타난 생활 모습의 변화를 탐색한다.

수업 시간에 자꾸 엉뚱한 이야기를 하는 아이가 있었다. 교사가 설명한 말을 되받아 단어를 이상하게 바꾸어 물었다.

"서울에서 대전까지…"

"지진이요?"

맥락에 맞지 않기 때문에 아이들이 킥킥거리며 웃었고 나는 자꾸 장난을 치며 수업의 흐름을 끊는 아이에게 매번 주의를 환기시켰다.

"전 진짜 지진이라고 들었다고요."

모두 참여 수업

다시 아이들을 집중시키느라 한참 걸렸고 이런 날들이 반복되었다. 학습지 물음에 답을 써도 배운 대로 쓰지 않았고, 다시 설명하면 마치 처음 듣는 말처럼 되물었다. 북위, 동경, 하천, 채취, 분포도, 보장, 침해, 헌법, 규범, 의사 형성, 부과, 체납, 청구권, 구제, 이런 단어들이 이 학생에게는 외계어에 가까웠을 것이다.

"아까 선생님께서 말씀해 주셨잖아."

친구들에게 이런 이야기를 자주 들었으며 모둠 활동을 하다가도 다른 아이들과 말다툼으로 이어지는 일들이 잦았다. 과제를 완료하지 못한 날들이 이어져 보충을 위해 따로 남겨 과제를 주었다. 일대일로 설명하고 집중하면 완료할 것으로 생각했다. 수업 때처럼 대충 한 학습지를 보고 그렇게 대충 하면 안 된다고 했더니 "제가 대충 한 것으로 보여요? 저는 열심히 했는데요."라고 사뭇 진지한 표정으로 답했다.

아이와 이런저런 이야기를 나누었다. 고학년이 되어 수업이 점점 더 어렵다고 했다. 특히 사회 시간에 나오는 말들은 대부분 이해가 안 된다고 했다. 모를 땐 친구들 하는 것 보고 따라 쓴 적도 있지만, 점점 수업이 어렵고 무슨 말인지 몰라서 떠들거나 장난을 하게 된다고 했다. 아이의 어려움을 듣고 몇 가지 세세히 살펴보니 어휘가 매우 부족한데다 글을 읽고 맥락을 파악하는 것을 힘들어했다. 이렇게 이해를 못했던 아이에게 그동안 왜 안 하느냐고만 다그쳤던 것이다. 난감했다. 아이에 대해 정확히 이해하고 뭔가 대안을 찾아야 했다. 교과 선생님들과 함께 그 학생을 관찰하고 수업 중 학습 활동할 때 나타나는 특성에 관해 이야기를 나누었다. 특수학급 선생님과도 협의하여 학부모님께 검사를 받도록 권유했다. 검사로 이어지기까지는 오랜 시간이 필요했다. 교사가 수많은 관찰과 고심 끝에 학부모님께 연락을 드리지만, 학부모님의 처지에서는 막상 받아들이기가 쉽지 않기 때문이다.

"수업 시간이 많이 어렵니?"

"네."

"너는 배우는 방식이 다른 사람과 다를 뿐이야. 선생님도 네가 잘 배울 수 있는 방법을 찾아 보고 있어. 힘든 일은 도와줄게. 같이 한번 해 보자."

그때부터였던 듯하다. 이렇게 말하고 나니 나부터 아이를 대하는 마음이 바뀌었다. 그전까지는 '수업 시간에 장난을 치는 아이'였는데 '작은 것이라도 해내는 아이'로 보였다. 그동안은 과제가 완료되지 않아 몰랐는데 주어진 일에 최선을 다하는 성실한 학생이었다. 학생 수준에 맞는 활동으로 바꾸었더니 성취감이 높아졌다. 학습지는 쉬운 말로 바꾸거나 일부만 완료하도록 했다. 수업 시간에 모르는 말이 있으면 언제든지 질문하게 했고, 아이가 이해할 수 있는 말로 설명했다. 다른 학생들 앞에서는 질문을 열심히 하는 학생으로 칭찬해 주었다. 특수 선생님과 협의하여 수업 후 특수 선생님과 하는 일대일 보충 프로그램을 만들었다. 일반 교사가 하기 힘든 전문적인 수업을 특수 선생님께서 해주셨다. 이 학생도 스스로 자신이 못해서 남아 따로 배우는 것이 아니라 다른 방식으로 배우고 있다고 여겼다. 교사와 학생 사이에 끈끈한 연결이

모두 참여 수업

생겼다. 바로 '신뢰'였다.

발표회 준비를 하던 중 우연히 아이의 '재능'을 발견하게 되었다. 솔로로 노래할 학생을 정하고 있는데 노래 분위기에 딱 맞는 사람을 정하기가 어려웠다. 몇몇 아이들이 이 친구를 추천했다. 그냥 별다른 생각 없이 한번 불러보라고 했는데 너무나 멋진 목소리로 노래하는 것이 아닌가. 반 아이들도, 나도 놀랐다. 노래가 끝나고 우리는 모두 웃으며 박수를 보냈다.

"우리 반 솔로는 정해진 것 같지?"

이렇게 우연히 발견한 노래 실력은 가려져 있던 음악적 소질을 빛나게 해주었다. 뛰어나게 잘하는 것은 아니었다. 그 학생의 여러 능력 중 음악적 능력이 높았다. 가만 보니 악기 연주도 잘했다. 그해엔 학교에 바이올린 수업이 있었는데 첫날은 떠들어서 강사 선생님께 주의를 듣더니, 세 번째쯤부터인가 부드러운 소리를 내어 칭찬받기 시작했다. 칭찬받으니 열심히 하고 인정받으니 산만한 태도가 차분해졌다. 막 배우기 시작한 단소도 가장 먼저 소리냈고 장구 장단 합주도 리더로서 끌어갈 만큼 잘했다. 음악을 할 때 집중력이 높았다.

갑자기 산만한 학생에서 음악적 재능을 지닌 아이가 되면서 아이는 눈에 띄게 달라졌다. 가장 크게 바뀐 것은 친구들과의 관계였다. 친구들의 칭찬을 받자 욱하고 화를 내는 모습이 줄어들었다. 거친 말과 큰 소리 대신 조용해졌다. 수업 시간에 맥락 없는 말이 나올 때면 잠시 멈추고 나와 눈빛을 주고받았다. '아, 지금 말하면 안 되죠? 예. 알겠어요.'

이런 눈빛을. 진짜 하고 싶은 말이 있을 땐 쉬는 시간에 왔다.

"선생님, 이렇게 쉬는 시간에 와서 얘기하면 되는 거죠."

"그래그래."

수업 내용은 여전히 어려워했다. 종이를 접거나 그리는 것도 느렸다. 하지만 어떻게 해서든 마치고 갔다. 전에는 못하겠다면서 시작도 안했었다. 모른다고 말하지 않고 숨기고 싶어 했다. 안 한 것이 아니라 못한 것이었지만 그조차 알지 못해 늘 불만인 표정이었다. 그러나 이제는 모르면 물었다. 할 수 있는 만큼 최선을 다하고 그것을 인정받으면서 '다른 아이들보다 모른다'라는 것에 대해 불안함이 줄어들었다. 오히려 자신은 선생님께서 특별히 지도해 주신다고 생각하며 심리적으로 더 안정되었다. 조금씩 더 노력하는 태도를 보이기 시작했다. 한번은 사회 학습지를 푸는데 답을 모르니 책을 찾아 빈칸 없이 빽빽하게 써 와서 놀란 적도 있었다. 점점 수업에 집중하는 시간이 늘어났다.

이 학생은 결국 검사를 받았고 지능이 낮게 나왔다. 결과지를 보니 그동안 아이가 무척 힘들었는데 애를 쓰고 있었다는 생각이 들었다. 아이는 자신이 특수교육대상 학생이 되길 손꼽아 기다렸다. 특수 선생님과 하는 수업을 무척 좋아했고 통합지원반 교실에서도 자신에게 맞는 수업을 받으니 이렇게 배우면 잘하게 될 것이라는 믿음을 갖게 되었다. 그러나 최종적으로 특수교육대상 학생으로 선정되지 못했다. 몇 가지 요소들이 경계에 놓여 있었기 때문이다. 교사인 나 역시 아쉬움이 컸다. 오랜 시간 관찰과 시도를 통해 아이의 어려움을 알아냈지만,

모두 참여 수업

아이에게 필요한 어떤 지원은 담임교사의 역할을 넘어선 것이었다. 경계선에 있는 아이들에 대한 학습적, 심리적 지원이 부족한 현실을 절실히 느꼈다.

수업 시간에 집중을 못하고 장난하는 아이들은 다 나름의 이유가 있다. '행복한 가정은 서로 닮았지만, 불행한 가정은 모두 저마다의 이유로 불행하다.'라는 톨스토이의 소설《안나 카레니나》의 그 유명한 첫 문장은 이 경우에도 적응할 수 있을 것 같다. '집중하지 못하는 아이'라는 테두리로 묶어 놓으면 세세하게 들여다보기 어렵다. 아이들의 경우는 나름대로 모두 다른 이유가 있어서 각각의 모습을 살펴봐야 한다. 통합학급 수업을 하면서 중점을 둔 부분은 이 지점이다. 성취 도달 기준을 정해두고 아이들의 성취도를 끌어올리는 것이 배움일까, 그 기준선에 올라가지 못하는 경우는 배우지 못한 것일까, 아이들은 각자의 성장 곡선을 만들며 자란다. 그 곡선이 가파른 시기도 있고 완만한 시기도 있다. 교실에는 다 다른 곡선의 어느 지점에 서 있는 아이들이 모인다.

가르치다 보면 아이들은 정서적으로 안정된 이후라야 학습이 이루어지는 것을 자주 목격한다. 학습 능력과 상관없이 모든 아이에게 해당하는 것이다. 교실에서 적응하기 힘들어했던 아이들이 정서적 안정을 찾은 후 스스로 결심하게 된 것은 '공부를 열심히 해보고 싶다.'였다. 학습 부진 학생 수, 성취도 결과만 들여다보면 알 수 없는 부분이었다. 공부해 보고 싶다는 마음이 아이들 마음에서 생겨나면서 태도가 바뀌었다. 반면, 평소에 부모님이나 선생님 말씀을 잘 따르기 때문에 겉으로 봐서는 학습 의욕이 있는 듯한 아이들이 있다. 그러나 그 아이들을 자세히 들여다보면 학습 의지는 천차만별이었다.

아이들은 세심하게 들여다보지 않으면 어려움이 안 보인다. 겉으로 살짝 보면 노력을 안 한다거나 장난이 심하다는 정도로 보일 수도 있다. 더 심한 발달 장애는 눈에 띄지만, 장애로 진단받지 않고 경계선에 있는 아이들의 어려움은 스스로 알지 못한다.

점점 경계선에서 학습의 어려움을 느끼는 아이들이 늘고 있다. 교실과 아이들의 변화는 빠르게 일어나고 있는데 이 학생들을 위한 정책이 만들어지고 시행되기까지는 아직도 길이 멀어 보인다. 학교 현장의 이야기는 느릿느릿 전달된다. 학교에서는 무엇을 할 수 있을까, 필요한 제도는 무엇일까. 그렇게 정책으로 반영되기까지 또 정책이 학교의 시스템에 정착될 때까지 긴 시간 동안에도 아이들은 자라고 있다. 그때까지 아이들의 마음을 들여다볼 수 있는 교실, 자신에 대해 다양하게 탐색해 볼 수 있도록 학교 분위기를 만드는 일이 우리 교사들이 할 일이 아닐까?

아이들이 자기 모습에 주목할 때 변화하고자 하는 동기가 생긴다. 이제 변하고 싶다고 생각한 데에는 공통으로 다음의 두 가지가 작용했다. 집단생활을 하며 다양한 사람과의 관계 속에서 '자신에 대해 깨닫게 된 것'과 다양한 교육을 받고 체험을 하면서 자기 평가가 향상된 것. 특히 자

모두 참여 수업

신에 대해 깨닫는 것은 억지로 시킨다고 되는 것이 아니다. 스스로 '깨달음의 스위치'를 눌러야 한다. 그렇기에 우리는 아이들에게 조금이라도 더 많은 깨달음의 가능성이 있는 자리를 제공해 스위치를 켜는 기회를 만날 수 있도록 도와주어야 한다.

《케이크를 자르지 못하는 아이들》(미야구치 코지, 인플루엔셜)

(08)

# 통합, 참여
# 모두의 진짜 배움의 길

통합학급에서 배운다는 것은 어떤 의미가 있을까. 다른 아이들이 장애 친구의 어려움을 참고 기다려 주며 도와주고 바른 인성을 키운다는 걸까. 특수교육대상 학생이 일반학급에서 시간을 보내기만 하면 되는 걸까. 통합학급에서 학습은 어떻게 구성되어야 할까. 누구 때문에 수업에 방해가 된다고 하는데, 아이들에게 '수업에 방해된다'라는 것은 무엇을 의미할까. 배움은 진정 언제 일어나는가….

통합학급을 연속하여 3년간 맡으며 아이들의 변화와 성장을 살펴본 경험이 있다. 첫 해에 반 아이들은 수업 중 장애 친구가 교실을 나가면 '잡아 오겠다'라고 우르르 뛰어나갔고 이 친구에게 가까이 가지 않았으며 섬처럼 바라봤다. 두 번째 해에는 아이들이 장애 친구랑 함께 지낸 경험이 많아지면서 친구의 모습을 이해하고 다가갔다. 할 수 있는

모두 참여 수업

일과 할 수 없는 일을 알아내 도움을 주었다. 세 번째 해에 아이들은 그 친구를 따로 구분하지 않았다. 그냥 우리 반 '서로 다른 친구' 중 하나였다. 함께 지내려면 서로의 특성을 알고 다가가야 한다는 것을 온몸으로 경험했고 그게 존중이라는 것을 알았다. 아이들은 몇 년 전 교실에 들어서면 의자가 아닌 바닥에 앉아 소리 내던 친구가 어느덧 의자에 앉아 대부분 수업 시간을 보내는 것부터 시작해 친구의 다양한 변화와 성장을 지켜봤다. 그 시선은 다른 친구들의 성장을 볼 수 있는 힘이 되고 결국엔 자기 자신을 바라보는 관점이 되었다. 교실에서 우리는 모두 자란다. 자신도 친구도 교실에서 함께 성장했다는 이런 마음은 우리 반을 지지하는 든든한 울타리가 되어 있었다.

그렇게 된 이유는 무엇일까? 이 아이들이 그 친구를 잘 챙겨주고 도와주면서 살펴줬을까? 장애 친구가 그래서 고마워해서인가? 그렇지 않았다. 이 아이들이 통합학급을 통해 배운 것은 '우리 모두 성장한다'라는 것이었다. 그 성장은 상대방에 대한 이해와 배려를 통해 얻을 수 있었다.

조용한 학생이 있었다. 거의 말이 없었다. 일 년 동안 나 역시 그 아이의 목소리를 들어 본 기억이 없었다. 의사 표현은 고개를 끄덕이거나 가로젓는 것으로 했다. 질문을 하면 가볍게 떨리며 두려워 보이는 눈빛으로 답을 들었다. 야단을 친 것도 아니고 묻기만 했는데 몇 마디 더 하면 울 듯한 눈빛이었다. 수업 중에는 자주 졸았다. 어린아이들이 조는 일은 드문데 자주 그랬다. 발표할 차례가 되면 아무 말도 하지 않고 마냥 서 있었다. 쉬는 시간에는 늘 혼자 앉아 있었고 아이들은 말이 없는 이 친구와 같은 모둠이라도 되면 표 나게 싫어했다.

한번은 한 아이가 "선생님, 얘 이마가 엄청 뜨거워요."라고 해 보건실에 보냈다. 고열이 났는데도 담임교사에게 말 한마디 못했다. 어머니는 외국 사람이라 한국말로 의사소통이 어려웠고 아버지는 일이 바빠서 연락이 잘 안 됐다.

이듬해에도 이 학생의 담임을 맡게 됐다. 그해는 코로나 초기여서 학생들이 개학 첫날 등교하지 못하는 초유의 상황이 벌어졌다. 온라인으로 전환하며 전에 없는 상황으로 학교가 움직였다. 새로 시작된 낯선 상황에 온라인 수업이 시작되었으나 이 학생은 전화 연결조차 쉽지 않았다. 겨우 통화가 되면 몇 초 후에 "네."라는 작은 목소리만 들렸고 곧 툭 끊겼다. 온라인 학습을 해야 하는데 소통이 전혀 되지 않았다.

간신히 부모님과 연락이 되어 긴급 돌봄을 신청했다. 아이는 그때부터 홀로 매일 학교에 왔다. 다른 아이들이 집에서 온라인 학습을 하는 동안 교실에서 담임인 나와 함께 공부했다. 단둘이 교실에 있으니 아이의 모습을 자세히 들여다볼 수 있었다. 평소에도 학습이 좀 느린 편이었으나 가만히 보니 특이한 점이 많았다. 숫자 모양을 헷갈리기도 하고 주제에 맞는 대답을 하지 못했다. 또래 아이들보다 어휘력도 상당히 부족했다. 그동안은 친구들이 하는 것을 보고 대략 비슷하게 해내거나 몰라도 물어보지 않았기 때문에 이런 어려움이 있는지 알지 못했다. 그러던 어느 날 우연히 특수 선생님과 대화하던 중, 이 아이 이야기를 꺼내

모두 참여 수업

게 되었다. 아이의 상황을 들은 선생님께서는 종합적인 검사를 받아볼 것을 권하셨다. 몇 가지 특성을 집중해서 들여다볼 필요가 있다고 판단하신 것이다. 이후 부모님과 여러 번의 상담을 하여 검사를 받았고 특수반에 입급되었다.

팬데믹으로 인해 계속 긴급 돌봄으로 등교하여 나와 단둘이 교실에서 보내는 시간이 이어졌다. 묻는 말에 고개만 끄덕이던 아이가 한 달 정도 지나니 이런저런 질문을 하기 시작했다. 정말 별의별 질문을 다 했다. 궁금한 것이 그렇게 많았는데 그동안 어떻게 조용히 있었는가 싶은 정도였다. 조용하고 말이 없다고 생각했던 아이는 웃음이 많았고 긍정적인 성격이었다.

한번은 두려움에 관해 이야기를 나누다가 이런 말을 했다.

"저는 문을 열 때가 가장 두려워요. 그 앞에 무엇이 있을지 모르니까요."

유아기에 어머니의 나라에서 살다가 낯선 한국에 와서 겪었을 어려움이 조금씩 느껴졌다. 한국어를 잘 못하는 어머니와 어머니 나라의 언어를 할 수 없는 아이는 부모와 안정된 유대감을 느끼기도 전에 낯선 땅에 서게 된 셈이다. 처음 만나던 때 늘 두렵게 떨리는 눈빛으로 나를 바라보던 아이의 모습이 떠오르고 이해가 되었다.

이제 학생의 수준에 맞는 수업이 원반 교실과 통합지원반에서 이루어졌다. 아이의 학습은 느리게 느리게 흘러갔다. 학습보다 빠르게 변한 것은 아이의 표정이었다. 다른 선생님들께서 놀랄 정도로 아이의 표정은 밝아졌다. 그렇게 1년의 시간이 지난 어느 날, 수업 정리 게임을 하는데 졌다고 속상해하며 눈물까지 글썽거렸다. 정말 이기고 싶었다고 했다. 아이의 그 표정을 보고 그렇게 기쁠 수가 없었다. 의욕이 없던 아이가 뭔가 잘하고 싶다는 간절한 마음을 갖게 된 것이다. 아이는 두 자릿수 이상 계산하기, 구구단 외우기 등 작은 목표들을 세우고 도전했다. 학년 수준에 비해 한참 낮은 목표였지만 아이의 도전을 열심히 응원하고 지켜봤다.

늘 친구가 없이 혼자 있던 아이 주변에 친구들이 모이기 시작했다. 이제는 누구도 이 아이와 같은 모둠이 되었다고 투덜거리지 않았다. 친구들과 잘 어울렸고 정리정돈을 잘하는 아이로 통했다. 미술 수업이 있는 날이면 아이는 교실 뒷정리를 스스로 도맡아 했고 교사의 책상까지 말끔하게 정리했다. 학습은 여전히 느리게 갔다. 어휘가 부족하니 수업 중 자주 산만해졌다. 그래도 주제에서 벗어나 아무 문장이나 쓰던 글이 조금씩 주제에 맞는 문장으로 채워졌다. 집에서도 아이의 변화가 눈에 띌 정도였다.

어느 날, 아이는 한 어른과 채팅하게 되었다. 대화를 주고받던 어른은 아이에게 사진을 요구했다. 아이는 이 사실을 학교에 알렸다.

"선생님께 말씀드려야 할 것 같았어요. 수업 시간에 배운 대로요."

아이는 부모님과 함께 가서 경찰에 신고했다. 몇 년 전, 아파도 선생님께 말 한마디 못 했던 아이가 사진을 보내기 전에 선생님께 먼저 말씀을 드린 것이 기특했다. 특수교사와 나는 아이의 성장을 기쁜 마음으

모두 참여 수업

로 바라봤다. 코로나라는 특수 상황으로 인해 발견된 아이의 학습 부진이었지만, 이후 통합지원반과 원반 교실을 오가며 아이는 단단하게 자라고 있었다. 졸업을 앞두었을 때 훌쩍 큰 아이를 보며 지난 몇 년간의 아이 모습이 스쳐 지나갔다. 학교라는 공간에서 아이들은 교사의 기대보다 훨씬 더 크고 넓게 자란다. 꾸준히 성장을 돕는 교사가 옆에 있으면 말이다. 여러 교사의 깊고 넓은 관심들이 모여 이끌어낸 성장이었다.

"선생님, 다른 사람은 아무도 몰라도 우리는 저 아이를 보면서 마음껏 뿌듯해 해도 돼요."

"맞아요, 우리 둘만 알죠. 우리가 노력해서 저 아이의 인생을 바꿔놓았잖아요."

졸업하는 아이와 함께 사진을 찍고 나서 특수교사와 나는 이렇게 이야기를 나누었다. 가끔 힘들 때 이 아이를 떠올리면 에너지가 급속 충전되는 기분이다.

교사가 아이의 인생을 바꿀 수 있을까. 가끔은 그렇다. 놀랄 만한 일들이 벌어지기도 한다. 그것이 함께 배우고 가르치는 힘이다. 지금 주변을 한번 둘러보시길, 어떤 아이에게는 교사가 내민 작은 관심이 희망으로 커져서 자랄 수도 있다.

아이들의 배움은 실패와 좌절 속에서도 일어난다. 뛰어난 신체 조건과 타고난 실력으로 운동선수로 선발되어 전학을 간 학생이 있었다. 고학년이 되어 우연히 발견한 운동 능력으로 갑자기 선수가 되었다. 운동을 좋아하기도 했고 부모님께서도 지원을 아끼지 않으셨다. 이 학생이 전학을 가자 같은 반 아이들은 매우 아쉬워했다. 가기 전까지 선수가 된 친구의 모습을 상상하며 어떤 아이들은 사인을 받아두기도 했고, 아쉬움에 함께 단체사진도 여러 번 찍었다. 그 친구가 멋진 선수가 되길 진심으로 응원하며 보냈다. 그런데 몇 달이 흘러 이 학생은 다시 우리 반 전학생으로 돌아왔다. 운동을 그만두고 온 것이다. 다시 온 날, 아이는 눈물을 흘리며 죄송하다고 했다. 나는 다시 우리 반이 되어 대환영이라고, 정말 좋다고 했다. 아이의 힘듦이 느껴졌지만, 환영의 말 이외에 더 물을 수 없었다.

아이는 다시 돌아와서 친구들과 좋은 관계를 맺으며 안정감을 되찾았다. 운동하느라 놓친 공부도 다시 잘하고 싶어 했다. 학년을 마칠 때쯤 아이와 이런저런 이야기를 나눌 일이 있었다. 묻지도 않았는데 아이는 운동 이야기를 꺼냈다. 운동하는 팀은 너무 좋았지만, 운동이 힘들었다고 했다.

"저보고 왜 운동을 끝까지 해 보지도 않고 아쉽게 포기했냐고 말하는 어른들이 많았어요. 저는요, 운동을 포기한 게 아니에요. 해 보니 이 길이 아니라는 생각이 들어 다른 길을 선택한 거예요. 좋아하는 그림 그릴 시간도 없고 배우고 싶었던 악기를 배울 시간도 없더라고요. 자꾸 왜 포기했느냐고 묻는 어른들에게 말하고 싶어요. 하고 싶은 것 하나도 못 하고 밤늦게까지 연습하고, 주말에도 쉬지 못하면서 한번 해 보라고요. 해 보지도 않고 다른 사람에게 함부로 말하면 안 된다고요."

그동안 받은 마음의 상처가 컸던 모양이다. 이렇게 말하는 아이가

모두 참여 수업

단단해 보였다. 나는 아이에게 진심으로 너는 정말 멋진 사람이라고 응원해 주었다. 선생님이라는 이유로 아이들은 소중한 속마음을 털어놓는다. 힘들 때 손을 내밀 수 있는 누군가가 있는 학교, 이런 울타리 속에서 아이들은 배우고 넘어지고 다시 일어나 더 넓은 사회로 나아간다.

모두 같은 목표를 세워 놓고 비슷한 모습으로 자라는 환경은 과연 아이들에게 적절할까. 특수학교 설립을 놓고 의견이 분분했던 일이나 마음에 안 드는 아이와 같은 반이 되지 않게 해 달라고 하는 일, 그저 누군가가 싫어서 자리를 바꿔 달라고 하는 일들이 종종 일어난다. '부모'들의 목소리다. 공부에, 수업에, 성장에 방해가 된다는 이유다. 아이들의 성장에 진짜 방해가 되는 것들은 무엇일까? 교실에서 보면 아이들이 집중하지 못하고 '방해'가 되는 것들은 장애 학생도, 자신과 다른 성향의 친구 때문이 아니다. 때로는 부모님께 들은 잔소리가 등굣길 아이의 발걸음을 더 무겁게 하고, 친한 친구와의 갈등이 해결되지 않을 때 아이들은 수업에 집중할 수 없다.

자신과 맞지 않으면 배제하고, 남들이 기준으로 세워 놓은 인생의 모습에 자기를 맞추라는 사회에서 아이들은 마음껏 성장하기 어렵다. 교실이라는 울타리 안에서 다양한 친구들과 함께 활동하고, 온갖 실수를 하며 스스로 단단해진다. 이럴 때 진짜 배움이 일어난다. 통합학급에서 배운다는 것은 누군가를 도와주는 인성을 기르는 것이 아니다. 나와 다른 사람에게 어떻게 다가가는가, 서로를 존중할 때 어떤 변화가 생기는가, 일 년을 교실에서 함께 지내며 서로 다가가고 이해한다. 서로의 존재와 성장을 알아채는 이 시간속에서 배운다.

## 우리는 계속 변화하는 중이다

통합학급을 처음 맡았을 때 수업을 어떻게 함께 할 수 있을지 몰라 어려웠다. 받아들이는 방식이 전혀 다른데 함께 같은 교실에 있는 것은 무슨 의미가 있을까, 수업을 마칠 때마다 되물었다. 수업 내용이 어떤 학생들에게는 너무 어렵다. 반면 어떤 학생은 정해진 목표를 쉽게 넘어서기도 한다. 매번 즐거운 수업을 위해 놀이나 게임 형식으로 할 수는 없고, 수준별 수업을 준비하려면 물리적인 시간이 부족하다. 학습 능력을 끌어올려야 한다는 생각에 수업에 대한 부담도 컸다.

사회 교과는 어떤 지점에서 통합의 의미를 지닌 교과다. 사회과 교육과정 도식을 살펴보면 이러한 사회과의 특성을 파악할 수 있다. 사회과는 결국 학생들이 사회 속에서 잘 살아가도록 공동체 시민으로서의 관점과 태도를 배우고 익혀 역량을 쌓아가는 교과다. 그러니 교육과정은 학생들 각자가, 그리고 모두가 공동체의 일원으로 관계를 맺고 시민으로서 제 역할을 하도록 설계해야 한다.

매일 만나는 친구들을 통해 사회를 경험하고 그 경험을 바탕으로 세상을 살아가는 방법을 익힌다. 학교에서 배우는 사회과학의 여러 개념과 탐구 방법들은 교실 공간에서 각양각색으로 적용된다. 이 경험이 성장의 원동력이 되기 위해서는 아이들 사이에서 일어나는 갈등, 관계, 행동들을 바람직한 방향으로 끌어 올려야 한다.

모두 참여 수업

그래서 나는 통합학급의 사회 수업을 모두의 성장에 중점을 두었다. 누구도 소외되지 않고, 각자의 특성과 수준을 최대한 포용해 함께하는 것이 목표였다. 사회가 다양한 연결고리들로 이루어져 있듯이 아이들은 같은 반 학생들과 연결되어 움직였다. 교실은 어떤 한 고리만 크게 자랄 수 없고 누군가가 뒤에 있을 수만은 없는 구조다. 어떤 이유로 누군가를 배제한다면 그것은 큰 고리의 한쪽을 끊어내는 것과 같은 상황이 된다. 홀로 나아가지 않고 함께 갈 수 있는 시선을 갖기 위해선 '함께 성장한다'라는 가치를 쉴 없이 이야기해야 한다. 이런 나의 목표는 명시적으로, 또 은연중에 아이들에게 전달되었고 서서히 분위기가 만들어졌다. 교사의 방향과 태도는 교실의 모든 사람과 수업에 지대한 영향을 끼친다.

가끔 아이들이 겪을 어려움을 덜어준다는 이유로 성장 과정에서 일어나는 갈등조차 어른들이 해결하려는 경우가 있다. 이는 아이들이 스스로 깨닫고 배워나갈 기회를 주지 않는 것이다. 통합학급을 맡으면서 장애, 비장애의 구분이 어떤 의미일까 생각했다. 그 구분은 과연 의미있는 것일까. 함께 만나 어울릴 기회조차 주어지지 않을 때, 주변에 분명 존재하는 사람들에 대해 애써 보지 않으려고 할 때, 과연 아이들에게 더 나은 세상을 남겨줄 수 있을까. 나의 통합교육은 있는 그대로를 인정하는 것에서 출발했다.

교사는 해마다 천차만별의 상황에서 하나하나 다 다른 아이들을 만난다. 같은 교과, 같은 내용을 가르쳐도 아이들의 반응 역시 다르다. 통합학급에서 수업을 구성하면서 아이들은 교실에서 학습 지식만 배우는 것이 아니며, 함께 어울려 지내는 데 필요한 당연한 것들을 배워나갔다. 정해진 교육과정의 목표에 도달하지 않았다고 하여 배움이 일어나지 않는 것은 아니었다. 각자 다른 성장의 과정에 있듯 배움도 어려움도 개개인에 따라 다른 모습으로 의미가 있었다.

전근 발령이 나 통합학급이 없는 학교에 근무하게 되었다. 막상 학급을 운영하다 보니 통합학급인가 아닌가가 그리 중요한 부분이 아니었다. 교실 속 아이들은 언제나 다양했고 변화무쌍하고 끊임없이 크고 작은 일들이 생겼다. 이 아이들에게 적절한 수업 방법을 찾아 가면서 일 년의 시간을 보내고 좋은 관계를 맺으려고 애쓸수록 아이들은 단단하게 성장했다. 아이들은 교사의 성장도 지켜보며 배운다.

어떻게 하면 모두 참여할 수 있는 수업, 의미 있는 수업이 될 수 있을까. 지금도 여전히 하는 고민이다. 아마 앞으로도 이를 향한 고민은 이어질 것이다. 코로나 팬데믹처럼 또 어떤 사회 변화가 갑자기 일어날지 모를 일이지만 우리와 아이들은 그 변화에 맞춰나갈 것이다. 우리는 어떻게든 교실과 수업을 아이들과 함께 알차게 채울 것이다. 내가 만나는 아이들이 성장하며 만들어 낼 사회를 매 순간 그려본다. 물론 나의 상상력에 한계가 있지만, 가능성이라는 아이들의 힘을 믿는다.

최근 코로나 팬데믹으로 학교가 잠시 문을 닫았을 때 아이들이 놓인 상황은 다양했다. 아이들을 둘러싼 사회는 고스란히 아이들의 삶에 영향을 주고 있었다. 우리가 살아가는 사회는 유동적이다. 사회 변화에

모두 참여 수업

관심을 두지 않으면 아이들의 변화가 어떤 까닭으로 일어나는지 알아갈 실마리를 찾기 어렵다. 교사로서 내가 사회 현상과 문제, 변화에 귀 기울이는 이유다.

　앞으로의 세상은 우리가 상상할 수 없는 일들이 펼쳐질 것이라고 예상하는 사람들이 많다. 그만큼 변화가 크고 불확실하다는 것이다. 지금 교실에서의 배움이 아이들 미래에 든든한 기초가 되어야 한다. 그래야 아이들이 미래에 어떤 세상을 만나더라도 그 안에서 싹을 틔우고 자랄 것이다. 사회 수업이 아이들이 살아갈 미래 세상에 작은 씨앗이 되길 바란다. 아이들 각자에게, 또 모두에게.

# 2부

# 음악, 누구나 음악을 즐긴다

## 임경희

초등학교에서 수석 교사로 근무하며, 수업 혁신에 관심이 깊습니다. 학생들 모두의 성장과 배움을 만들기 위해 노력하고 있습니다. 이 책에서는 음악 수업을 중심으로 장애 학생을 포함하여 모든 학생이 참여하는 수업이 어떻게 가능하고, 교사는 이를 어떻게 만들어 갈 수 있는지 탐색한 사례와 함께 그 의미를 나눕니다.

# 01

# 음악의 즐거움을
# 따라가라

　모든 사람은 음악을 즐긴다. 카페, 서점, 쇼핑몰, 그 어디서도 음악은 흐른다. 중·고등학생들의 귀에는 항상 음악이 흘러나오는 이어폰이 꽂혀있다. K팝 열풍을 볼 때마다 음악과 춤을 좋아하는 사람들의 모습에 나도 매번 에너지를 받는다. 과연 현재를 사는 우리만 그럴까? 고대 동굴 벽화나 파피루스 등을 보면 음악은 그 오랜 옛날부터 있었다는 것을 알 수 있다. 종교나 노동, 전투 상황에서 음악이 함께했던 기록들이 있다. 인류의 삶과 함께 음악이 존재했다는 것은 인간의 본성에 음악이 있고, 그것을 즐겼다는 것을 설명한다. 아기들은 음악 소리에 반응한다. 누가 가르쳐 주지도 않았는데 음악에 맞춰 엉덩이를 흔든다. 몸이 자라고 감성도 커지면서 슬픈 음악에 눈물도 흘린다. 감동적인 소리의 향연을 만나면 몸에 전율을 느끼기도 한다. 인간은 태어나서 죽을 때까지 어떤 식으로든 음악을 즐긴다.

이렇게 인간의 본성 안에 있고 누구나 평생 즐기는 음악이라면 우리 아이들 누구라도, 단 한 명도 빠짐없이 음악이 주는 즐거움을 누려야 한다. 교사는 모두가 음악을 즐기도록 가르쳐야 한다. 아이들은 학교에서 음악을 배우고 가까이하며 감성을 키워나가야 한다. 음악은 교과의 성취기준과 목표 달성 이전에 먼저 모두의 것이어야 한다. 그러나 현실에서 음악은 학습해야 할 교과가 되었다. 즐거워야 할 수업이 싫거나, 음악 수업에서 소외되거나 힘들게 견뎌야 하는 아이들도 있다. 또 음악을 가르치기 힘들어 하는 선생님들도 있다.

나의 수업 고민은 여기서 출발했다. 본능적으로 즐기고, 즐거워야 하는 음악이 어려운 아이들. 참여하고 싶어도 할 수 없는 여러 장벽을 느끼는 아이들. 그리고 너무 많은 것을 담고 있는 음악 교과서에 치이는 선생님들. 이런 어려움을 풀어 모두가 참여하고 즐기는 음악 수업은 어떻게 가능할까?

특히 특수교육대상 아이들은 음악 수업에서 소외되기 쉽다. 학교에서는 특수교육대상 아이들도 대부분 담임교사 또는 전담 교사와 음악 수업을 한다. 특수학급에서 따로 음악을 가르치는 경우는 많지 않다. 따라서 담임교사는 이 아이들의 특성과 상황에 맞게 가르치고 아이들의 음악성을 키우는 수업을 고민해야 한다. 국어, 수학의 기초가 부족하면 기초학력 다중 지원망과 같은 촘촘한 학교 안팎의 여러 도움을 받을 수 있다. 삶을 사는 데는 기초학력만큼 기초 감각도 중요하다. 그런데 우리는, 또 우리 교육은 이를 자주 놓친다. 국어, 수학 못지않게 음악도 기초, 기본 감각이 깨어나도록 초등 수업에서 충분한 자극을 받고 경험을 해야 한다. 박과 리듬, 음계 등 음악의 가장 기본적인 여러 요소가 아이들에게 스며 자기것이 되어야 한다.

이쯤 되면 초등교사는 정말 바쁘고 가르칠 것이 너무 많다는 부담감이 든다. 음악을 가르치는데 거창한 실력이 있어야 하고 자신감이 매우 필요하다는 생각이 들 수도 있다. 하지만 아이들의 음악성을 깨어나게 하는 데는 큰 기술이 필요하지 않았다. 하루에 한 번 잊지 않고 아이들과 노래 부르고, 짧은 시간이어도 배우고 있는 악기를 꾸준히 연습할 기회를 주면 된다. 무엇보다 선생님의 따뜻한 시선과 응원이 있다면 아이들은 본인들이 가지고 있는 음악을 스스로 끄집어내었다.

아이들 속에 어떤 음악이 숨어있는지 궁금해 본 적이 있는가? 교사에게 이런 호기심이 있다면 아이들이 음악을 두려워하지 않고 즐겁게 도전해 보게 하는 자신감으로 연결될 수 있다. 모든 아이에게는 음악이 숨어있다. 마치 보물처럼.

모두 참여 수업

# 02

# 내 눈의 불편함이
# 아이의 불편함은 아니다

나는 민석이를 4학년 교실 복도를 지나가다 처음 봤다. 민석이 반은 이동하는 중이었다. 다른 친구들은 줄을 서서 담임선생님을 바라보고 있었는데 민석이는 보조원 선생님의 도움을 받아 신발을 신고 있었다. 발에 찬 보조기를 보며 '특수교육대상 학생이구나.' 생각하며 한참 동안 뒷모습을 쳐다봤다. 아이들은 담임선생님을 따라 계단으로 내려가고 있었지만 민석이는 뒤뚱거리며 엘리베이터를 향했다. 그렇게 민석이는 나에게서 사라졌다.

민석이를 다시 만난 것은 내가 5학년 음악 교과를 맡으면서였다. 5학년을 담당하게 되자 특수학급 선생님께서 찾아와 나에게 민석이가 할 수 있는 것과 좋아하는 것을 한참 설명하고 가셨다. 내가 민석이를 이해하고 수업에 함께 참여하도록 도우려는 마음이었을 것이다. 민석이는 뇌병변 장애가 있고 발에 보조기를 차고 있으나 혼자서도 천천히 걸을 수 있었다. 장애로 인해 발음이 부정확했지만, 의사소통하는 것을 좋아했다. 집중해서 들으면 어렵지 않게 소통할 수 있었다. 뛰는 활동은 어려웠지만 체육을 좋아하고 열심히 참여하려는 의지가 있었다. 무엇보다 끈기가 있었고 스스로 하는 것을 좋아했다.

나는 5학년 학생들과 일주일에 두 번 음악 수업으로 만나게 되는데 한 번은 국악기 연주, 다른 한 번은 서양 음악 공부로 교육과정을 재구성하여 수업할 계획이었다. 1학기 동안 1시간은 내내 장구를 치게 될 터인데 뇌병변 장애가 있는 민석이가 어떻게 따라올 것인가 걱정이 앞섰다. 민석이를 위해서는 어떻게 수업 설계를 해야 할지 고민되었다. 그러나 그런 고민도 잠시일 뿐 정작 수업에 들어가서는 여기저기 자세가 틀린 아이들을 잡아 주고 장단이 맞지 않는 상황을 해결하느라 민석이가 팔을 휘두르며 치려고 애쓰는 모습은 내 시야에 들어오지도 않았다. 아이들이 물에 젖은 솜처럼 몸이 눅진해질 만큼 장구를 신나게 치다 보면 40분이 금방 지났다. 교실로 보내기 위해 줄을 세우다 보면 민석이와 마주하게 되었다. 민석이는 이젠 좀 컸다고 보조 교사가 아닌 친구의 도움을 받고 있었다. 친구는 민석이의 보조기 위로 신발을 채워주고 함께 천천히 교실로 이동했다. 40분간 민석이를 잊고 있었던 나는 불편함이 올라왔다. 한동안 일주일에 한 번씩 나는 이런 불편한 감정과 마주해야 했다.

보통 신체적 불편함이 있는 학생들이 음악 수업을 받게 되면 이론

모두 참여 수업

수업에서는 어려움이 별로 없지만 표현활동이 많은 수업에서는 참여하는 데 한계를 가지게 된다. 표현활동의 경우 다른 아이들 활동에 대한 피드백만으로도 교사의 몸은 바쁘다. 그러다 보면 불편함이 있는 아이들은 자연스레 소외되어 40분간 거의 가만히 있을 수밖에 없다. 신체적 불편함이 있는 학생들만 그런 것은 아니다. 신체 협응이 잘 되지 않거나 리듬이나 박에 대한 감각이 느린 친구들 역시 표현 수업에서 소외되는 경우가 많다. 교사가 분신술을 쓰는 것이 아닌 이상 모든 아이들을 피드백하기는 너무도 어렵다. 또한 학습 목표가 모든 아이에게 같게 적용되기 때문에 이와 같은 아이들을 학습 목표에 도달시키기는 매우 어렵다. 그래서 교사는 학습 목표를 다르게 설정할 필요가 있다. 그리고 모든 아이들이 수업에 참여할 수 있는 수업설계를 해야 한다. 똑같은 활동이 아니어도 수업에 참여할 수 있는 방법을 고민해야 한다.

민석이는 몸이 불편하다고 해서 수동적으로 움츠려 있는 아이가 아니었다. 뭐든 해보려는, 열심히 하는 아이였다. 그래서 장구채를 더 열심히 휘두르며 선생님이 말하는 장단을 따라 치려고 했다. 그러나 내 눈에는 그 '열심'이 힘들어 보이기만 했다. 특히 왼쪽의 궁굴채를 오른쪽 채편으로 넘겨 치는 것은 민석이가 잘할 수 있는 동작이 아니었다. 여러 날을 지켜보다 특수학급 선생님을 찾아갔다. 특수학급 문을 드르륵 열고 그동안 나의 불편한 감정을 쏟아 냈다.

"선생님, 민석이에게 장구를 계속 치게 해야 할까요?"

"민석이요?"

특수학급 선생님은 환하게 웃으며 나의 고민이 무엇인지 안다는 듯이 반겼다.

"민석이 엄청 열심히 하지 않아요?"

"네, 그래서 제 마음이 불편해요. 민석이의 팔을 붙잡고 계속 쳐 줄 수 있는 것도 아니어서요. 저 어떻게 해야 할까요?"

특수학급 선생님은 성급하게 판단을 내리지 않았다.

"제가 한번 수업에 들어가서 볼게요."

나는 고마웠다. 어려움이 있을 때 찾아가서 의견을 구할 수 있는 누군가가 있다는 것이 얼마나 감사한 일인가? 어느 학교에나 수업의 어려움을 물어 조언을 구할 교사는 있다. 혼자 연구하고 고민할 수도 있지만 다양한 사람의 경험치와 교수법을 나누는 것은 큰 힘이 된다. 교사의 질문은 언제나 서로 성장하는 거름이 된다. 더욱이 특수교육대상 학생에 대한 전문성이 높은 교사가 주변에 있다면 질문은 좋은 밑거름이 될 것이다.

"자, 장구 부전을 조이면서 바른 연주 자세를 하고 앉아 봐요. 인사할까요?"

"덩 덩. 덩 덩. 더더더더 덩 따. 안녕하세요?"

"안녕하세요?"

"우리 지난 시간에 휘모리장단 중 4개의 장단을 배웠지요. 먼저 지난 시간에 배운 것 떠올리며 함께 쳐 보고 오늘 새 장단을 배워볼게요."

이윽고 장구의 경쾌한 소리가 음악실을 가득 채우고 운동장 밖으로 퍼져나갔다. 내가 한 장단을 치면 메아리 울리듯 아이들이 그대로 장단을 따라 쳤다. 민석이와 함께 앉은 특수학급 선생님은 민석이의 손을 잡아가며 함께 쳐 주기도 하고, 혼자 치는 모습을 바라보기도 하면서 민석이를 관찰했다.

　수업이 끝나고 기다리던 이야기 나눴다.

　"선생님, 어땠어요?"

　"민석이가 따라가기는 어렵지만, 치려고 하는 의지가 있고 좋아하는 것 같아요. 일단 지금처럼 계속 수업에 참여하는 것이 좋겠어요."

　"민석이가 왼팔 넘기는 것이 전혀 안 되는데 어쩌죠? 민석이는 그냥 넘기지 말라고 할까요?"

　특수학급 선생님은 잠시 고민하더니

　"아니에요. 팔을 넘기는 근육도 자꾸 써봐야 하니 민석이가 할 수 있는 범위에서 넘기는 동작을 계속 하게 그냥 둬보면 어떨까 싶어요."

　마음이 한결 가벼워졌다. 특수학급 선생님의 전문성을 충분히 신뢰하고 있어 마음이 조금은 가벼워졌다. 나에게는 민석이가 혼자 끙끙대고 허공을 향해 의미 없이 휘두르는 모습으로 비쳤지만 특수교사가 보기에는 스스로 해내려고 애쓰는 것이라고 판단된다니 한결 편안하게 민석이를 바라볼 수 있게 되었다.

　사람은 보이는 것으로 판단하기 쉽다. 나 역시 그렇다. 그간에는 다른 아이들과 같은 선상에 놓고 능숙하게 치지 못하는 것에 대해 민석이가 속상하고 힘들어할 거로만 생각했다. 자칫 섣부든 내 지레짐작으로 아이의 의욕을 꺾고, 아이가 경험하고 학습할 기회를 없앨 뻔했다. 그러나 민석이 움직임에 대한 내 생각이 달라지자, 민석이가 어떻게 장구를 치고 있는지도 조금씩 잘 보이기 시작했다. 민석이는 장구를 치고 친구들과 함께 소리를 만들어 가는 것에 즐거움을 느끼고 있어 보였다. 아이들에게 개인 연습 시간을 잠시 줄 때 민석이의 팔을 붙잡고 함께 쳐주기도 하고 연습하는 중간중간 머리도 슬쩍 쓰다듬고 지나가게 되었다. 민석이는 한 학기 내내 장구를 쳤지만, 싫다는 표현 한번 없었다. 허공에 팔을 휘저으며 장구를 맞추지 못하여도 집중하며 장구와 호흡을 함께하고 있었다.

민석이는 그렇게 1학기 장구 수업에 많은 땀을 흘렸고, 애를 썼고, 팔을 열심히 휘두르며 반 아이들과 '휘모리장단'을 함께 쳤다. 소리까지 모두 하나로 맞추지는 못했지만, 여름 방학을 맞이할 때까지 반 아이들과 함께 만들어 가는 소리의 감동 속에 함께했다.

태어나자마자 걷는 아이는 없다. 수백, 수천 번의 엉덩방아를 찧는 실패의 경험을 거치며 다시 일어나는 도전을 해야 걸을 수 있다. 그것도 스스로. 그 과정을 지켜보는 어른들은 안쓰럽고 불편한 마음이 들 수 있다. 아무도 시키지 않았지만, 아이들은 계속되는 실패에도 꺾이지 않고 일어난다. 그런데 만약 어른들이 그런 아이를 보며 드는 불편한 감정에 힘든 도전과 실패 과정들을 없앤다면 아이들은 스스로 해내는 경험을 하지 못하게 된다. 그러면 어려움이 닥쳐도 헤쳐나갈 수 없

모두 참여 수업

는, 의지가 약한 아이들이 될 수밖에 없다. 너무 빠르고 쉬운 성공 경험은 이후 어려움이 직면할 때마다 빠른 포기를 가져오기 쉽다. 그러므로 힘들어도 고통을 감내하고 견뎌내는 것은 아이에게도, 어른에게도 필요한 것이다. 어려움이 있더라도 아이들 하나 하나 수업 참여를 만들려는 이유다.

# 03

# 우리 아이는
# 리듬감이 좋아요

"선생님, 신경다양성 교육을 주제로 학부모 연수를 여는데 들으러 오실래요?"

2학기가 막 시작되던 때 특수학급 선생님께서 나에게 물어왔다. '신경다양성'이라는 새로운 단어는 나의 호기심을 자극했다.

연수가 열리는 토요일, 조금 일찍 가서 도울 것이 없나 어슬렁어슬렁 시청각실로 갔다. 예쁜 꽃과 귀여운 인형, 학부모님께 선물로 드릴 관련 서적까지 모두 가지런히 놓여 있었다.

특수학급 선생님과 가볍게 인사를 나눈 후, 전시된 책을 한 권 집어 들고 빠르게 눈으로 읽었다. 인간의 뇌신경학적 차이를 장애나 결함으로 보는 대신 하나의 다양성으로 인정하고 결함을 개선하기 위한 노력과 함께 개인의 강점을 이용한 잠재 능력의 개발을 강조하는 내용이었다. 강사님의 강의 또한 마음이 참 따뜻해지는 시간이었다. 눈물을 훔치는 학부모님들도 많았다. '아이들의 강점 인식'과 '긍정적 환경 구축'이라는 핵심내용을 되새기며 강연이 끝나고 뒷정리를 돕고 있을 때였다.

특수학급 선생님이 한 어머님과 이야기를 나누다 지나가는 나를 붙잡았다.

"선생님, 이분이 민석이 어머님이세요."

"어머, 안녕하세요?"

"어머니, 민석이 음악 선생님이세요."

환하게 웃으며 나를 반기시는 어머니를 보며 민석이의 강점을 떠올려 이야기를 시작했다.

"민석이가 음악 시간에 너무 열심히 해요. 힘들어 포기할 법도 한데 장구를 쳐보려고 어찌나 열심히 노력하는지 진짜 너무 예뻐요."

"네 맞아요. 선생님. 우리 민석이가 너무 좋아하더라고요. 아이가 리듬감이 너무 좋잖아요."

순간 머리를 한 대 맞은 듯했다.

'네? 리듬감이요?'

말을 입속으로 삼켰다. 민석이는 장구를 장단에 맞춰 칠 수 없었다. 몸이 그렇게 움직이지 않았다.

'그걸 어머님이 모르시는 것인가? 어떻게 모르실 수가 있지?'

"예전부터 여러 활동 지도 선생님들께서 민석이 리듬감이 좋다고 많이들 이야기하셨어요"

어머니께서는 정말 자랑스럽다는 듯 웃으며 말씀하셨다.

"네, 맞아요."

나도 웃으며 맞장구를 쳐 드리고 물러났지만, 그날 계속 머릿속에는 민석이의 리듬감이 맴돌았다.

민석이의 리듬감? 리듬감, 리듬감….

민석이 어머니는 고요한 나의 내면에 돌 하나를 던졌다. 그 파장은 계속 커졌다. 다시 나의 마음은 불편해졌다. 내가 생각하는 리듬감이란 박 안에서 음표의 길이에 따라 생겨나는 강약의 소리를 표현하는 것이었다. 이렇게 보면 민석이는 리듬감이 있다고 볼 수 없었다. 그렇다면 민석이가 가진 리듬감은 어떤 것일까? 그러다 갑자기 '내청(Inner hearing) 작업'에 대한 생각이 떠올랐다. 1학년 아이들에게 수 세기를 가르칠 때 콩주머니를 위로 던져 올려 받으며 수를 세게 하는 활동을 많이 했었다. 그때 모든 아이의 수 세기를 한꺼번에 확인하기 힘들어 모둠을 나눠서 수 세기를 시키고 나머지 아이들은 친구들을 바라보게 했다. 이때 아이들은 가만히 있는 것이 아니라 마음속에서 수를 함께 센다. 이것을 '내청 능력'이라 부른다. 밖으로 소리를 내고 있지 않으나 귀로 듣고 소리를 생각하는 과정이다. 이 내청 능력은 '속으로 따라 하기'라고 부를 수 있겠다. 아이들은 실제 학습을 할 때 소리를 밖으로 내지 않고 마음속으로 따라 하는 시간이 훨씬 많다. 그리고 내청을 통해 학습되는 것도 상당히 많다. 노래를 배울 때도 마찬가지이다. 나는 아이들에게 새 노래를 가르칠 때 내가 노래를 세 번 들려 줄 테니 따라 부르지 말고 잘 들어 달라고 한다. 그러면 아이들은 노래를 고요히 집중해서 듣는다. 그러나 아이들은 그냥 듣기만 하는 것이 아니다. 마음속으로는 나의 음률과 가사를 따라 부르며 기억하게 된다. 그 후에 함께 노래를 부르면 가사와 음률을 훨씬 빠르게 익힌다. 이런 내청 작업이 얼마나 중요한 것인지 늘 주변 선생님들에게 강조하고 다녔는데 정작 내가 이 부분을 놓치고 있었단 생각이 들었다. 민석이 역시 리듬을 원하는 박자대로 연주하기에는 몸이 따라가 주지 못하는 부분이 있다. 하지만 민석이 안의 리듬감마저 길러지지 않고 있다고 생각해서는 안 되는 것이었다.

'그렇지, 민석이가 리듬에 맞게 몸을 움직이기가 힘들 뿐이지 내면에서는 정확한 리듬을 구사하고 있겠구나.'

이런 생각을 하게 되자, 민석이를 포함한 보편적 수업 설계가 필요했다. 2학기에는 국악 수업으로 아이들과 모둠북을 연주할 계획이었다. 그러나 역시 민석이가 칠 수 있는 리듬이 아니었다. 그렇다면 어떻게 해야 할까? 전체 리듬을 강박에 맞춰 한 번씩 내려치는 것으로 바꾼다면 민석이 속의 리듬감이 표현되지 않을까 하는 생각이 들었다.

"따드드드 따드드드 따드드드 따따드드"

아이들이 개인 연습할 때 나는 민석이에게 다가갔다.

"민석아, 민석이는 강박에만 한 번씩 쳐보자. 왼손이 불편하지? 2학기에는 오른손을 사용하여 강박 부분에 맞춰서 치는 것으로 우리 해보자"

민석이는 고개를 살짝 끄덕였다.

"따~~~ ~~~~ 따~~~ ~~~~"

민석이의 팔을 잡고 함께 쳐주고 혼자 쳐보게도 시켰다.

**[민석이용 리듬 재구성 예시]**

| | | | | | | | | | | | | | | | | |
|---|---|---|---|---|---|---|---|---|---|---|---|---|---|---|---|---|
| **전체** | R | I | R | I | r | L | r | I | r | I | R | I | r | L | r | I |
| | R | I | r | L | r | I | R | I | r | I | R | I | r | L | r | I |
| | *R* | *I* | *R* | *I* | *r* | *L* | *r* | *I* | *r* | *I* | *R* | *I* | *r* | *L* | *r* | *I* |
| | *R* | *I* | *r* | *L* | *r* | *I* | *R* | *I* | *r* | *I* | *R* | *I* | *r* | *L* | *r* | *I* |
| **민석** | R | | | | | | | | R | | | | | | | |
| | R | | | | | | | | R | | | | | | | |
| | R | | | | | | | | R | | | | | | | |
| | R | | | | | | | | R | | | | | | | |

R: 오른손 강박  r: 오른손 약박  L: 왼손 강박  I: 왼손 약박

개인 연습 시간이 끝나고 모두 함께 배운 부분까지 맞춰 연주했다. 떨리는 마음으로 민석이를 힐끔힐끔 보았다. 아주 정확하게 맞아떨어지지는 않아도 민석이는 강박이 들어와야 하는 것을 알고 치고 있었다. 반복되는 연습으로 점차 익숙해지자 스스로 강박을 쪼개서 한 번씩 더 치고 있었다.

"따 – 따 – 따 – 따 – "

모두 참여 수업

민석이는 진정 리듬감이 있는 아이였다. 이제 리듬은 더 현란해지고 다양해졌지만 민석이는 본인이 내야 할 강박을 찾으려고 애썼다. 아이들과 어우러져 하나의 리듬으로 섞이기 위해 노력하는 것이 보였다.

보편적 설계로 북의 연주 리듬을 간단하게 바꾼 것은 비단 민석이에게만 필요한 것은 아니었다. 리듬이 제법 어렵고 난해한 부분에서는 양손 협응이 잘 안되는 다른 아이들에게도 간단하게 바꾼 리듬은 도움이 되었다.

아이들에게는 어느 정도 도전이 필요한 문제 제시가 훨씬 흥미와 배움을 끌어낸다. 그러나 비계설정이 잘못되거나 너무 어려운 과제가 제시되면 오히려 아이들은 학습을 포기하게 된다. 그래서 교사는 학습 중 어려운 부분이 나올 때 아이들이 스스로 탐구하거나 연습해서 도달할 수 있는지를 자세히 관찰하고 도움을 주어야 한다. 혼자 해내는 아이도 있고 약간의 도움으로 학습 목표에 도달할 수 있는 아이들도 있다.

반면 몇 번이고 개별적인 지도를 하면서도 어떤 아이들은 해낼 수 없을 것이라는 판단이 드는 경우가 있다. 그런 판단에도 불구하고 "자, 알겠지? 이렇게 연습해."라고 말하고는 다른 아이들에게 피드백을 주기 위해 자리를 떴다. 나는 개별적인 지도도 했고 아이들에게 여러 번 친절히 안내했다고 스스로 책임을 다한 것처럼 속이고 돌아 서는 것이지만, 그 아이가 해내지 못할 것을 알고 있다. 모든 아이에게 똑같은 도달 목표를 제시하면 이런 결과가 반복된다. 그러나 교사가 몇몇 아이들은 상황에 맞게 학습 목표, 내용, 방법, 평가 등을 조금만 수정한다면 어떤 아이들도 수업에서 소외되지 않게 된다. 이런 보편적 설계가 몹시 어렵거나 수업을 대폭 수정해야만 가능한 것은 아니다. A에서 B를 만드는 것은 힘들 수 있지만, 아이가 가능한 A'를 만드는 것은 모든 교사가 할 수 있다. 만약 아이디어가 떠오르지 않는다면 동료 교사와의 수업 협의를 통해서 충분히 찾을 수 있다.

대근육을 잘 쓰지 못하거나 양손 협응이 안 되는 여러 학생에게도 재구성한 쉬운 리듬을 알려 주었다.

"여기 이 부분에서는 이렇게 연주해 보렴."

아이들이 충분히 도전 가능하게 안내하고 나면 마음이 한결 가벼워졌다. 아이들이 어려워서 포기하고 엉망으로 치는 것이 아니라 단순화시킨 리듬이지만 연주에 참여하는 것을 보게 되었기 때문이다.

"민석아, 다리 아프지? 힘들면 여기 앉아"

40분 내내 서서 쳐야 하는 모둠북 수업이 힘들 법도 한데 민석이는 앉지 않았다. 누가 뭐라 하는 상황도 아니고 친구들도 민석이는 당연히 앉을 수 있다는 눈빛인데도 계속 서 있었다. 민석이가 돌아간 뒤에 왜 앉지 않았을까를 생각하다 친구들 앞에서 혼자 배려받는 것이 싫을 수 있겠구나 싶은 생각이 들었다. 이를 확인하기 위해 또 특수학급 선생님을 찾아갔다.

"민석이가 북을 칠 때 40분 내내 서 있어요. 제 생각에 몸이 힘들 것 같아 앉아 있어도 된다고 의자를 내주는데도 앉지 않네요."

특수학급 선생님은 수업 상황을 이해하시고 빙긋 웃으셨다.

모두 참여 수업

"민석이는 앉지 않을 거에요. 본인만 친구들과 다르게 대우받는 것을 싫어하거든요."

일주일에 음악 수업 2시간 동안만 짧게 만나기 때문에 감정을 물어봐 주거나 생각을 들어주기 어려웠는데 이렇게 특수학급 선생님을 통해 아이를 이해할 수 있게 되니 너무 감사했다.

"그러면 아이들이 다 같이 앉는 상황을 만들면 되겠군요?"

그동안 아이들이 다리 아프다고 아우성쳐도 40분도 못 서 있냐고 면박을 주던 내 모습이 떠올랐다.

모둠북 연주 구성은 총 세 파트로 이루어져 있는데 민석이네 반은 파트별로 연습할 때 다른 파트 아이들을 전부 앉게 하였다. 민석이도 자연스럽게 앉았다. 가끔은 모두 바닥에 누워서 함께 몸을 펴고 쉬기도 했다. 민석이 덕분에 반 친구들은 긴장과 이완을 충분히 누릴 수 있었다. 그러자 이러한 짧은 이완 시간이 모든 아이들에게 필요하다는 데까지 생각이 미쳤다. 이후에는 다른 반 아이들도 모둠북 치는 중간중간 앉거나 누워가며 쉴 수 있게 했다. 모든 학생이 40분 동안 계속 긴장하며 연주하는 일은 고되기 때문이다. 모든 아이에게 긴장과 이완의 리듬감은 필요한 것이었다. 우리의 가을은 이렇게 또 익어갔다.

드디어 2학기의 마지막 주, 모둠북을 멋지게 공연하는 날이었다. 비록 카메라를 앞에 두고 우리끼리 하는 공연이지만 모두 긴장하며 북채를 잡았다. 한 번 더 머릿속으로 전체 흐름을 되짚고 주의사항을 기억하며 리허설을 한 뒤 카메라 버튼을 눌렀다. 북이 울리기 시작했고 우리의 심장도 함께 울리기 시작했다. 아이들은 소리를 맞춰가며 강약을 표현하고 서로 하나가 되기 위해 모든 감각을 열어 연주했다. 민석이도 아이들 속에 함께 녹아들어 연주했다. 한 학기 동안 갈고 닦은 노력이 아름다운 연주로 결실을 맺었다. 멋진 연주에 나도 뿌듯했다. 아이들에게 진심을 듬뿍 담아 칭찬을 해주었다. 아이들은 모두 하나된 성취감을 느끼며 교실로 돌아갔다. 신발을 신느라 음악실에서 맨 마지막에 나가는 민석이 옆으로 다가가 등을 토닥토닥 두드려 주었다.

"민석아, 포기하지 않고 함께 연주해 줘서 너무 좋았어."

씩 웃는 민석이 미소에 나도 함께 웃었다.

아이를 잘 가르치기 위해서 교사는 많은 역량이 필요하다. 여러 교수법도 익혀야 하고 아이의 성장과 발달에 대해서도 끊임없이 공부해야 한다. 자료를 활용하고 조직하는 기술도 필요하다. 여러 교과 지식에도 해박해야 한다. 그러나 종종 가장 중요한 것을 놓칠 때가 많다. 아이에 대한 관심과 관찰에서 출발한 강점 찾기를 하지 못하는 것이다. 우리의 아이들은 책 속에 있거나 하나의 표준으로 있는 것이 아니다. 지금 여기 내 삶에서 마주하고 있는 아이들은 모두 다르다. 아이들을 더 깊이 들여다봐야 단점 외에 강점도 보이고 처한 문제도 보인다. 혹여 아이와의 관계로 인한 어려움으로 교사가 감정이 상한 경우도 있을 수 있지만 최대한 아이들의 내면을 들여다볼 수 있어야 한다. 그리고 아이의 강점을 찾아낸다면 수많은 학습 모형과 기술을 적용하여 구성하는 수업보다 더 적절한 학습 설계를 할 수 있다. 또한 이렇게 강점을 찾으

모두 참여 수업

면 교사의 따뜻한 시선 속에서 긍정적인 수업 환경이 구축될 수 있다. 따뜻한 환경이라면 아이들은 스펀지 같아서 본인들이 얼마나 안전한지를 금방 알게 되고, 빨아들인 따뜻함을 다시 주변에 내뿜는 힘이 있다. 결국 아이들의 힘과 따뜻함은 교사에게 따뜻하게 돌아온다. 아이의 강점을 찾기 어렵다면 주변의 많은 동료 교사에게 묻고 협의하고 도움을 구하면 찾을 수 있을 것이다. 우리는 혼자 가르치지 않는다.

# 04

# 구덩이를 만나면 점프하지 말고
# 메꿔 길을 내야 한다

5학년 음악 교과를 맡게 되고 나서 꽤 난감했다. 현 교육과정에서는 초등학교 3학년부터 리코더를 만나 기초적인 연주 방법을 학습한다. 이후 학년이 올라가며 조금씩 더 복잡한 곡을 학습하며, 악보 보는 연습을 통해 음악 지식을 습득하게 된다. 그러나 내가 만난 5학년 아이들은 코로나 팬데믹 시기를 거치며 2년간 리코더를 거의 불지 않은 아이들이었다. 코로나 기간 초등학생들의 음악 수업은 대부분 온라인으로 대체되거나 제한적으로 진행되는 경우가 많았다. 특히 온라인 수업으로는 구현하기 어려운 가창과 기악 영역보다 주로 감상이나 이론 중심으로 진행되었다. 가창과 기악 역시 영상을 보고 그냥 각자 따라 부르거나 연주하는 수업으로 진행되었다. 그래서 예전에 비해 실제 음악 경험이 부족한 아이들이었다.

전면등교가 시작된 후 리코더를 연주할 수 있는 아이들이 몇 명이나 되는지 손을 들어 보게 하니 반별로 2~3명뿐이었다. 5학년이어도 3학년 음악과에 있는 리코더 내용을 가르쳐야 했다. 아이들에게 리코더의 구조와 사용법, 숨을 불어 넣는 방법, 손가락의 위치 등을 가르쳤다. 그리고 리코더에 입문할 때 쓰는 '솔라시도레' 음계 안에서 소리내기와 운지가 쉬운 아울로스 리코더 악보집 '동물의 숲'의 연습곡을 준비하였다. 그럼에도 많은 학생은 리코더를 이용하여 기본적인 음계와 악보를 따라 연주하지 못했다. 악보를 보고 해득할 수 있는 아이들이 많지 않았다. 기본 박자 감각도 매우 낮았다. 총체적 난국이었다. 5학년이지만 3학년 수준으로 악기 연주 수준을 낮추면 해결될 줄 알았는데 메꿔야 하는 구덩이가 너무 많았다. 비단 이것이 음악 과목만의 문제겠느냐는 생각도 들었다. 구덩이가 있다면 교사는 어떻게 해야 할까? 메꾸면서 진행해야 한다. 점프는 좋은 방법이 아니다. 아이들이 언제고 그 구덩이에 빠지거나 걸려 넘어지기 때문이다.

아이들에게 음표를 가르치고 리듬을 읽어내는 공부부터 시작했다.

"선생님의 리듬을 따라 해 주세요. 타 타 타 타"

"타 타 타 타"

"티티 타 티티 타"

"티티 타 티티 타"

오선과 다장조 음계도 다시 가르쳤다. 리코더 악보에 계이름을 스스로 찾아 쓰고 맞춰 보는 형식으로 악보 읽는 능력을 키워 나갔다. 리듬치기, 계이름 읽기, 리코더 불기의 3종 세트를 1학기 동안 꾸준히 가르쳤다. 한두 번의 연습으로 될 것이 아니기에 음악 시간마다 10~15분씩 반복해서 연습했다. 점차 선생님이 연주하는 리듬을 듣고 기보할 수 있고 계이름을 읽을 뿐 아니라 음을 듣고 계이름을 맞출 수 있는 아이들이 생겨나기 시작했다. 또 지속적으로 리코더 텅잉[1]을 연습하면서 소리가 점점 아름답게 되어갔다. 물론 아이마다 익히는 속도가 달랐지만 본인이 이해한 만큼 조금씩 기능적인 면에서 발전해 가는 것이 보였다.

2학기가 되어 드디어 5학년 수준의 리코더 곡을 제시했는데 여전히 연주하지 못하고 헤매는 학생들이 많았다. 1학기까지는 잘 불던 아이들도 어려워하는 모습이 눈에 띄었다. 그런 아이들 손가락을 잡아 주고 텅잉을 다시 바로잡아 주다 보면 시간이 훌쩍 지나갔다.

특히 동호는 리코더 시간에 바른 텅잉이 어려웠다. 숨을 불어 넣는 것은 가능하나 바른 텅잉이 아니어서 삑삑 소리가 났다. 동호는 자폐성 장애가 있는 학생이다. 선생님이 설명하는 시간에도 동호는 리코더 소리를 낼 때가 있었다. 그럴 때마다 반 친구들은 "동호야 지금은 부는 시간 아니야."라고 친절하게 말해주었다. 동호는 금방 멈출 때도 있고 계속 불 때도 있었다. 그래도 친구들의 이야기를 잘 들어주는 편이라 멈출 때가 많았다. 동호에게 리코더는 쉽지 않은 악기였다. 동호에게까지

---

1 텅잉(Tonguing): 서양 관악기를 연주할 때 혀를 사용하여 공기의 흐름을 조절하는 주법

모두 참여 수업

개별적으로 지도할 시간과 여력이 부족한 탓에 동호는 리코더 부는 시간에 그냥 리코더를 만지작하고 있어야 했다. 수업이 끝나면 동호가 시간을 견뎌준 것에 대한 고마움과 미안함이 교차했다. 어떻게 풀어가야 할까? 고민이었다.

우선은 리코더 불기가 잘 안되는 친구들을 방과 후에 따로 남겼다. 그리고 개별적으로 도움을 주고 스스로 조금씩 할 수 있게 연습시켰다. 하교 후 시간이 되는 요일마다 아이들을 소그룹으로 나눠 가르쳤다. 15~20분 정도만 남아서 연습한 것이라 아이들도 나도 그리 부담스럽지 않았다. 교실 전체 수업 상황에서 선생님의 도움을 받지 않고 연주할 수 있을 정도로만 연습시켰다. 교실 상황에서 일일이 피드백을 주어야 하는 아이들의 수가 줄어들면 동호를 도와줄 수 있으리라 생각했다. 그렇게 몇 번 가르쳐 보았으나 동호는 한 마디를 넘기기가 어려웠다. 음악 시간마다 모든 아이들이 함께 10~15분씩 리코더 연습하고 그날의 학습으로 넘어가는데 동호만 붙잡고 계속 지도하기는 어려웠다. 시간으로 해결할 수 있는 것이 아니었다. 또 고민에 빠졌다. 눈 찔끔 감고 동호가 리코더 배우는 중에 그냥 아무것도 안 하고 가만히 있게 하고 싶은 유혹도 찾아 왔다. 다시 동호를 자세히 관찰했다. 동호는 친구들의 이름과 특징, 변화까지도 잘 기억하고 이야기한다. 전철과 기차를 좋아해 전철역 이름도 외울 수 있다. 심지어 영어 단어도 외워서 잘 말한다.

'그렇다면 악보도 외울 수 있지 않을까? 전체 곡의 길이가 길어서 모두 외울 수 없어도 큰악절 8마디 정도는 외울 수 있을 것이다. 안되면

작은악절 4마디로 시도해 보자.'

생각의 정리를 마치고 동호와 계이름 외우기를 했다. 전체 아이들에게 리코더 연습 시간을 잠깐 주고 동호와는 계명창으로 노래를 같이했다. 동호가 곧잘 따라 불렀다. 다행히 소리나 악기에 민감한 자폐 성향은 아니었다. 흥도 있어서 흥얼거리기도 잘했다.

"동호야, 선생님 따라 불러 봐. 솔~ 레도 시~라 솔파솔"

"솔레도 시라~ 솔파솔"

"음 잘 불렀는데 조금만 더 잘 듣고 똑같이 불러 봐. 처음 솔을 길게 불러보자. 잘 들어봐. 솔~ 레도 시~라 솔파솔"

"솔~ 레도 시~라 솔파솔"

"그래 잘했어. 자 리코더 잡아볼까?"

계명창은 어찌어찌 잘 따라 했다. 하지만 리코더의 텅잉과 운지는 동호에게 어려웠다. 또 난관이었다. 다시 교육과정을 찾아보았다. 내용 체계 및 성취기준을 살펴보니 '악기를 바른 주법으로 연주하기'가 핵심 개념으로 나와 있으나 그 악기가 꼭 리코더라고 명시되어 있지는 않다. 리코더를 가르쳐 보고 싶다는 나의 욕심에 리코더를 꼭 쥐고 있었지만 동호에게 맞는 악기로 대체해도 되는 것이었다. 나는 즉시 작은 글로켄슈필[2]

---

2 금속 막대를 피아노 건반과 같은 방식으로 배열한 서양 타악기. 우리나라에는 실로폰으로 잘못 번역 되어 알려져 있다. 실로폰은 나무 막대를 피아노 건반과 같은 방식으로 배열한 악기이다.

을 가져왔다. 음판에 계이름을 붙이고 동호가 노래 부르며 두드리게 했다. 음판 악기를 연주하기 위해서는 작은 힘으로 가볍게 두드려야 하는데 그냥 갖다 대고 있거나 세게 치는 등 처음에는 힘 조절이 어려웠다. 하지만 리코더에 비해 동호가 쉽게 연주할 수 있는 악기였다. 이렇게 동호는 글로켄슈필과 점점 친해져 갔다. 반 아이들이 리코더로 연주할 때 동호는 글로켄슈필로 연주했다. 많이 틀리기도 했지만 칠 수 있는 만큼은 함께 치며 친구들과 함께 구덩이를 메꾸고 길을 만들어 갔다.

구덩이를 언제나 주변과 똑같은 흙으로 채워 넣어야 하는 것은 아니었다. 자갈로 채울 수도 있고 모래로 채울 수도 있었다. 아이가 구덩이에 빠지지 않고 메꿔 그 위를 길로 만들어 걸어 나갈 수 있게 도와주면 되는 것이었다. 동호에게 중요한 것은 악기를 연주하며 악기가 내는 소리의 아름다움을 느끼고 그런 음악을 사랑할 수 있도록 가르치는 것이었다. 그러면 이 아이는 성취 기준에도 도달하고 즐거운 수업도 될 수 있었다.

( 05 )

# 모든 아이 속에는
# 음악이 숨어 있다

 

 

2학기가 되자 본격적으로 아이들과 곡을 만드는 수업을 시작하였다. 1학기 때부터 아이들과 차근차근 공부해 와서 가능한 수업이었다. 일명 '내가 만든 창작 동요' 프로젝트다.

'내가 만든 창작 동요'

| 순서 | | 수업 주제 | 주요 수업 내용 | 시기 |
|---|---|---|---|---|
| **1학기** | 1 | 음악의 3요소 | 가락, 리듬, 화음알기 | 3월 1주 |
| | 2 | 리듬 탐색 | 음표의 종류와 길이 이해<br>4/4박 리듬치기 활동(신체, 북) | 3월 2주~4월<br>(5차시에 걸쳐 '도입'에서<br>반복적 탐색) |
| | 3 | 가락 탐색 | 다장조 음계 이해<br>청음으로 다장조 음 찾기 활동<br>(리코더, 글로켄슈필) | 5~6월<br>(7차시에 걸쳐 '도입'에서<br>반복적 탐색) |

| | | | | |
|---|---|---|---|---|
| | 4 | 화음 탐색 | 주요 3화음의 이해<br>듣고 화음 구별하기 | 9월<br>(4차시에 걸쳐 '도입'에서<br>반복적 탐색) |
| | 5 | 창작(1) | 4/4박 8마디 리듬 만들기 | |
| 2학기 | 6 | 창작(2) | 8마디 화음 진행 정하기<br>화음 진행에 맞는 가락 짓기<br>리코더로 연주하기 | 10월 ~11월<br>(동료, 교사 피드백으로 수<br>정하기) |
| | 7 | 창작(3) | 곡 제목과 가사 짓기 | |
| | 8 | 발표 | 나의 창작곡 발표하기 | 12월 |

아이들은 먼저 큰악절(8마디)의 리듬을 만들어 냈다. 선생님과 꾸준히 치며 연습했던 리듬을 응용하여 아이들은 배운 범위 안에서 다양하게 리듬을 만들었다. 그런데 서로 얼마나 더 어렵게 만드느냐에 집중했다. 마치 누가 16분음표를 더 많이 쓰는지 경쟁하듯 쓰며 신나 했다.

"얘들아, 우리 나중에 이 리듬 가지고 가락 지을 거야. 그리고 그것을 리코더로 연주할 수 있어야 하는데 이렇게 리듬을 잘게 쪼개면 연주할 수 있을까? 지금 그 리듬을 손바닥 치기로 연주할 수는 있니?"

아이들은 그제야 흥분을 가라앉히고 자신들이 연주할 수 있는 형태로 리듬을 바꾸기 시작했다.

아이들이 자신이 연주할 수 있는 리듬으로 단순화시키는 작업을 하고 있을 때 시작하지도 못하는 아이들이 눈에 들어왔다. 또 8마디 모두 온음표로 채운 아이들도 있었다. 나와 리듬 탐색을 꾸준히 해왔으나 더 많은 탐색이 필요한 아이들이었다. 하지만 이 아이들에게 시간을 더 줄

여력이 없었다. 각 반당 리듬 짓기를 하지 못하고 있는 3~4명 아이들을 위해서는 보편적 설계가 필요했다. 우선 아이들이 참고할 자료가 필요해 보였다. 그동안 연습해 왔던 리듬꼴의 형태를 인쇄해 주고 자신이 연주할 수 있는 리듬을 고르게 하였다. 리듬 카드를 보고 따라 그리더라도 연주할 수 있는 리듬을 선택할 수 있도록 했다.

**리듬꼴 예시 카드**

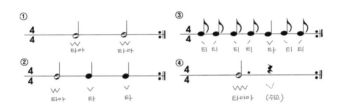

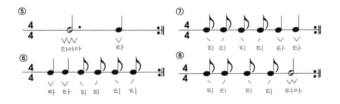

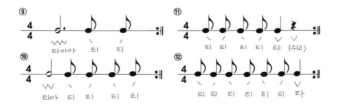

모두 참여 수업

아이들은 자신이 만든 리듬을 손가락으로 연주해 보면서 계속해서 수정해 나갔다. 자신이 연주할 수 없는 리듬은 계속 바꾸거나 고쳐야 했다. 나는 마지막 8번째 마디는 끝나는 느낌이 들게 단순한 리듬으로 지으라고 권했다. 다 만들어 낸 아이들은 친구들에게 먼저 들려주고 피드백을 받도록 했다. 내가 모든 아이를 피드백 해줄 수 없어 동료평가 방식을 중간중간 넣었다. 친구들의 1차 피드백을 받고 나에게 일대일로 2차 피드백을 받으며 아이들의 리듬꼴은 완성되어 갔다. 대부분의 아이들이 어렵지 않게 리듬꼴을 창작하였다.

### 큰악절(8마디) 리듬꼴 창작 학생 예시

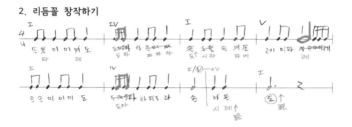

교실을 한 바퀴 돌아보며 동호를 살폈다. 자폐성 장애가 있는 동호는 리듬꼴 예시 카드를 주었으나 사용하지 못하고 있었다. 일단 카드의 예시 리듬꼴이 너무 많아 선택하는데 어려워 보였다. 동호에게는 6개로 리듬꼴을 줄이고 번호를 매겨서 다시 주었다.

"동호야, 선생님이 우선 이 리듬을 연주해 줄게 잘 들어봐. 1번 리듬이야."

번호를 부여하고 동호에게 6개의 리듬을 들려주었다.

"동호야, 여기 첫 번째 마디에는 몇 번 리듬을 넣고 싶어? 숫자로 말해줘 봐."

동호는 계속 허공을 바라보고 웃다가 손가락으로 숫자를 말했다. 그러면 난 그 리듬을 다시 연주해 주고 이것이 맞는지 확인했다. 이렇게 주고받으면서 동호의 큰악절 리듬꼴이 완성되었다. 아주 간단하지만 그럴싸한 리듬이었다. 동호를 돕고 나자, 리듬꼴 예시 카드를 받고도 쩔쩔매는 친구들이 눈에 들어왔고 그 아이들에게도 동호처럼 쉬운 리듬 중심으로 들려주고 고르도록 일대일로 지도해 주었더니 모두들 완성할 수 있었다. 선생님이 바쁘게 친구들을 돕는 것을 보고 옆의 친구에게 리듬을 쳐달라고 하면서 도움을 구하는 아이들도 있었다. 모두 협업해 가면서 창작 작업에 열심히 몰두하는 것을 보니 무척 기뻤다.

내가 가르치는 5학년 아이들은 180명 정도 되었다. 180명의 리듬을 계속 피드백 하며 모두 완성했다. 드디어 가락 짓기에 들어갈 수 있었다. 아이들이 쉽게 가락을 만들 수 있도록 마디별 화음 구성을 안내하였다. 획일적인 느낌은 들었지만 자유롭게 모든 마디 가락 짓기를 했다가는 피드백을 줄 자신이 없었다. 첫 작곡 작업으로는 화음 진행

### 큰 악절(8마디) 화음 제시

3. 마디별 화음 정하기 / 가락 짓기

모두 참여 수업

을 고정하였다. 결과적으로 보면 같은 화음 진행이어도 아이들의 곡 느낌은 매우 다양하게 나왔다. 정말 다행이었다.

" I 도 화음은 어떤 계이름을 가지고 있지요?"

"도미솔이요."

"자, 그럼 여러분이 만든 리듬꼴에 첫 번째 마디는 도미솔 중에서 선택하여 음표 하나에 계이름 하나를 넣어 보세요. 지나가는 음으로 레나 파를 사용할 수도 있지만 언제나 시작과 끝 음표에는 도-미-솔 중에서 골라야 합니다."

아이들은 음표의 계이름을 달았다. 빈칸 채우기를 하듯 음표 아래 계이름을 척척 잘 넣었다. 그러나 리코더로 자신이 넣은 계이름을 연주하여 확인하는 것은 아이마다 수준 차이가 났다. 음계에 대한 이해가 확실한 아이들은 옥타브 위의 음을 선택하기도 했다. 이 작업 역시 1차로 친구들에게 들려주고 피드백 받아 수정한 후 2차로 선생님의 피드

### 가락 짓기 학생 예시

3. 마디별 화음 정하기 / 가락 짓기

백을 받아가며 계속 고쳐갔다.

동호 옆으로 갔다. 동호가 만들어 놓은 리듬을 보며 물었다.

"동호야, 여기 음표에는 어떤 음을 넣을까? 도-미-솔 중에서 골라봐."

동호는 눈을 굴리며 헤헤 실실 웃기만 했다.

"동호야, 여기에 소리를 더해주면 너무 멋진 곡이 될 거야. 동호가 원하는 음을 말해봐."

"레!"

"아. 동호는 레를 넣고 싶구나. 그런데 동호야 도-미-솔 중에서 골라야 해."

"……"

"동호야, 도-미-솔 중에 어떤 음 넣을까?"

"도"

"좋아. 그다음 음표는?"

"도"

"다음은? 도만 안 해도 돼. 도-미-솔 중에서 골라봐."

"솔"

"솔"

이렇게 동호의 가락 짓기가 하나씩 완성되었다.

"동호야, 네가 지은 것 선생님이 리코더로 불어 볼게. 이상한 것이 있나 봐줘."

"도 도 솔 솔 파~ 파~ 미 미 솔 솔 시~~~~"

동호는 나의 연주에 귀를 기울이면서 계속 웃었다. 동호의 가락 짓기가 끝나고 맘에 드는 지 확인한 후 다른 친구들을 찾아갔다. 리코더 연주가 능숙하지 않은 아이들은 자신이 지은 가락을 확인하기가 어려웠다. 그리고 뇌병변 장애가 있는 민석이 역시 리코더로 확인하기가 어려웠다. 그래서 글로켄슈필을 주어 리듬을 쳐 확인하는 것으로 대체하였다.

나의 피드백을 끝으로 가락 짓기를 마무리한 아이들은 오선에 기보하였다. 역시 기보 작업도 틀리는 경우가 있어서 계속 수정해 줘야 했다. 아이들은 틀린 것을 바로 잡으면서 조금씩 확실하게 개념을 다져갔다. 음표 꼬리 방향, 모양, 기둥의 위치, 쉼표 등등 계속 하나씩 체크하고 수정하면서 가락 짓기가 마무리되었다.

드디어 아이들과 곡 만들기의 마무리 단계까지 왔다. 가사를 창작하는 것이다. 우선 아이들에게 자신의 곡을 리코더로 능숙하게 불 수 있을 정도로 연습해 오라고 하였다. 그리고 3명씩 모둠을 지어 앉게 하고 서로 발표회를 하도록 하였다. 4명으로 모둠을 구성하면 서로 피드백 주는 시간이 충분하지 않아 3명 모둠을 구성했다.

아이들은 자신의 곡을 리코더로 불고 곡이 주는 느낌을 서로 주고받기 시작했다. 자신 있게 연주하지 못하는 아이들에게는 글로켄슈필을 나눠 주었다.

생각보다 가사 짓는 과정이 오래 걸렸다.

"선생님 아무 생각이 안 나요."

"음악을 듣고 친구들이 어떤 이야기를 해 주었나요?"

"이 친구들도 아무 생각이 안 난데요."

생각도 못 한 변수가 생겼다. 나는 가사 창작을 가장 쉽게 작업할 수 있는 것이라 생각했는데 정작 아이들은 가장 어려워 했다. 전혀 예상치 못한 상황이었다.

"그러면 느낌이나 떠오르는 이미지를 꺼내기보다는 경험한 것을 중심으로 이야기를 만들어 보세요."

창작 가사 붙이는 방법을 조금 수정하여 진행하였다. 그제야 아이들은 조금 편안해하며 가사를 짓기 시작했다. 아이들 사이를 다니면서 나누는 이야기를 들어 보니 아이들이 가사를 진지하게 창작하는 것을 알 수 있었다. 중간에 내게도 질문하며 느낌을 물어보는 아이들도 있었다.

"우리 동호는 어떤 이야기 쓸 거야? 동호는 뭐 좋아하지?"

"공항철도"

"공항철도?"

동호는 지난주에 특수학급에서 공항철도를 타고 현장 체험학습을 갔던 것을 떠올렸던 것이다.

"와 멋진데? 동호는 공항철도 타고 여행 다녀온 것이 정말 재밌었나 보다. 그래 그 이야기로 가사 만들어봐. 대신 음표 하나에 한 글자야."

활동보조 선생님께서 옆에 계셔서 동호가 지어야 할 것을 안내하고 다른 아이들 봐주러 자리를 이동했다. 그런데 아이들은 30분 동안 2줄의 가사를 짓기 어려워서 헤매고 있는데 동호는 정말 그 자리에서 뚝딱

모두 참여 수업

가사를 만들었다.

"자 모두 다 되었으면 이제 친구들에게 발표하기 위해 가장 예쁜 글씨로 악보와 가사를 옮겨 적어 봅시다."

음표를 삐뚤빼뚤 그리는 아이들도 많았는데 동호는 그 누구보다 반듯하고 예쁘게 악보를 그려냈다. 이번에도 뚝딱 바로 했다. 나도 놀랐고 반 아이들도 모두 놀랐다. 동호는 뚝딱뚝딱 잘했다.

"다음 시간에는 이 프로젝트의 마지막 시간으로 드디어 친구들 앞에서 발표하는 시간을 갖겠습니다. 여러분이 친구들 앞에서 리코더나 글로켄슈필로 연주하면 우리는 곡을 들으면서 눈으로 가사를 따라 부르겠습니다."

아이들은 악보를 제출하고 교실로 돌아갔다.

아이들의 악보가 모이자, 나의 관심은 곡을 만드는 과정에서 나의 도움을 많이 받았던 아이들의 악보로 향했다. 모두 내기는 했는지 결과물은 완성했는지 궁금하였다. 신기하게도 내가 신경 쓴 친구들은 모두 제출하였는데 반별로 한두 장이 비어있었다. 담임선생님께 여쭤보니 결석했거나 기보 작업을 다 마무리하지 못한 경우였다. 그런 아이들은 개별적으로 안내해 1주일간 시간을 주며 걷었다. 특수학급 친구들 역시 모두 완성되어 있었다. 혼자서 그 아이들의 악보를 연주해 보면서 뿌듯하고 가슴이 뭉클해졌다.

나는 아이들의 악보를 스캔하고 악보집을 만드느라 부지런히 움직여야 했다. 하나하나 얼마나 소중한 곡들인지 모르겠다. 친구나 선생님의 도움을 받은 것도 있지만 대부분 본인의 감성을 오롯이 담은 곡이었다. 아이들의 내면에서 세상 밖으로 약 180곡이 나왔다. 1학기부터 조금씩 음악의 기초를 쌓고 내실을 다져서 본인의 음악을 끄집어내기까지 아이들을 포기하지 않고 길을 만들어 왔다. 그 모든 아이 속에 있던 음악이 어떤 형태로든 세상으로 나온 것이다. 그것을 꺼내 표현하는 과정과 방법이 비슷한 아이도 있었지만, 저마다 달랐다. 그래서 음악은 오히려 다름을 인정하고 즐길 수 있는 과목이다. 정답이 없기도 하고 잘 풀리지 않을 때는 옆에 있는 친구가 또 선생님이 함께 지혜를 모아준다. 하기 싫을 때는 한 박자 쉬어 가도 괜찮다.

교사는 학습의 양과 속도에 쫓길 때가 많다. 그러나 교사가 쫓기면 아이들도 배움에서 깊이 있는 학습으로 전이가 되지 않는다. 옆 친구와의 협력도 어려워진다. 현재 우리나라 초등학교 음악책에는 너무 많은 제재곡과 이론이 있다. 음악책은 참 얇은데 그 무게가 어마어마하다. 음악교과는 검인정이어서 출판사도 다양한데 한결같이 학습량이 많다. 그래서 교사가 차시대로 가르치려고 쫓기다 보면 아이들 안의 음악이 어떻게 피어나는지 어떤 어려움이 있는지 보지 못하고 계속 앞으로 나가기만 하게 된다. 음악과 성취 기준은 개수가 많지도 않으므로 교사가 좀 더 자신의 교육과정을 만들어 한 명 한 명 아이의 음악을 찾는 여정으로 수업을 만들어 갔으면 좋겠다.

반별 발표회 날이 되었다. 학생들은 번호대로 나와 각자의 곡을 연주하였다. 빔프로젝트로 자신의 연주곡이 화면에 띄워지면 각자 연주

**내가 만든 창작 동요집**

를 시작했는데 아이들은 귀로 곡을 듣고 눈으로 가사를 읽고 느끼면서 탄성을 지르거나 아낌없는 박수를 보내 주었다. 한 곡 한 곡이 모두 소중했다. 아이들은 자신에게 느낌상 꽂히는 곡이나 맘에 드는 곡에는 "우와~"를 연발했다. 발표하는 친구도 듣는 친구들도 모두 함께 즐기는 축제 같은 시간이었다.

**공항철도 | 김동호(자폐성 장애) 작곡, 작사**

**밤하늘 | 최민석(지체 장애) 작곡, 작사**

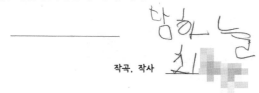

**푸른 하늘 저 너머 우주가 정○○(청각 장애) 작곡, 작사**

모두 참여 수업

# 06

# 단단히 잠긴 문을 여는 열쇠는
# 힘이 아니라 친구다

코로나 이후로 전면등교를 시작했지만, 여전히 모두 마스크를 착용하고 있었다. 그래서 아이들이 노래할 때 입을 볼 수 없었다. 그러다 4월 가창 시험을 볼 때 지아를 발견하게 됐다.

"4월 둘째 주에 가창 시험을 보겠어요."

"으악!"

아이들은 시험이 싫어서, 특히 노래 시험이 싫어서 소리를 질러댔다.

"얘들아, 선생님이 노래 시험을 보는 것은 노래를 잘하고 못하고를 평가하려는 것이 아니야. 너희들의 노래 부르는 상태를 확인하고 소리 내기 관련해서 수업을 어떻게 구성할지 고민하려고 하는 거야. 그러니까 평소처럼 편안하게 부르면 된단다."

"한 명씩 불러요?"

"어휴, 그건 너무 부담스럽잖니? 물론 한 명씩 부르고 싶겠지만 그건 노래에 대한 자신감이 생겼을 때 원하는 사람만 한 명씩 부르도록 하자."

"그럼 어떻게 불러요."

"지금까지 4곡 배웠으니까, 자신이 부르고 싶은 곡을 선택해서 3~4명이 함께 각자 자기 자리에서 일어나 부르면 된단다."

아이들은 자신이 좋아하는 곡을 바로 흥얼거리기 시작했다. 어떻게 부를지 기대 반 걱정 반의 웅성거림이 계속되었다.

약속한 가창 시험일이었다. 아이들에게 부를 곡명을 물어보고 같은 곡을 부를 아이들을 4명 정도 호명한 뒤에 반주를 틀어 주었다. 아이들은 자기 자리에 서서 악보를 들고 노래하였다. 나는 아이들 옆으로 가서 귀를 기울이며 아이가 내는 소리를 듣고 명렬표에 피드백 할 내용을 적었다. 지아 옆을 지날 때였다.

'왜 아무 소리가 안 들리지? 너무 작게 부르나?'

조금 부담스럽지만 아이 옆으로 바짝 다가섰다. 그래도 역시 결과는 같았다. 아무 소리가 들리지 않았다. 노래가 끝나고 물었다.

"지아야, 노래했니? 선생님이 못 들어서 물어보는 거야."

"……"

지아는 내 물음에 가만히 눈동자만 데굴데굴 굴리며 앉아 있었다. 보다 못한 친구들이 대답했다.

"지아는 말 안 해요."

모두 참여 수업

"걔는 원래 그래요."

아이들의 이야기를 듣는 순간 함묵증이 떠올랐다. 함묵증이 있는 학생들은 교실에서 자신의 이름이 불리거나 주목받는 것을 힘들어하는 것을 알기 때문에 아무렇지 않은 듯 우선 얼른 지나쳤다.

"그럼, 오늘 여러분의 노래를 듣고 난 선생님의 피드백을 말해도 될까요?"

아이들의 발성이나 호흡에 대한 수정 등 여러 피드백을 주고 수업이 끝난 후 담임선생님을 찾아갔다.

"선생님, 지아는 어떤 아이예요?"

"아. 지아가 아무 노래도 안 하죠? 그 아이는 다른 과목 시간에도 그래요. 엄마와도 상담해 봤는데 아무 이상은 없는데 학교에서 말을 하지 않는대요."

선택적 함묵증이 있는 아이를 1학년 담임할 때 만나본 적이 있다. 교실에서는 한마디도 안 하지만 집에서는 지나치게 수다쟁이라는 어머니의 이야기를 듣고 함묵증에 대한 글을 이것저것 찾아 읽은 기억이 떠올랐다. 아이의 상황을 인정하고 이해해 주는 것이 무엇보다 우선이다. 편안하게 말할 수 있는 환경을 마련해 주되 압박이 오히려 부작용을 일으킬 수 있으므로 적절할 균형을 유지하는 것이 중요하다. 또한 아이가 편안하게 생각하는 비언어적 수단(제스처, 그림, 쓰기, 전자기기, 앱 등)을 써 소통할 수도 있다. 또 소그룹이나 짝 활동을 통해 아이가 친구끼리 더 쉽게 대화를 나누며 자신감을 가지게 도와야 한다. 내가 만났던 아이도

2학기가 되어서는 친구들과 대화를 시작하였다. 그러나 내가 말을 걸면 여전히 얼어 버렸다. 시간이 지나 그 아이가 4학년이 되어서는 교실에서 발표도 하고 선생님과 이야기하는 모습을 보며 안도했던 기억이 있다.

그래서 지아에 대해서도 아이가 편안함을 느낄 수 있도록 신뢰를 잘 쌓으며 다른 소통 방식이 있는지 살펴보며 기다렸다. 그러나 지아는 친구들과도 거의 어울리지 않았고, 친구들 역시 가만히 인형처럼 앉아 있는 지아에게 다가가지 않았다. 나는 일주일에 두 번 정도 지아를 보기 때문에 아이와 깊은 신뢰를 쌓을 뭔가가 부족했다. 그저 옆에 가서 현재 수행을 잘 따라오는지 살피고 책을 펴주거나 써야 할 부분을 손가락으로 안내해 주거나 따뜻한 미소를 지어 주는 게 다였다. 답답했다. 리코더를 잘 부는지 확인하고 싶어 옆으로 가면 멈추고 얼음이 되어 버렸다. 멀리서 지아의 손가락 움직임으로만 판단해야 했다. 가창 수업은 물론이고 반 전체가 장구를 치거나 리듬치기를 할 때도, 감상 수업을 할 때도 아이는 움직임 없는 인형처럼 있을 때가 많아서 너무나 답답했다. 아이의 상황을 담임선생님과 학부모님 모두 인지하고 계시고 이와 관련한 상담을 하고 있던 터라 나는 그냥 기다려 보기로 했다.

1학기 말 장구로 휘모리장단을 치는 평가가 있었다. 7명씩 나와서 치는데 지아는 팔을 움직이지 않고 그냥 앉아 있었다. 수업 시간에는 그래도 조금씩 장단을 따라 쳤었는데 평가받기 위해 교실 앞으로 나와 주목받는 위치에 앉아서 그런지 아무런 행동도 하지 않았다. 이 아이에 대해 어떻게 평가하고, 어떻게 서술해야 할까? 학생의 성장과 발전을 돕는 평가를 하고 싶지만, 어떤 평가에도 응하지 않으니 도대체 무엇을 어찌해야 할지 난감했다. 지아에게 맞는 개인화된 평가 방식이 없을까 고민해 자기 평가를 유도하였으나 역시 아무것도 써내지 않았다. 글에서조차 선생님이 자신의 마음을 들여다보는 것이 싫었나 보다. 5학년이 될 때까지 학교 안에서 계속 자신을 가둔 지아의 마음이 너무 안타까웠다. 지아가 6학년이 되면 자기 알을 깨고 나오게 될까? 그러길 바라는 마음은 컸지만 그리 낙관적으로 보이지는 않았다. 어쩌면 나도 뾰족한 수를 찾지 못해 지아를 포기하며 2학기를 보내고 있었는지 모른다.

"겨울 방학 모두 잘 보내고 왔나요?"

한 해를 마무리하는 2월 종업식을 앞두고 음악 수업 역시 마무리해야 했다.

"모두 1년 동안 음악을 열심히 공부해서 선생님은 너무 기뻐요. 자 다음 시간에는 그간 우리가 배운 노래를 발표할 텐데 홀로 독창곡으로 불러도 좋아요. 두 명까지 같이 부를 수 있어요."

아이들은 와자지껄 서로 같이 부르자고 짝을 짓느라 바빴다.

"그럼 노래 연습 많이 하고 목 잘 풀어서 다음 시간에 만나요."

교실로 돌아간 아이들은 쉬는 시간과 점심시간에 열심히 노래 연습을 하였고 그 소리가 간간히 복도를 타고 들렸다.

다음 주가 되자 아이들은 자신의 노래 솜씨를 뽐내기 시작했다. 혼자 독창하는 아이도 있었고 2부 합창으로 부르는 아이들도 있었다. 마지막 시간이다 보니 나는 그 어느 때보다 즐겁게 듣고 아낌없는 박수를 쳐 주었다.

"다음, 8번 이보나"

"네"

"독창인가요? 2부 합창인가요?"

"2부 합창이요."

"네, 같이 부를 친구 나오세요."

그 순간 나는 깜짝 놀랐다. 보나는 지아에게 눈짓했고 둘이 같이 나오는 것이었다.

'언제 저 아이들이 친해졌지?'

학기 중에 지아가 누군가와 친하게 지내는 것을 본 적이 없어서 깜짝 놀랐다. 그러나 잠시 후 나는 더 놀랐다. 지아가 크지는 않지만 소리 내어 노래를 하기 시작했기 때문이다.

나는 너무 놀라 눈이 커졌으나 지아가 보면 다시 움츠려 숨어들까 봐 놀란 표정을 감추고 담담한 척 귀를 기울였다. 일부러 보나와 지아 쪽은 자세히 쳐다보지 않으면서 귀로 지아의 소리에 집중했다. 심지어 지금 지아는 교실 앞에 나와서 모두가 쳐다보는데 부르고 있다니…. 도대체 겨울 방학 동안 무슨 일이 있었던 것일까?

노래가 끝나고 나는 정말 아낌없는 손뼉을 치며 둘을 칭찬했다. 친구들 역시 지아의 노래에 놀란 표정이었다.

"선생님이 이번 너희 음악 시간을 마치면서 큰 선물을 받아 가는 것 같아. 지아의 노래를 듣게 되다니 너무 기뻐."

수업을 마치고 보나를 찾아가 물었다.

"보나야, 오늘 노래 너무 잘했어. 그런데 지아하고 어떻게 친해진 거야?"

"지아요? 우연히 좋아하는 아이돌 가수가 같다는 것을 알게 되었는데 굿즈를 서로 나누고 영상을 같이 보다가 친해졌어요."

"지아가 너하고는 이야기해?"

보나는 씨익 입술에 호선을 그리며 말했다.

"걔 엄청 수다쟁이에요."

나는 어안이 벙벙해졌다. 그날만큼 대한민국 아이돌에게 고마운 적이 또 있었던가 싶다. 공통의 관심사를 나누고 함께 즐기기 위해 스스로 만든 경계를 깨고 나왔다. 말 없는 친구에게 다가가 함께해 준 보나 같은 친구가 있어 참 다행이었다. 무엇보다 세상을 향해 조금 문을 열고 나온 지아가 정말 고마웠다. 함묵증이 있는 아이들은 기다려 주면 언젠가는 이야기할 거라는 막연한 생각이 어느 순간에는 그 아이를 방치하는 것 같은 느낌이 들기도 해서 항상 마음 한구석은 불편했다. 지아의 경우처럼 마지막에 이렇게 놀라운 변화를 보인 것은 무척이나 감사한 일이었다. 함묵증이 있는 모든 아이가 이런 변화를 보이기 쉽지 않고 그 기간이 얼마가 될지 알 수 없기 때문이다. 지아의 변화를 보면서 나 자신이 많이 부끄러워졌다. 좀 더 지아를 깊게 관찰할 것을…. 그냥 그림같이 앉아 있다는 이유로 오히려 충분히 관찰하지 않고 별로 신경을 쓰지 않았던 것이 아쉽게 느껴졌다. 교실에서도 행동이 크고 소리를 많이 내는 아이들에 대해서는 교사가 신경을 많이 쓰게 되지만 반대로 너무 조용하거나 침묵하는 아이들에 대해서는 그냥 간과하기 쉽다. 매시간 아이들과 활동해야 할 것이 많아 내가 관찰할 여력이 부족했다면 카메라로 촬영하고 지아의 행동을 면밀하게 관찰하면 좋았을 것을, 너무 때늦은 후회였다. 좀 더 깊이 관찰했다면 지아가 관심 있고 호기심을 가진 것이 분명 보였을 텐데, 지아가 조용히 표현하고 있었을 텐데, 어른이고 교사인 우리 중 아무도 알아봐 주지 못한 것 같아 미안했다. 나는 여전히 함묵증이 있는 친구들을 수업과 학교생활에 잘 참여시킬 방법을 찾고 있다. 내가 보나 같은 역할을 할 수는 없더라도 주변에서 관심사를 찾을 수 있도록 도울 수는 있지 않을까? 분명 해답을 찾은 선생님들이 계실 것이다. 한 수 배우러 가고 싶은 마음이다.

나의 안타까움이 유난히 깊은 이유는 지아가 5학년을 마치자마자 전학을 가서 6학년이 된 지아가 다른 학교에서도 수업 시간에 소리내어 참여하고 있는지 알 수 없기 때문이다. 아마 내 평생 아쉬움이 많이 남는 아이 중 하나가 될 것이다. 지아가 전학 간 학교에서는 문을 활짝 열고 즐겁게 생활하길 소망한다.

다른 교실에 있을 여러 함묵증 친구들도 자신의 관심사와 장기를 친구들에게 소리내어 표현하기를 바란다.

# 07

# 아이들 내면의
# 음악을 길어 올리다

발도르프 교육의 창시자인 루돌프 슈타이너는 다섯 개의 음으로 이루어진 펜타토닉(Steiner's pentatonic) 음계를 만들었다. 이 음계는 일반적인 다장조 음계와는 달리 불안정성이 적어 안정적인 느낌을 주며, 우리의 귀에 자연스럽고 따뜻하게 들린다. 이 다섯 음은 중간음 '라'를 기준으로 5도 간격으로 찾은 솔-레-라-미-시 음으로 서로의 '상음'이기 때문이다. 상음이란 기본음을 울렸을 때 그 소리 안에 보통 한 옥타브 위의 음과 5도 위의 음이 포함되어 나는 소리를 말한다. 그래서 이 슈타이너의 5음계를 활용한 음악은 정신적으로나 육체적으로 아이들을 이완시켜 열려있는 느낌을 주게 된다. 저학년 아이들이 처음 악기를 연주하게 되면 몸에 익숙하지 않은 감각에 긴장하게 된다. 또 올바른 연주 방법을 익혀야 해서 음악을 즐기기 어렵다. 그래서 저학년 아이들에게

는 연주가 어렵지 않으면서도 소

리의 아름다움과 어우러짐을 느

낄 수 있는 악기가 필요하다. 그래

서 나는 라이어로 연주하는 수업

을 구상하고, 8음계(도레미파솔라시

도)가 아닌 펜타토닉 5음계(레미솔

라시레미) 줄이 있는 라이어를 선택

했다.

　"자, 오늘은 선생님이 여러분

에게 무척 아름다운 소리를 가지

고 있는 라이어라는 악기를 소개

해 줄게요. 이 악기의 소리는 아주 부드럽고 작아서 아기를 안듯이 품

에 부드럽게 안고 연주해야 해요. 모두 품에 살짝 안아 볼까요?"

　아이들에게는 계속해서 표상화할 수 있는 구체적 이야기를 들려주

는 것은 크게 도움이 된다. 아이들은 인형을 안듯이 라이어를 왼팔로

감싸 품에 안았다. 먼저 아이들과 라이어 소리내기를 해 보았다. 손가락

끝으로 살짝 튕기면서 '라' 소리를 울리도록 했다. 라이어는 소리가 크

지 않아서 모두 함께 연주해도 주변이 고요해야 그 소리를 잘 들을 수

있다. 내가 먼저 시범을 보이면 나의 움직임과 소리 하나하나가 아이들

을 또 다른 세계로 이끌도록 연주하게 할 수 있다.

　"자 우리 친구들 하늘에 반짝 빛나는 별처럼 연주해 볼까요?"

"반짝!"

나의 말에 아이들은 반짝이는 별빛을 생각하며 '라' 줄을 튕겼다.

그런데 작고 부드러운 소리 사이에서 갑자기 강한 소리가 튀었다. 과잉행동 장애가 있는 규진이가 힘 조절을 하지 못한 것이다. 지적하고 싶었지만 꾹 참고 규진이에게도 예쁜 별빛이 표상으로 나타나길 바라며 더 작은 목소리로 말했다.

"좀 더 빛나는 별빛으로 반짝여 볼까요? 반짝반짝 빛나기 위해서는 무겁지 않고 가볍게 반짝여야 해요. 반짝!"

"반짝!"

아이들도 나의 무용 같은 손놀림을 따라 하며 가볍게 튕겼다. 아이들 사이로 덩치 큰 규진이가 나의 손짓을 따라 하면서 작게 소리 내려고 애쓰는 모습이 보였다. 아직 소리를 작게 조절하지 못하고 있었지만 선생님의 이야기 세계 속으로 들어왔음을 알 수 있었다.

"너무 잘했어요. 이번에는 아주 가벼운 비단 천이 사르르 하늘에서 떨어지듯이 소리를 내 볼까요?"

여전히 나는 속삭이듯 아이들에게 말했고 앞에서 시범을 보일 때도 손을 부드럽게 곡선을 그리며 '라' 음을 연주했다. 그렇게 아이들과 여러 번 비단 천을 날렸다.

"좋아요. 이번에는 바람에 날리는 깃털처럼 소리를 실어서 날려볼까요?"

아이들은 조심스레 줄을 튕기며 라이어의 소리가 하늘로 퍼지는 걸 보는 듯했다. 아이들은 선생님의 말과 행동을 하나하나 따라 하며 자신이 상상하는 소리를 만들기 위해 노력했다. 교실을 가득 채운 '라' 음의 진동이 피부로 느껴졌다.

보통 음악에서는 현을 조율할 때 '라' 음을 기준으로 조율하는데, 그 '라' 음을 440Hz에 맞춘다. 그러나 라이어를 조율할 때는 '라' 음을 432Hz로 맞춘다. 아이들과 조금 더 편안한 느낌의 진동을 느끼기 위해서다. 악기 연주 소리를 귀로 듣기만 하는 것이 아니라 온몸으로 공기의 떨림을 느끼도록 하려는 것이다. 이런 연주는 컴퓨터 음원이나 영상으로 듣는 소리와 달리 진짜 음을 생생하게 경험하게 한다. 이를 통해 아이들은 소리 예술이 주는 '아름다움'이라는 속성을 감각적으로 느끼게 된다.

규진이도 점점 라이어에 빠져들었다. 중간중간 힘 조절을 못해 과하게 줄을 튕기곤 했지만, 그 소리가 너무 크다는 것을 스스로 알고 줄이려 노력하는 모습이 보였다. 평소 같으면 아이들이 규진이의 큰 악기 소리에 짜증을 내거나 화를 내었을 텐데 교사인 내가 규진이와 상관없이 계속 고요하게 소리에 집중하는 모습을 보이자, 아이들도 나에게 집중하려 애쓰는 모습이었다. 사실 소리에 민감한 나로서는 규진이의 거칠고 큰 소리가 많이 신경 쓰였다. 그러나 규진이도 노력하고 있다는 것을 알기에 나무랄 수가 없었다. 그저 스스로 그 소리에 동화되어 가도록 기다릴 뿐이었다. 자신이 내는 악기 소리에 집중하고 강약을 조절하는 경험과 노력은 규진이가 가진 어려움을 완화하는데 크게 도움이

모두 참여 수업

될 터였다. 교사가 기다려 주고 수용해 주는 것도 훌륭한 긍정적 환경 구축이 될 수 있고, 이것이 종종 수업의 성패를 가를 때가 많다.

규진이는 산만하고 성격이 급하지만 규칙이나 약속을 지키려 노력하는 아이다. 자신이 잘하지 못하는 것, 완성하지 못하는 것에 대해 견디지 못하고 꼭 완성하려는 의지가 있었다. 그래서 모둠 과제를 할 때면 모둠 수행이 잘되지 않거나 다 하지 않는 친구들을 못 견뎌 하기도 하고 계속 참견하려고 했다. 규진이는 감정의 변화가 폭발적이고 급작스럽게 일어났다. 그러다 보면 표현이 거칠어지고 책상을 쿵쿵 치거나 소리를 지르기도 했다. 행동과 목소리가 커서 친구들과 다툼이 생기기도 하고 화가 나면 때리거나 밀치기도 했다.

그런 규진이에게 라이어는 너무 필요하고 적절한 악기였나 보다. 규진이는 점차 과했던 줄 팅기기를 조절할 수 있게 되고 소리에 집중하는 모습을 보였다. 누군가에게는 음악이 치료제 역할을 한다.

"이번에는 3개의 음을 소리 내어 볼게요. 제일 아랫줄 레, 가운뎃줄 라, 제일 윗줄 미를 연주해 볼까요? 천천히, 레-라-미"

한 음에서 다음 음으로 이동할 때 나는 말 대신 아이들과 눈을 맞추며 호흡으로 신호를 보냈다.

"좋아요. 이번에는 하얀 눈송이를 푹 퍼서 하늘에 흩날리는 느낌으로 연주할까요?"

"레-라-미"

"잘했어요. 이번에는 숨을 들이마시고 천천히 내뱉으면서 연주할게요. 숨소리는 들리지 않게 조심하세요"

"숨 들이마시고 내뱉으면서"

"레-라-미"

교실에는 3개의 줄이 울리며 만들어 내는 소리와 진동으로 가득했다. 규진이는 아직은 손가락에 힘이 강하게 들어가지만 그래도 천천히 잘 따라왔다. 규진이 말고도 아직 손가락 힘을 조절하지 못하는 아이들도 보였다. 너무 힘을 주고 손가락이 경직되어 오히려 소리를 내지 못하고 있기도 했다. 편안한 분위기에서 몇 번 더 연습하고 다음 시간에 '아리랑'을 연주하기로 하고 수업을 마쳤다.

아리랑의 계이름은 라이어로 연주할 수 있다. 더구나 중, 임, 무, 황, 태 5개의 음을 가진 단소처럼 레, 미, 솔, 라, 시 5개의 음 안에서 이동하는 거라 점프해서 줄을 찾는 경우가 별로 없다. 바로 옆줄로 이동하는 식의 연주여서 아이들은 아리랑을 그리 어렵게 여기지 않았다. 계이름을 외우기 위해 먼저 계명창을 불렀다. 계명이 익숙해지게 여러 번 반복하고 라이어를 다시 아기를 안듯이 껴안았다.

"첫 줄 절반만 천천히 해 볼게요. 레 미레미 솔 라솔라 여기까지 연주해 볼게요. 레 찾았나요?"

나는 아이들이 레 위에 손가락을 얹은 것을 확인하고 계명창을 시작했다. 계명창에 맞춰 아이들이 천천히 줄을 튕겼다. 잘 되지 않았다. 그래서 화가 났는지 규진이는 라이어를 책상 위에 올려놓고 두 손을 이용해서 가야금 줄 튀기듯 연주했다.

모두 참여 수업

"자 괜찮아요. 우리 다시 더 천천히 연주해 볼게요."

아이들과 천천히 한 음 한 음 아리랑을 연습했다. 나도 아이들도 땀이 나는 작업이었다. 그런데 생각보다 규진이의 집중도는 매우 높았다. 물론 규진이는 나에 맞춰 내가 연주하라는 구간만 연주하지는 않았다. 스스로 알아서 곡을 연습하였다. 안 하는 것보다 하는 게 어디냐 싶어서 그냥 두었다. 다행히 라이어는 소리가 크지 않아서 규진이 소리가 교실 전체에 큰 영향을 미치지 않았다. 그래도 나의 준비 시작 신호에 맞춰서는 시작했다. 끝내지 않고 계속 연주해서 그렇지 잘 따라와 주었다. 음악 시간 시작할 때 라이어를 보면 과한 몸짓으로 달려들고 줄이 끊어질 정도로 힘을 주던 규진이는 수업이 진행될수록 차분하게 연주하는 모습으로 바뀌었다. 규진이는 라이어 소리를 무척 좋아했다. 규진이가 라이어 연주를 좋아한다는 것을 알게 된 특수학급 선생님께서는 라이어를 빌려줄 수 있는지 물어 특수학급에 가져다 놓았다. 특수 학급에서 규진이가 연주하고 싶을 때 언제든지 연주하도록 시간을 주셨다.

음악 교과는 배움이 끝나갈 때 아이들이 자신이 발표하고 싶은 곡으로 노래하거나 연주하는 작은 음악회를 열 때가 많다. 규진이는 라이어로 '아리랑'을 준비하였다. 나는 저학년 아이들이 발표할 때는 늘 발표 문구를 써서 시작과 끝 멘트를 보여주고 따라 말하게 시켰는데, 이번에는 긴장한 아이들을 위해 (고개 숙여 인사) 문구를 추가했더니 누구라도 형식을 갖춰 연주를 하고 관람자는 집중하는 데 도움이 되었다.

| | |
|---|---|
| 지금부터 ○○의<br>'○○○' 연주가 있겠습니다.<br>잘 경청해 주시기 바랍니다.<br>(고개 숙여 인사) | ○○ 연주를 모두 마쳤습니다.<br>잘 들어주신 여러분 감사합니다.<br>(고개 숙여 인사) |

"지금부터 안규진의 아리랑 연주가 있겠습니다. 잘 경청해 주시기 바랍니다."

규진이는 당당하게 말하고 고개 숙여 인사를 한 후 연주를 시작했다. 제법 긴 연주인데도 실수 없이 침착하게 해 나갔다. 연습도 많이 했는지 손가락에 강하게 힘을 주지 않고 예쁜 소리를 만들어 냈다. 그러나 세 번째 소절부터는 순간 멍해졌는지 계이름을 보면서 연주하는데도 연주가 꼬였다. 순간 나는 긴장했다. 규진이가 화를 내거나 잘되지 않았다고 소리 지르거나 화를 내면 어쩌나 긴장했다. 그러나 규진이는 알 수 없는 음을 몇 번 연주하다 4번째 소절로 자연스럽게 넘어갔다. 틀리는 것에 화도 안 내고 끝까지 연주를 해내다니 기특했다. 마음을 진정시키는 악기와 소리의 힘, 모두가 서로의 연주에 집중하고 기대하는 우호적 분위기라는 환경이 영향을 끼치지 않았을까 싶다.

"아리랑 연주를 모두 마쳤습니다. 잘 들어주신 여러분 감사합니다."

인사까지 마친 규진이에게 "와~~~"하며 손뼉을 크게 치며 칭찬해 주었다. 무엇보다 규진이가 고요하게 라이어 연주를 즐긴 것이 너무 대견했다. 아이가 스스로 소리의 아름다움을 느끼고 즐겼다는 것이 내게 큰 선물로 다가왔다. 작지만 규진이의 학교 생활에 안정과 평온을 만드는데 도움이 된 것 같아 보람도 느껴졌다.

온갖 일로 시끌벅적하고 감정의 요동이 큰 교실에서 아이들에게 오음계가 주는 이완의 편안함과 작은 울림은 평화로움과 아름다움을 충분히 느낄 수 있게 한다. 큰 북을 두드려서 심장이 울리는 웅장한 음악이 주는 느낌과는 다른 감성이다. 이러한 잔잔한 음악 연주는 행동이 과하거나 거친 친구들의 마음을 몽글몽글하게 만들어주는 힘이 있다. 아이들은 각자의 내면에 있는 음악의 본성과 감성을 길어 올려 표현하고 향유할 자격이 있다. 우리는 그러도록 도울 뿐이다.

# 즉흥 연주가 주는
# 자유로움을 누려라

저학년 아이들은 아직 악보를 보고 정확하게 연주하기 어렵지만 놀이로 악기 연주에 접근하는 것은 가능하다. 라이어 같은 악기로 펜타토닉 5음계를 활용하여 즉흥 연주를 한다면 충분히 놀이처럼 접근할 수 있다. 그래서 나는 먼저 낱개로 펜타토닉음을 연주할 수 있는 악기를 찾았다. 우리 학교에는 제법 낱개 음률 악기가 많이 있었는데 튜블러벨, 붐웨커, 톤차임, 핸드벨, 앙클룽 등이었다. 이 악기들 중 펜타토닉 5음(레, 미, 솔, 라, 시)의 소리를 뽑아 준비했다.

"오늘은 선생님이 아름다운 소리를 내는 몇 가지 악기 친구들을 가지고 왔어요. 이 악기는 소중하게 다룰 수 있는 사람 손에만 쥐여 줄 거예요."

먼저 튜블러벨의 이름과 연주법을 소개했다.

모두 참여 수업

**튜블러벨**

**앙클룽**

**붐웨커**

**핸드벨**

**톤차임**

**스트링드럼,쉐이커(효과)**

**튜블러벨 연주자세**

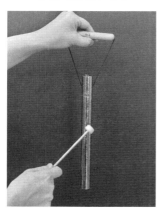

"이 멋진 황금빛이 나는 악기는 튜블러벨이에요. 이 악기는 반짝반짝 빛나죠? 이 빛나는 관은 손으로 만지지 않아요. 대신 여기 나무 손잡이를 잡고 채를 들고 풀잎의 이슬을 건드리듯이 한 번 '톡' 치고 옵니다. 튜블러벨을 칠 때는 채로 얼른 치고 악기에서 떼어야 해요. 악기에 붙이고 있으면 멋지게 소리가 울리지 않아요.

먼저 튜블러벨의 소리를 들어 보겠습니다. 선생님이 어떻게 연주하는 지 잘 보고 똑같이 쳐주세요."

튜블러벨 중에서 가장 긴 것을 들었다. 교사가 아이들에게 악기 소리를 들려줄 때는 그 악기가 낼 수 있는 가장 아름다운 소리를 내어 들려주고 탐색할 수 있게 해야 한다. 사람에게 첫인상이 중요하듯 아이들은 악기의 첫소리를 머리에 새기고 그 악기를 기억한다. 악기가 내는 소리의 아름다움을 충분히 느낄 수 있어야 연주하고픈 열망이 강해진다.

"자, 들을 준비가 되었나요? 풀잎에 맺힌 이슬을 톡 치듯이 칠게요."

"뎅~"

소리의 여운이 끝나길 기다렸다가 한 번 더 들려주었다.

"뎅~"

"소리를 들어 보니 어떤 느낌이나 모습이 떠올랐어요?"

"종소리 같아요."

"아름다워요."

"좋아요. 그럼 다음으로 가장 짧은 길이의 튜블라벨을 연주할게요."

두 개의 튜블라벨을 들고 길이를 비교한 뒤에 연주했다.

"아까 연주한 소리를 기억하고 있지요? 이 소리는 어떻게 날까?"

"뎅~~~~뎅~~~~"

여운이 끝나길 기다렸다가 한 번 더 들려주고 악기가 주는 느낌을 물었다. 이렇게 악기를 하나씩 모두 탐색한 후 연주를 희망하는 학생을 뽑기로 했다. 소리가 끝날 때까지 조용히 기다렸다가 손을 들게 했다.

모두 참여 수업

"선생님이 지금부터 한 개씩 쳐 줄게요. 그 소리의 울림이 모두 끝나면 연주하고 싶은 친구는 손을 들어 주세요. 먼저 레입니다."

튜블러벨로 낮은 레 소리를 연주해 주었다. 규진이는 계속해서 본인이 하겠다고 소리를 내며 손을 들었다. 짐짓 무시하고 조용하게 기다리는 친구에게 주었다.

"다음은 소라 소리처럼 들린다고 말했던 미를 들려줄게요."

튜블러벨 미를 조용히 울렸다. 역시 규진이는 자기가 하겠다고 소리쳤다. 이번에도 조용히 손을 든 아이에게 주었다.

"선생님은 소리를 조용히 들을 수 있는 친구에게 악기를 선물하겠어요."

그러자 이번에는 규진이가 소리는 내지 않고 손만 번쩍 들더니 팔도 안 아픈지 계속 들고 있었다.

"다음은 솔이에요."

튜블러벨 솔을 울렸다. 규진이는 소리를 내려다 "조용한 친구"라고 했던 내 말을 의식했는지 소리를 내지는 않았지만, 몸을 과하게 흔들며 본인이 받겠다고 손을 뻗었다. 이쯤이면 많이 참았겠다고 생각하고 규진이에게 다가갔다.

"규진이에게 솔을 줄게요. 소중히 해주세요."

규진이는 신이 났다. 그런데 기다리지 못하고 받자마자 악기를 쳤다. 옆에 있는 친구가 치지 말라고 말렸으나 규진이는 이미 흥분한 상태였다. 나는 조용히 옆으로 다가갔다.

"규진아, 선생님이 지금 네게 악기를 선물해 주었지? 이따가 규진이가 친구들에게 소리를 선물해 줘야 하는데 벌써 이렇게 기다리지 못하면 선생님은 선물을 거둬가야 해." 낮고 작은 소리로 이야기했다. 규진이는 잘 듣지 않고 여전히 계속 치려는 움직임을 보였다. 급한 마음에 규진이에게서 채를 가져왔다.

"규진이가 기다려 줄 수 있어야 선생님이 채를 줄 거예요."

규진이는 다행히 행동을 멈췄다. 조금 시간이 지나서 줄까 하다가 바로 다시 물었다.

"규진이는 기다릴 수 있어요? 그러면 지금 선생님이 채를 줄게요."

규진이는 할 수 있다고 했고 나는 채를 주었다. 규진이는 어서 치고 싶은지 몸을 계속 움직였지만, 연주하지는 않았다. 사실 과잉행동을 하는 친구들이 이렇게 금새 기다리는 모습으로 변하지는 않는다. 하지만 교사는 계속 규칙을 가르치고 어기지 않도록 지속적으로 말해야 한다. 아이가 쉽게 규칙을 어긴다고 해서 규칙을 세우지 않거나, 규칙을 익히는 시간이 오래 걸린다고 규칙 없이 방치하면 안된다. 나는 계속해서 아이들에게 악기를 배정하였다.

"그러면 지금부터 즉흥 연주 규칙을 알려 줄게요. 지금 여러분이 받은 튜블라벨이란 악기로 '다섯 음 친구' 즉흥 연주를 할 거예요. 각자가 가진 이 악기들의 소리가 서로 아름답게 섞여야 하는데 자기가 가진 악기로는 5번만 연주할 수 있어요. 한 번 연주하고 언제 다시 연주할지는 본인의 마음이에요. 한 번 한 번 연주할 때마다 가장 아름다운 소리를 내기 위해 노력해 주세요. 악기를 가진 모든 친구가 5번의 연주를 마치면 튜블러벨 팀의 '다섯 음 친구' 연주가 끝나는 겁니다."

아이들에게 경청하는 자세를 설명하고, 연주하는 아이들에게는 발표 멘트를 하고 연주를 시작하도록 하였다. 그러나 생각보다 아이들은 처음 만진 악기를 잘 연주하지 못했다. 듣기로만 악기에 대한 탐색을 하고 직접 연주를 해 보지 않았기 때문이다. 첫 번째 팀의 연주가 끝나고 두 번째 팀을 모집했다. 연주해 보려는 새로운 아이들에게 튜블라벨을 한 개씩 배정해 주었다. 아이들은 고요하게 집중해 친구들의 즉흥 연주를 들으면서 소리의 어울림을 느꼈다. 학급의 거의 모든 학생이 튜블라벨을 연주하고 마지막 팀이 나왔는데 지체장애가 있는 소현이는 팔 힘이 무척 약해 무거운 튜블러벨을 제대로 들기 어려웠다. 소현이 학습보조로 수업에 들어와 이를 지켜보던 특수학급 선생님이 구석에 있던 카메라 스탠드를 가져와 튜블라벨을 걸어 소현이가 칠 수 있게 설치해 주셨다. 수업에서 만나는 학생을 충분히 고려해 수업설계를 세심하게 하지 못한 나의 실수가 느껴져 부끄럽고 당황스러운 마음이 훅 올라왔다. 수업 내용뿐 아니라 자료와 활동까지 상황 변수에 대한 고민을 사전에 많이 했어야 했다. 년차가 쌓이고 수업의 경험치가 쌓였어도 무엇보다 학생에 대한 이해가 우선이었다. 교사는 수업을 계획할 때 항상 학습자를 중심에 놓고 수업을 고민해야 한다. 학습자가 한두 명이 아니기 때문에 학습 상황에서 예상하지 못한 어려움이 있을 수 있다. 최소한 그간 수업에 참여하기 어려워하거나 소외되기 쉬웠던 학생들은 수업을 설계할 때부터 미리 떠올려 볼 필요가 있었다. 개념 이해가 안 되는 학생, 활동을 따라오지 못하는 학생, 의욕은 있으나 기능이 부족하여 결과가 나오지 않는 학생, 심리나 정서적 어려움으로 수업 내용이나 가치를 자신의 것으로 삼기 어려운 학생 등은 미리 고려해야 한다. 수업의 문으로 들어오는 아이들의 상황과 참여의 수준, 범위는 다 다를 수 있지만 함께 참여할 수 있는 장이나 방법은 분명히 있어야 하는데 그 부분을 놓친 것이었다. 나는 수업 상황을 머릿속에 떠올리며 준비되지 못한 것이 무엇인지 잘 살펴 다음 수업을 준비했다.

다음 시간은 '다섯 음 친구 연주하기'를 다른 4가지의 악기(붐웨커, 앙클룽, 톤차임, 핸드벨)로 모둠을 구성해 진행하였다. 각 악기의 연주 방법을 전체적으로 알려준 후 아이들에게 자율적으로 악기를 선택하게 하였다. 그러나 손을 들고 희망한 아이들을 보면서 아이에게 맡는 악기를 어느 정도 의도하여 배치하였다. 그리고 규칙은 이전과 동일하게 한 사람당 5번 연주할 수 있다고 알려 주고, 이번에는 모둠별로 잠시 연습하거나 악기를 탐색할 수 있는 시간을 주었다. 발표 시간이 되어 모둠별로 일어나 연주하였다. 먼저 핸드벨 팀이 연주하였다. 나는 중간중간 쉐이커 소리를 넣어 소리를 더 풍성하게 만들었다. 아이들은 친구들의 악기와 연주를 보며 그 악기들이 어우러지는 소리를 듣고 손뼉을 쳤다. 앙클룽, 톤차임, 붐웨커 팀의 '다섯 음 친구 연주'가 모두 끝났다.

즉흥 연주를 모두 마치고 아이들에게 소감을 물었다.

"오늘 연주는 어땠나요? 소리의 아름다움이 느껴졌나요? 자기 소감

모두 참여 수업

을 이야기해 볼까요?"

아이 중에는 힘들었다는 친구도 있었지만, 다양한 악기의 소리가 아름답게 어울려서 좋았다는 이야기가 많았다. 힘들었다는 친구들에게 물어보니 연주를 못 할 것에 대한 두려움이 있었다고 했다. 반면에 자기가 그냥 쳤는데 친구들과 함께 어우러져 연주가 된다는 것이 신기했다는 대답도 있었다.

"우리 친구들이 모두 각자 다른 느낌이었겠지만 다섯 음 친구 연주를 모두 훌륭히 했어요. 그래서 선생님이 마지막으로 다섯 음 친구 악기들이 함께하는 연주를 들려줄게요. 이 악기 속에는 다섯 음 친구가 살고 있어서 함께 연주하는 아름다운 소리를 들려줄 수 있답니다. 자 눈을 감고 들어 보세요."

그리고 아이들 사이를 돌며 코시차임을 흔들어 주었다. 환상적으로 어우러지는 펜타토닉의 소리에 아이들은 모두 놀라워했다.

"다섯 음 친구가 함께 내는 예쁜 소리를 들어보았나요?"

"네~"

"우리 친구들도 이렇게 자신의 소리와 친구의 소리가 어우러지게 친구와 함께 생활할 수 있지요?"

아이들은 마지막에 들은 코시차임을 신기해 하며 우르르 앞으로 나왔다. 어떻게 5개 소리가 함께 나는지 궁금해 했다. 아이들은 악기의 속 모습을 보며 호기심과 경이로움, 아름다움을 느끼는 듯했다.

펜타토닉으로 하는 즉흥 연주는 짜인 구성도 없고 연주가 어렵지

않아 아이들 누구나 연주하고 참여할 수 있다. 교사와 아이들이 함께 토의해서 연주 방법을 구성하며 마음껏 창작도 할 수 있다. 아이들의 의견이 나오면 바로바로 연주해 보며 아이들은 자기 생각이 소리로 어떻게 펼쳐지는지 바로 확인할 수 있다. 무엇보다 소외되는 아이 없이 학생 스스로가 주도하여 만들어 갈 수 있는 수업 형태라는 점이 큰 매력이다. 교실에 악기를 놓고 매일 아침 열기로 연주할 수도 있다. 한 번의 단발적인 경험보다는 한 종류의 악기를 일주일 이상 여러 번 즉흥 연주를 만들어 보게 하면 더욱 좋다. 연주를 하면 할수록 아이들은 더욱 창의적으로 표현하게 된다. 그것이 우연이든 의도한 것이든 아이들은 음악이 주는 자유로움을 깊게 체험할 수 있다. 그리고 결코 혼자서 만들어 낼 수 없는 음악이기에 친구들과 서로 협응하며 맞춰 가게 된다. 연주가 어려운 친구와 함께 연주할 방법들을 스스로 생각해 보게 한다. 아름다운 음악을 찾아 만들어가는 아이들은 협력하며 답을 찾는다. 아이들의 생각은 깊고 마르지 않는 맑은 샘이다.

# 09

# 솔페지오로
# 너와 나는 우리다

5, 6학년이 되면 이젠 화음을 잘 표현할 수 있고 아름답게 합창할 수 있게 된다. 그런데 5학년이 되면서 슬슬 변성기도 시작된다. 그러다 보니 노래 부르기 어려워하고 싫어하는 아이들이 많아진다. 아이들은 점점 노래하지 않거나 옥타브를 낮춰 저음으로 노래하려고 한다. 그래서 교사는 아이들의 발달과 심리 등을 충분히 고려하여 소리내는 활동을 마련하는 것이 필요하고 중요하다. 그래서 나는 5, 6학년 음악 수업에 에밀 자크달크로즈(Emile Jaques-Dalcroze, 1865~1950)의 교수법 가운데 솔페지오(Solfege)[3]를 활용한 소리내기 활동을 계획하였다.

---

3 솔페지오: 음악의 기초 교육의 하나로 '도레미' 계명으로 악보를 읽고 부르는 것을 말한다.

솔페지오는 음악을 눈으로 보고, 귀로 들으며, 입으로 노래하고, 머리로 생각하고, 몸을 움직이는 등 모든 활동을 통하여 학생의 음감을 키워주기 좋다. 솔페지오를 활용하면 단순히 음정을 맞춰 노래를 정확히 부르는 것이 아니라 음정, 가락, 화성, 음계 등의 기능과 그 관계를 몸의 감각으로 느끼며 내면화하게 된다. 나는 우선 모두가 자유롭게 움직일 수 있도록 책상을 모두 밀어 교실에 넓은 공간을 만들었다. 그 다음 신나는 음악을 틀어 놓고 아이들과 몸 풀기를 했다. 친구의 몸에 닿지 않고, 친구를 따라가지 않으며, 음악의 박에 맞게 움직이는 것이 규칙이었다. 이렇게 규칙을 세웠지만 친구들과 부딪치거나 친구의 가는 길을 막는 것을 즐거운 놀이로 생각하고 움직이는 아이들이 있었다. 잠시 음악을 멈췄다.

"얘들아, 선생님이 부탁한 규칙 기억하니? 어릴 때부터 촉감각이 발달하지 못한 친구는 누군가가 가까이 오거나, 자기 몸이 사물 가까이 다가가도 깨닫지 못할 수도 있어. 그래서 서로 간의 경계를 세우지 못하고 자꾸 침범하다가 싸움을 하게 되기도 하고, 여기저기 가면서 책상에 부딪쳐 멍이 들거나 물건을 자꾸 쏟기도 하거든. 그러니 지금은 촉감각에 집중해 걸어보렴. 옆에 누군가 다가온다면 다른 방향으로 바꾸는 거야. 소리와 이 공간과 자신을 느끼면서 걸어보세요."

한바탕 아이들에게 이야기하고 다시 음악을 틀었다. 아이들은 이제 제법 음악에 맞춰 자연스럽게 걷기 시작했다. 그러자 저쪽 구석에서 준영이가 눈에 띄었다. 준영이는 지적 능력과 정서행동 사이의 발달 불균

형으로 특수교육대상이 된 친구였다. 활동에 익숙해지려면 약간의 도움이 필요해 보였다. 준영이 곁으로 다가갔다.

"준영이랑 선생님은 단짝 친구야. 같이 움직이자"

살짝 팔을 당겨 준영이의 움직임을 유도했다. 준영이 가까이 붙어 같이 가면서 준영이가 다른 친구와 부딪힐 것 같으면 어깨를 살짝 틀어 방향을 바꿔 주었다. 친구들도 준영이를 피해 가며 걸었다.

"자 멈추고 발로 원을 그려볼게요. 먼저 작은 원!"

아이들은 그 자리에 서서 나를 따라 발로 작은 원을 그렸다.

"이번에는 큰 원을 그려봅시다. 원을 그릴 때도 음악 소리에 맞춰 그려봐요."

아이들은 몸의 움직임을 더 써 크게 원을 그렸지만, 준영이는 발을 사용하지 않고 계속 서 있었다. 나는 준영이 옆에서 다시 걸었다. 나의 동작을 따라 하지는 않았지만 준영이는 음악의 박자에 맞게 걸었다. 아이들과 음악이 끝날 때까지 교실 안에서 공간을 찾아 방향 바꾸고 동작을 바꿔가며 걸었다.

"자 눈을 감고 선생님의 피아노 소리에 귀를 기울여 볼까요?"

"도~~~ 도레~~~도레미~~~(중략) 레도시라솔파미레도~"

"자 이제 부르는 입의 움직임과 발이 일치하게 걸어볼까요?"

아이들은 움직이면서 계명창을 따라 했다. 서서히 몸과 노래가 하나가 되었지만, 여전히 몸이 소리와 따로 움직이는 아이들도 있었다. 준영이는 계속해서 노래는 하지 않고 자신이 원하는 대로 걸어 다녔다.

모두 참여 수업

"이 공간은 무엇으로 채워져 있지요?"

"빛이요."

"물론 빛으로 채워져 있죠. 그런데 달나라에는 없고 여기 지구에만 있는 것이에요. 소리를 들으려면 이것이 있어야 해요."

5학년이어서 그런지 모두 금새 공기라고 대답했다.

"맞아요. 공기가 있어야 우리가 소리를 들을 수 있지요. 우린 지금 여기 공기를 움직여서 귀로만 듣는 것이 아니라 몸 전체 피부로 느끼고 있어. 그래서 우리 친구들이 몸의 움직임을 많이 만들어서 공기 속 소리의 파동을 흐트러뜨리면 안 돼요."

움직임을 더 신중하게 해 달라고 부탁하고 한 번 더 움직이게 하였다. 피아노로 첫 음만 신호를 준 후 나는 준영이를 붙잡고 함께 걸었다. 준영이는 노래하며 움직이는 것이 좋았는지 순순히 나에게 자기 발을 맞췄다.

"자 이번에는 아주 쉬운 2부 합창을 해 볼게. 자 선생님을 따라 천천히 소리를 내 볼게요."

"솔, 파, 미, 레, 도"

아이들에게 소리 내는 방법과 음의 높이를 맞추기 위해 주의해야 할 점들을 몇 가지 안내하고 아이들 사이사이를 다니면서 음정을 수정

해 주었다. 음높이를 맞추지 못하는 아이들이 반마다 서너 명 정도는 있었다. 음정이 틀리는 아이에게는 허밍으로 노래하게 하고 아이들의 귀 가까이에서 내가 정확한 소리를 들려주면 상당수의 아이가 음정을 찾아 노래했다.

"그럼, 다음 2부 화음을 쌓아 볼까요? 솔-라-솔-솔-솔"

아이들과 파트를 나눠서 천천히 한 음 한 음 소리를 맞췄다. 아이들은 공간에서 만들어지는 실제 음의 어울림에 작은 전율을 느끼는 듯했다.

"어때요. 이 공간에 울리는 소리의 어울림을 모두 느꼈나요? 아름답지 않았어요?"

아이들은 자신이 거창한 소리를 낸 것도 아닌데 함께 어우러지는 소리에 놀라워했다. 이처럼 화음을 만드는 능력은 화음이 주는 아름다움을 느껴야만 길러질 수 있다. 그런데 현재 교과서의 대부분 화음 곡들은 이런 경험 없이 갑자기 1단계에서 10단계로 뛰는 수준이어서 아이들은 늘 실패감을 느끼고 자존감이 떨어지는 경험을 하게 된다. 1단계의 성공을 한 다음에는 2, 3단계의 성공이 반드시 필요하다. 그래야 성공의 경험이 쌓여 자신감도, 자존감도, 도전 의욕도 높아진다. 나는 조금 더 어려운 화음을 맞췄다. 이번엔 파트를 나눠서 따로 연습을 시켰다. 각 파트끼리는 자신의 소리가 튀지 않고 하나의 소리가 되도록

모두 참여 수업

부탁하였다. 아이들은 엄청나게 집중하면서 소리를 맞추려고 노력했다.

반마다 수업에서 음을 맞추지 못하는 친구들은 따로 불러 곁에 두고 개별적으로 참여 포인트를 짚어 주었다. 준영이도 내 옆으로 오게 했다.

"너희는 계속해서 같은 음 솔만 낼 거야. 너희가 우리 반의 기준이야. 기준이 뭔지 알지? 기준은 제일 중요한 거야. 흔들리면 안 돼. 자 선생님이랑 솔-솔-솔 3번 같이 내보자."

음높이를 맞추기 어려운 아이들에게도 성공감을 주기 위해 솔 음을 페달 톤(지속음)으로 내게 하였다.

우리는 솔 음 하나를 맞추기 위해 연습에 연습을 계속했다. 다른 파트와 함께 부르면 헷갈릴 수도 있어 준영이 손에는 톤차임 '솔'을 쥐여 주었다. 준영이가 기분이 틀어져서 부를지 안 부를지 잘 모르는 상태에서 노래를 시작했다. 나는 음높이를 맞추기 어려워하는 친구들 귀 가까이에서 솔 음을 계속 같이 불러주었다. 아이들은 소리가 함께 어울리는 것을 또 한번 경험했다. 이번에는 평소 음을 맞추지 못하던 친구들까지 함께 맞춰서 더 큰 성취감으로 술렁였다.

"얘들아 잘했어. 우리 여기 3명의 친구들이 기준 음 솔을 너무 잘 내줘서 우리 반 전체가 모두 더 아름답게 어울릴 수 있었던 것 같아."

아이들은 친구들과 선생님의 칭찬에 많이 으쓱해하며 자리로 들어갔다.

다음 수업에서는 돌림 화음까지 도전했다. 돌림 화음은 3, 4학년 발달 단계에 맞는 교수법이지만 5학년 아이들도 연습용으로 수업에 넣었다.

"자 간단한 곡이니까 계이름으로 선생님을 따라 불러봅시다."

아이들이 곡을 외우고 계명창이 익숙해졌다.

"자 이번에는 걸으면서 이 곡을 불러 볼게요. 주의할 점은 발을 한 박에 한 번씩 걸으면 안 되고 두 박에 한 번씩 걸어야 해요. 선생님이 먼저 걸으면서 불러 볼게요."

아이들 앞에서 천천히 걸으면서 계명창을 하였다. 아이들은 금방 할 수 있다는 듯이 고개를 끄덕였다.

"자 그러면 시작해 볼까요?"

나는 준영이 귀 가까이에서 부르며 준영이 팔을 가볍게 끌었다. 준영이는 이제 걷는 것은 아주 잘했다. 그러나 노래가 어려웠는지 다 따라 하지는 못했다. 4마디의 계명을 그 자리에서 외워서 부르는 것은 준영이에게 어려울 수 있었다. 나는 종이에 한글 계이름을 적었다.

"준영아, 우리 이거 들고 부르자. 여기 동그라미 친 도는 높게 부르는 거야."

준영이에게 계이름이 적힌 종이를 주고 반 전체 아이들과 걸으면서 불렀다. 준영이는 나의 음을 동시 모방하며 불렀다. 준영이는 그리 빠르게 외우지는 못했다. 문득 아예 부르지 못하는 아이들이 있을 수 있겠구나 싶어서 아이들을 얼음으로 세워놓고 노래 부르게 하였다. 나 혼자 아이들의 숲을 헤집어 다니면서 노래를 부르지 못하는 아이들이 있는지 한 번 더 확인했다. 다행히 모두 계이름을 쉽게 외웠고 따라 불렀다. 간혹 음이 불안정하게 맞지 않는 아이도 있었지만 곧 나아질 터였다. 계속해서 솔페지오 활동을 하면 아이들이 나아지게 될 것이었다.

"자 이번에는 출석번호 홀수가 먼저 시작하고 짝수 번호가 한 마디 뒤에 바로 들어오는 돌림 노래를 해 보겠습니다."

돌림 노래가 무엇인지는 대부분의 아이가 알고 있었으나 박자에 맞춰 정확히 소리를 낼 수 있을지에 대해서는 자신 없어 했다.

"자신을 믿고 자신의 소리에 집중하면서 다른 친구들의 소리에도 함께 귀를 기울여야 어우러진 노래를 들을 수 있어요."

아이들은 먼저 짝수와 홀수로 갈라져서 움직임 없이 소리를 모아 불렀다. 다행히 자리에 앉아 함께 파트로 부르니 제법 잘 불렀다. 음정을 못 잡는 아이들에게는 오스티나토(저음이 같은 선율이나 리듬이 끊임없이 반복되는 것)를 만들어 줬다. 첫 번째 마디만 계속해서 반복하게 했다. 다행히 리듬이 재미있고 낮은음이어서 좋아했다.

"자 이젠 서로 섞여서 걸으면서 불러 보겠습니다."

나는 다시 준영이 팔을 살짝살짝 당기면서 오스티나토로 '도 도도 도'를 부르며 걷게 했다. 역시 돌림 노래도 대성공이었다. 아이들은 자신들이 만들어 내는 하모니에 크게 만족해 하였다.

"오늘 수업에 모두 열심히 활동해 주어서 고마워요. 특히 솔~을 계속 내거나 도~도도도를 불러 준 3명의 친구가 우리의 하모니를 더 풍성하게 만들어 주어서 좋았어요. 모두 자신과 친구에게 잘했다는 손뼉을 치며 마칠게요."

아이들은 서로 대견하다는 듯이 웃으면서 함께 손뼉을 쳤다. 건반을 정리하는 내게 몇몇 여자아이들이 다가왔다.

"선생님, 준영이가 노래를 저렇게 잘하는 줄 처음 알았어요."

그도 그럴 것이 준영이는 종종 자신의 감정이 쌓여서 폭발하면 울거나 수업을 방해하기도 했기 때문이다.

"모든 아이 속에는 음악이 숨어 있어. 준영이 안에도 고운 음이 들어 있지. 누구나 자신의 음악을 꺼내게 되면 즐겁게 참여할 수 있단다. 준영이가 이해할 수 있게 천천히 잘 알려주면 그 아인 뭐든 할 수 있단다. 너희도 마찬가지고."

교실을 나서며 준영이와 아이들이 좀 더 가까워졌음에 나도 행복해졌다.

모든 아이는 음악이라는 작은 우주를 품고 있다. 아이들 안의 우주가 언제 질서 있는 세계로 잡힐지는 알 수 없지만 계속해서 음악이라는 하모니를 잘 불어 넣어 준다면 아이들 속의 우주는 멋진 은하로 자리 잡을 것이다. 음악 교사는 아이들이 모두 각자 자신의 은하를 만들도록 음악을 통해 감각과 정신을 매만지는 사람이다. 그래서 나는 아이들 그 누구라도 포기하지 않는 에너지를 가지려고 노력한다.

모두 참여 수업

# 10

# 나의 애증,
# 음악

"동구박 과수원길 아카시아꽃이 활짝 폈네~ 하얀 꼬옷~"

"우아~ 하하하"

"깔깔깔깔"

내 초등학생 시절의 부끄러웠던 순간을 떠올리면 언제나 노래 부르는 장면이 있다. 고음에서는 항상 목소리가 꺾이면서 이상한 음이 나왔다. 그 소리가 웃겨 터진 친구들의 웃음 소리에 다음 소절을 얼굴이 빨개져서 불렀다. 몇 차례 그런 후론 나는 노래에 대한 콤플렉스가 생겨 누가 노래를 불러보라 하면 언제나 자신 없어 뒤로 내빼는 아이가 되었다.

음악과 관련해 아픈 기억은 또 있다. 어릴 적 피아노가 너무 배우고 싶어서 엄마에게 조르고 졸랐다. 나의 끈질긴 징징거림 덕분에 어머니께서는 큰맘 먹고 초등학교 3학년 때 학원에 보내주셨다. 재밌었다. 피아노가 너무 좋았다. 그러나 '바이엘 상·하'를 끝내고 '체르니'를 배우기 시작하자 악보부터 너무 현란한데다 왼손 오른손의 협응이 너무 어려웠다. 나에겐 어려운 장애물이었다. 그때부터 피아노가 너무 싫어졌다. 내가 선택한 방법은 회피였고 그만두고 싶다고 말씀드리자, 어머니는 그래도 꾸준히 해 보라며 들어 주지 않으셨다. 이미 마음에서 떠난 피아노가 죽기보다 싫어진 나는 학원 가던 길바닥에 드러누워 울었다. 어머니는 어이없다는 듯 혀를 차고 학원을 끊으셨다. 그리고 내게 피아노를 다시 배우겠다는 말하면 안 된다고 못 박았다.

이렇게 노래 부르는 것도, 피아노 연주하는 것도 싫어했지만 그래도 나는 음악이 좋았다. 잘하고 싶었다. 중학교와 고등학교 심지어 대학교에서까지 늘 합창부에 들어갔고 알토 파트에서 열심히 음을 맞췄다. 그러면서도 난 음감이 참 없다는 사실을 매번 깨달았다. 악조건은 왜 다 내게 쏟아진 것인지…. 좋아하는데 재능이 없다는 것이 무척 힘들었다. 고등학교 때 '아마데우스' 영화를 보며 난 재능 있는 모차르트보다 노력파인 살리에리를 훨씬 응원했다. 천부적 재능을 가진 모차르트가 얄미웠다. 그럼에도 모차르트의 곡은 내가 가장 좋아하는 곡들이었다.

초등교사가 되기 위해 교육대학교에 원서를 접수하면서 학과를 선택해야 한다는 것을 알았다. 수학을 좋아하던 나는 수학과를 갈까 했지만 초등학생 아이들의 예술 감성을 기를 수 있는 과가 더 좋지 않겠냐는 어머니의 조언에 주저하지 않고 음악과를 지원했다. 내가 선택한 심화 전공은 '성악'이었다. 성악을 배우면 나의 이 모든 트라우마가 극복되고 왠지 음악을 잘할 수 있을 것만 같았다. 꿈에 부풀어 성악 개별 레슨을 시작했다. 지금 돌아보면 강사님께서 음악성 없는 나를 가르치시느라 꽤 고생하셨다는 생각이 든다. 그러나 당시 강사님의 호통은 보통 무서운 것이 아니었다. 모멸감이 드는 언행도 많이 하셨다. 레슨이 끝나고 울며 연습실에서 나오는 동기들도 있었다. 나 역시 수련 과정이 무척 힘이 들었다. 하나둘 동기들이 그만두기 시작했다. 7명이 함께 성악을 시작했는데 그중 여자 동기는 모두 배우기를 멈췄다. 나 역시 이런 생활을 4년이나 해야 하나 싶어 잠시 갈등했다. 그러나 갈등은 정말 잠시였다. 난 이미 어릴 적 음악 배우기를 주저하고 포기한 경험이 있었기에 성인이 된 이상 꼭 극복하고 싶었다. 쉽지 않았지만 4년을 버텼고 난 졸업 연주회에서 멋지게 공연했다. 트라우마는 극복했지만, 내 안의 음악성은 여전히 낮은 수준이다. 박자감이나 음감이 길러지는 결정적 시기가 이미 지났기 때문이다. 그렇기 때문에 나는 초등학교에서 음악 수업이 아이들에게 얼마나 중요한 시간인지 안다. 리듬, 가락, 화음 등의 음악요소가 머리가 아닌 감각으로 길러지는 시기이기 때문이다. 그래서 나는 나처럼 음악에 대한 어려움을 가지고 있는 아이들에게 늘 마음이 쓰인다.

현장에서 음악을 어려워하는 아이들을 가르치는 것은 또 다른 도전이었다. 교과서에 있는 제재곡을 배우면서 음악적 요소를 익히기에는 아이들이 가진 어려움은 무척 다양했다. 그래서 나는 음악수업과 관련된 연수를 열심히 받았다. 음악 수업의 전문성도 국어나 수학 수업 연구 못지않게 시간이 걸리고 중요하다고 여겼기 때문이다. 여러 음악 영역의 수업 기법 및 활동들을 배우고 차곡차곡 나의 수업에 적용해 보면서 한 해 한 해 방법들이 쌓여갔다. 결국 음악적 재능이 있는 교사가 음악을 잘 가르치는 것이 아니라 음악 수업에 대한 고민을 많이 하는 교사가 음악을 잘 가르친다는 것을 깨달았다. 내가 만약 음악적 재능이 있는 교사였다면 열심히 해도 잘하지 못하고 계속 어려움을 느끼는 아이들을 이해하기는 어려웠을 것이다. 수업에 대하여 고민하는 그 지점에서 교사는 성장을 시작하고 고민하는 시간이 긴 만큼 수업은 농익은 과일처럼 달아진다.

초등교사는 참 어렵다. 아이들의 발달적 특성도 너무 벌어져 있고 가르쳐야 하는 교과적 지식과 기술의 가짓수도 많다. 생활지도에 목소리가 늘 갈라지고 쉬어 있다. 나도 저경력 교사 시절 3년간 성대결절로 고생하면서 이대로 목소리를 잃을 수 있다는 두려움에 떨기도 했다. 또한 여러 가지 힘든 교실 장면 속에서 교사의 몸과 마음은 늘 지쳐있다. 그래서 교사의 음악 수업 진행의 어려움을 충분히 이해한다. 하지만 우리 선생님들과 모든 아이들 안에 꿈틀대는 즐거운 음악적 본능을 잊지 않기를 소망한다.

가르치는 사람도 음악을 즐겨야 한다. 그리고 배우는 아이들도 즐겨야 한다. 우리는 누구나 음악을 누려야 하고 누릴 수 있다. 그러나 아이들의 성장, 발달 속도와 때는 다 다르다. 아이들마다 배움이나 관심, 열

망의 때도 다 다를 수 있다. 아이들의 음악적 즐거움을 따라 아이들 각 자의 속도에 맞게 수업을 만들어 가려는 교사의 고민이 있다면 모두 참 여 수업은 가능하지 않을까?

# 3부

# 영어,
# 도구는 거들 뿐

## 이리라

전라북도의 초등학교에서 영어회화 전문 강사로 아이들을 만나고 있습니다. 만나는 매우 다양한 학생들 그 누구도 소외되거나 방치되지 않는 영어 수업을 만들기 위해 노력하고 있습니다. 모든 학생을 참여시킬 목적으로 수업에 에듀테크를 적극 도입해 왔고, 이 책에서는 그 경험을 나누려고 합니다. 구글 인증 트레이너, 이노베이터와 마이크로소프트 인증 혁신 교육자(2019~2024)로 활동하고 있습니다.

# 01

# 나는
# 나쁜 선생님

교사가 아닌 영어회화 전문 강사로 12년을 한 학교에서 근무하고 있다. 나에겐 지난 그 하루하루가 전투 같았다. 학교에 온 첫날부터 느낀 서늘한 기운은 아직도 잊히지 않는다. 계약직이라 살아남기 위해서는 내가 가진 능력을 총동원하고 거기에 100% 노력을 더해 능력 있는 교육자임을 입증해야 했다. 이방인이기 때문에 받는 차가운 눈길이나 차별 등은 당연한 일처럼 받아들였다. 나 스스로 버티기 힘들다는 핑계를 만들어서 장애가 있거나 배움이 느린 학생들을 방치한 적이 있다. 반성할 일이다.

내가 가르치는 8개의 반에는 저마다 고유한 능력과 도전 과제를 지닌 다양한 아이들이 모여 있다. 그중에는 장애나 경계선 지능으로 학습 장애가 있는 학생들도 있다. 나도 이 아이들을 방치하는 것이 당연하

모두 참여 수업

고 어쩔 수 없다고 생각한 적이 있다. 학부모 공개 수업과 동료 장학 수업을 위해 반을 선택해야 할 때면 통합지원반 학생이 없는 반부터 찾았다. 그다음은 경계선 지능의 학생들 유무였다.

나는 5, 6학년 영어를 가르친다. 해마다 새로 5학년이 된 아이들을 맞이한다. 새로운 5학년 학생들이 올라왔다. 그런데 나도 모르게 왠지 마음 한편으로 안도감이 드는 이유가 있었다. 통합지원반 학생이 한 명도 없다. 괜히 편해지는 이 마음은 뭘까? 반면 전년도 5학년을 함께 보낸 6학년에는 반마다 통합지원반 학생이 있고 거의 그 수준 비슷하게 학습장애가 있어 보이는 학생들이 있었다.

나는 통합지원반의 교육과정을 거의 알지 못한다. 학교에서 근무하기 시작한 2010년부터 매년 귀동냥하듯이 듣기에는 통합지원반 아이들은 실생활과 연관된 기초적인 내용을 우선순위로 배우는 것 같았다. 항상 5, 6학년을 연속으로 가르치다보니 느끼는 불편함(?)이 있었다. 6학년 학생 중에는 5학년 때에는 정규 영어 시간에 한 번도 들어오지 않던 학생들이 있었다. 이런 학생이 학교 행사나 통합지원반 시간이 바뀌어서 갑자기 수업에 들어오면 너무나 당황스러웠다. 아이에 대한 배경지식이 거의 없고 게다가 내가 계획한 수업에는 이 학생이 없어서 40분 동안 무엇을 해야 할지 혼란스러웠다.

게다가 2010년대 초반에는 국가수준 평가가 존재하고 있었다. 평가 기준에 미달하는 학생이 나오면 그 과목 담당이나 담임선생님들은 관리자에게 꾸중듣는 것이 너무나 자연스러웠던 시절이었다. 나는 담임선생님들이 보내주신 학생들을 제대로 파악할 틈도 없이 보충수업을 해서라도 기준 점수라도 나오도록 부단히 애를 써야 했다. 그 국가수준 평가를 앞둔 짧은 기간 동안 학생들을 독려하기에는 그 학생들의 영어 학습에 대한 동기는커녕 학습 수준 자체가 너무나 낮았다. 이런 학생들을 지도하기도 버거웠는데 도대체 소통도 잘 되지 않는 장애 학생들은 영어 수업 40분 동안 무엇을 할 수 있겠느냐는 고민이 끊이지 않았다. 출근길이 너무나 버거웠다.

올해는 이 아이들이 매번 수업에 참여하는 아이러니한 현실을 맞이하고 있다. 이 아이들에게 어떤 교육적인 활동을 주어야 할지 막막할 때가 많다. 게다가 일일이 옆에서 챙겨 줘야 겨우 수업에 따라오는 학생들이 한 반에 두어 명 이상 더 있다.

내가 나름 계획한대로 수업이 진행되기는 어려웠다. 수업 흐름이 한 번씩 툭툭 끊겼다. 나도 사람인지라 이럴 때마다 한숨이 나온다. 그런데도 친절한 척 지도를 하는 경우도 많다. 그저 양심에 조금 걸려서이기도 하고 교육자이기 때문에 가면을 한 겹 두 겹 쓰기도 한다. 당연히 나 혼자 매번 감당하기에는 버거워서 같은 팀 아이들에게 각자가 가진 재능을 친구들과 나누자고 설득을 한다. 착한 녀석들이라 대부분 통합지원반이나 느리게 배우는 친구들을 잘 챙기는 편이다. 그렇다고 항상 아름다운 사례들만 있는 것은 아니다.

같은 도움이 필요하더라도 어떤 학생들은 친구들의 적극적인 도움을 받고 어떤 학생들은 아예 관심을 받지 못한다. 수년간 관찰을 해 본

모두 참여 수업

결과 반 아이들이 해당 학생을 어떻게 인식하고 있느냐에 따라 달랐다. 장애나 학습 부진 진단이 제대로 진행된 학생들은 통합지원반이더라도 반 친구들에게는 도와주면서 함께 배우는 친구로 인식되었다.

저학년 때부터 학교 생활과 학습에 크게 어려움이 있는 아이들은 통합지원반과 담임 선생님이 상담을 한다. 이 과정이 어떻게 진행되는지는 자세히 모른다. 내가 의문인 것은 통합지원반 소속이 맞을 것 같은데 비장애 학생으로 수업에 참여할 때이다. 의아해서 담임선생님들께 물어보면 돌아오는 답변은 항상 이러했다. 그 아이들 부모님 대부분은 그저 자신의 아이는 조금 늦을 뿐이라며 아이의 어려움을 심각하게 받아들이지 않는다는 것이다. 수긍하고 아이에게 맞는 교육 서비스 지원방안을 찾는 부모님들과 비교하면 너무나 안타까운 상황이었다.

진단을 거부하거나 장애 또는 특성을 인정받지 못한 학생들은 당장 교우 관계에서부터 문제가 생긴다. 부모가 진단을 거부해서 일반 학생으로 인식이 되면 이 학생들은 다른 친구들에게 굉장히 이상한 아이로 여겨진다. 어릴 때야 발달 단계 특성상 또래와 다른 점이 덜 부각이 되기 때문에 별 탈 없이 어울리는 듯 보인다. 하지만 고학년으로 갈수록 이 특별함은 일반 아이들이 받아들이기 힘든 불편함을 일으킨다.

이런 이유로 영어 수업 시간에 활동을 하다 보면 아이들 사이에 큰 벽이 존재하는 것처럼 보인다. 나도 마음이 불편해서 담임선생님들과 자주 상담한다. 저학년 때부터 진단 권유를 드렸지만, 거절당했다는 말씀들이 대부분이었다.

작년의 안타까운 사례이다. 5학년 2학기가 되어서야 통합지원반(특수교육 대상)이 된 학생이 있다. 그동안 통합반 학생들은 이 학생이 비장애 학생이라고 알고 있었다. 그런 탓인지 이해하기 힘든 행동이나 기질을 받아들이지 못하고 거리를 두고 지내는 모습이 눈에 많이 띄었다. 나는 마음이 아팠지만 그렇다고 반 아이들이 나쁘다고 하기는 어려웠다. 그에 반해 저학년 때부터 통합지원반에서 지원받으며 통합교육을 받은 학생들은 반 아이들도 대하는 태도가 달랐다. 친구의 독특함을 당연히 인정하고 학습에 어려움이 있으면 도와줘야 하는 친구로 여기는 듯했다.

부모님 중 어느 누가 사랑하는 자신의 자녀가 장애나 학습 부진이 있다는 진단을 받고 저학년 때부터 통합지원반 수업을 받기 원하겠는가, 그렇지 않을 것이다. 하지만 십 년 넘게 통합학급 영어 수업을 하면서 느낀 바로는 부모의 늦은 수용과 결단으로 자녀가 적합한 교육과 지원을 받지 못하게 막을 수도 있다는 것이다. 특히나 교우 관계에서도 문제가 생길 수 있다는 것이 가장 안쓰러운 부분이다.

장애 학생이 한 명도 없는 올해 5학년 수업은 뭔가 매끄럽게 마무리가 되는 느낌이다. 반대로 매우 다양한 학생들로 이뤄진 통합반 6학년 영어 수업을 할 때는 일일이 도와주어야 하는 상황에서 아무런 감정이나 짜증이 안 난다고 하면 거짓말이다.

나는 나쁜 선생님이다. 이런 여러 부정적인 감정을 감추고 친절함이라는 가면을 쓰고 수업에 임한다. 그렇다고 매번 억지로 가면만 쓰는 것은 아니다. 통합지원반 학생들의 특성을 감안하여 고민해서 미리 수

모두 참여 수업

업 자료 준비도 한다. 특히 올해는 작년에 정규 영어 시간에 거의 참여를 못 했던 정훈이를 통해서 12년 만에 색다르고 신선한 경험을 하고 있다. 정훈이를 자폐라는 틀로만 보면 학습하고 성취할 기회를 제대로 주지 않았을 것이다.

매년 2개 학년의 무척이나 다양한 학생들에게 학습하고 성취할 기회를 주려면 내 영어 수업 준비에는 엄청난 열정과 에너지가 필요하다. 무엇보다 학생들의 특성과 어려움을 파악하는 것이 먼저라고 여기기에 나는 학기 초 학생들 관련 정보를 얻기 위해 담임선생님들께 여러 질문을 보낸다. 그러나 메시지 파일로 오는 아이들의 정보에는 누가 학습 부진이고 누가 통합지원반인지 정도만 간단한 단어로 정리가 되어있다.

하지만, 막상 아이들을 만나면 굉장히 다양한 기질과 영어 수준을 가지고 있다. 그래서 학기 초 최대한 이른 시간 안에 아이들을 파악하기 위해 노력해야 한다. 당황스러운 것은 장애가 있거나 학습 부진이 아닌데도 누가 봐도 다방면에서 도움이 필요한 아이들이 의외로 많다는 것이다. 많은 교실이 비슷한 상황일 것이다. 여튼 우리는 그 모든 학생을 포용해 수업하고 교육해야 한다. 내 수업에 들어오는 학생 누구라도, 영어 수준별로 또 아이들의 다른 기질별로 학습 만족도를 높여 주어야 한다는 사명감이자 책임감으로 하루하루 수업을 버텨 내고 있다.

나의 이야기는 좌충우돌 통합교육 적응기이자 도전기다. 여전히 우당탕하지만 아무도 방치되지 않게 최선을 다해가는 어느 영어 선생님의 투박한 수업 이야기일 것이다.

# 02

# 첫 날의
# 충격

초등학교에서 근무하기 전에는 나는 학원에서 유치원생들부터 성인까지 다양한 연령대의 학생들을 가르쳤다. 수준이 비슷한 학생들로 소규모로 편성된 그룹을 원어민과 한국인 강사가 번갈아 가며 수업을 했다. 그런 나에게 학교에서 수업 첫날의 충격은 이루 말할 수 없었다.

한 반에 약 30명의 학생에다가 학생들 사이에는 엄청난 수준별 틈이 존재하고 있었다. 당시 내 기준으로는 고학년생들이 알파벳을 읽고 쓰지 못한다는 사실만으로도 정신이 붕괴될 지경이었다. 게다가 첫 주 수업에 행동이 매우 부자연스럽고 누가 봐도 영어를 배우기 어려워 보이는 학생들이 등장했다. '다른 과목 수업도 잘 안되는 장애 학생이 내 영어 수업에서 무엇을 할 수 있을까?' 하는 불평도 마음속에 일었다. 일반적인 대화도 어렵고, 공감을 형성하기도 매우 힘든데다, 심지어 통합

모두 참여 수업

지원반 수업 때문에 어쩌다 한 번 수업에 참여하는 이 아이들은 도대체 어떻게 도와주어야 할지 고민만으로도 막막했던 적이 많다.

하지만, 막상 수업을 끝내면 마음 한쪽은 항상 불편했다. 다수의 학생에게 집중하는 것이 더 맞다는 판단으로 수업을 계획했지만, 수업마다 한두 명의 아이들이 계속 방치되고 있는 상황을 보면 죄책감이 커졌다. 모두가 만족하게 할 수는 없지만 어떤 학생이라도 방치되는 상황은 막아야 했다. 40분 동안 모두가 똑같이 배우는 것은 아니다. 장애가 있던 없던 마찬가지다. 그날 수업에서 배운 내용을 한 가지라도 기억하고 나갈 수 있다면 적어도 의미 있는 배움이고 가치 있는 시간이라는 생각이 들었다.

그렇다고 통합지원반에 속한 장애 학생들을 위해서 따로 수업 자료를 만들기에는 여력이 너무나 없었다. 일단, 담임선생님들과 특수교사 선생님들께 학생들의 학습 능력과 특별히 고려해야 할 사항 등을 문의했지만, 뾰족한 답을 찾기 어려웠다. 내가 내린 결정은 고작 '애들이 뭘 배우겠어? 일단 부진 학생들이 우선이야, 사고만 안 치는 선에서 내버려 두자'라는 어이없는 생각이었다.

장애가 너무 심한 학생들은 보조교사 선생님들이 들어오셨다. 단어 카드라도 따로 드려서 짧은 시간이라도 학습을 부탁드려도 되는지 여쭤봤다. 그러면 아이가 능력이 안 되니 신경 쓰지 말고 편히 수업하라는 말로 돌아왔다. 대부분 색칠 놀이나 우리말 따라 쓰기 학습지를 가지고 오시는 것을 보고 차라리 잘 됐다고 생각했다.

시간이 좀 지나면서 영어 시간인데 이건 아니다 싶은 죄책감이 강해졌다. 차라리 알파벳 쓰기나 영어 단어라도 있는 색칠하기 자료가 낫겠다는 생각이 들었다. 학년별로 장애가 있는 학생들에 맞게 미리 대량으로 프린터를 해 놓은 후 먼저 장애 학생들에게 학습지를 주고 나서 수업을 시작했다. 쓰기도 불편한 학생들에게는 색칠할 학습지를 주었다. 이런 식으로 2년 정도를 지냈다.

근무 초반에 만났던 장애 학생들의 장애 정도는 매우 심했다. 자폐가 너무 심해서 스스로 신체를 심하게 긁거나 때려서 몸에 상처가 많은 학생도 있었다. 보조교사 선생님들도 통제가 안 돼서 최대한 비장애 학생들에게 피해가 가지 않는 선에서 교실 뒤를 돌아다녀도 내버려 두고는 했다. 더 심하면 수업 중에 통합지원반으로 돌아가는 경우도 많았다. 학교라는 일터에서 내가 적응하는 일도 버거웠던 시절이기에 뭘 제대로 해야 할지 갈피를 잡기도 어렵고, 사실 모든 것이 힘들었던 때였다.

## 민우 이야기

첫해에 장애가 있던 학생들은 거의 기억나지 않지만, 내가 영어 교육자로서 교육이 무엇인지를 다시금 깨닫게 해 준 천사와 같은 아이, 민우가 있었다.

민우가 영어실에 들어오던 첫날을 잊지 못한다. 이전의 학생들은 장애가 심해도 보행이 가능했는데 민우는 휠체어를 타고 왔다. 겉으로 보기에도 뇌병변이 심해 보였다. 나는 애써 침착한 표정을 유지했지만, 마음에서는 엄청난 소용돌이가 일었다.

'도대체 이렇게 장애가 심한 학생을 데리고 어떻게 수업을 하라는 거지?'

그날 오후 통합지원반과 담임선생님에게 아이에 대해서 상담했다. 그런데 의외였다. 민우는 영어를 좋아해서 따로 학원도 다닌다고 하셨다. 솔직히 이런 심한 장애를 가지고 어떻게 학원을 다니는지 의구심이 들었다. 하지만 학원도 다닌다는 이 아이에게 내가 손을 놓고 있을 수는 없었다.

민우도 영어 수업에 함께 참여하면서 즐겁게 공부할 수 있는 수업이 필요했다. 민우는 연필을 잡고 필기하거나 따라 쓰는 활동은 당연히 너무나 어려웠다. 처음에 내가 할 수 있는 것은 다른 학생들이 팀별로 플래시 카드를 사용해 말하기 활동 등을 할 때 따로 민우에게 시간을 내서 여분의 카드로 지도하는 것이었다.

민우는 똑똑한 아이였다. 내가 기대한 것보다 더 빨리 같은 단어와 그림을 찾을 수 있었다. 단어나 어구를 정확히 발화할 수는 없었지만 그래도 계속 따라 읽도록 시켰다. 민우는 한 번도 싫다고 내색한 적이 없었다. 내가 해 주는 칭찬에 항상 천사 같은 미소를 보여 준 민우 덕분에 장애가 있는 학생은 무언가를 할 수 없다는 깊은 편견이 깨지게 되었다. 장애가 있거나 학습에 어려움이 있는 학생들도 자신에 맞게 배우고 익힐 수 있다는 것을 깨달았다. 그러자 장애가 있는 학생들도 차별이 없이 수업에 스며들 수 있게 정신을 똑바로 차려야 한다는 강한 책임감이 생겼다. 따라 쓰거나 색칠할 학습지를 넘어 학습에 참여할 방안을 적극적으로 찾아 적용하기로 했다.

## 고민은 어찌됐든 계속된다

하지만 민우에게 할애하는 시간이 늘어나다 보니 정작 영포자(영어를 포기한) 학생들이나 학습 장애가 있는 학생들에게 관심을 많이 줄 수가 없었다. 또 다른 고민이 생겨나는 지점이었다. 내가 손오공이 아닌이상 동시에 모든 학생의 학습 수준을 해결할 수는 없었다. 도대체 우선순위가 무엇인지에 대한 고민만으로도 머리가 아팠다. 결국엔 영어를 좋아하는 민우 외의 통합지원반 학생들에 대한 열의는 식어갔다. 내가 여력이 된다면 뭔가 학습 성과가 나올 가능성이 있는 학생들을 더지도하는 것이 맞다는 생각이 떠나지를 않았다.

장애가 있는 통합지원반 학생들에게 간단한 학습지를 주면서 시간을 때우게 하는 순간들이 다시 생기기 시작했다. 나 스스로 이건 정말 어쩔 수 없는 상황이 아니냐고 핑계를 삼았다. 현실과 양심의 가책 사이에서 끊임없는 갈등이 이어졌다. 함께 배우고 놀고 같이 자랄 수는 없는 것일까? 담임이 아닌 내가 획기적으로 해결 방안을 찾기에는 너무나 비현실적이라 느껴졌다. 더 잘할 수는 없다는 자기 최면과 변명이 끊이질 않았다.

그래도 부족한 내 능력 안에서 더 나은 교수 방법을 찾고 계속 시도해 보아야 했다. 결론적으로, 두 가지를 중심으로 가닥을 잡았다. 하나는 또래 학습을 통해서 학생들 각자가 서로 선생님이 되어 같이 배우고

모두 참여 수업

성장하도록 수업을 계획하는 것이다. 또 하나는 교육자로서 나의 큰 장점이라고 생각하는 에듀테크(Edutech)의 도움을 받아 아무도 소외되지 않도록 수업을 만드는 것이다. 거창한 성과를 기대하지 말고 일단은 아이들이 방치되거나 소외되는 것은 막아 보자는 의지였다. 아무도 소외되지 않는 수업을 본격적으로 도전하기로 했다.

## 아무도 소외되지 않는 수업의 시작

매년 새 학기가 다가오면 5학년 학생들을 새로 만날 기대에 설렌다. 또, 지난 한 해 동안 함께한 6학년 학생들이 방학 동안 얼마나 자라서 왔을지 궁금해진다. 나는 한껏 기대에 차 학생들을 맞을 준비를 한다.

영어실은 6개 모둠별로 원형으로 앉게 되어 있다. 나의 학생들 자리 배치 기준은 일단 성비를 맞추는 것이다. 남녀 학생이 각 2명씩 그리고 옆자리에는 같은 성별끼리 앉을 수 없게 했다. 오랜 경험상 같은 성별끼리 옆에 앉을수록 수업 집중도가 떨어지는 편이었다. 일 년을 겪은 후라서 수준 파악이 된 6학년들은 성별 외에도 영어에 대한 각자의 흥미도 또한 반영한다. 영어를 좋아하는 학생들과 싫어하는 학생들이 함께 섞여 배울 수 있도록 자리를 배치한다.

문제는 아직 수준이 파악이 안 된 5학년들이다. 담임선생님들께 물어봐도 어느 정도 파악이 가능하지만, 일단은 무작위로 팀을 구성해 한 달을 보낸 후 어느 정도 성향이나 수준이 파악되면 다시 자리를 배치한다. 기준은 6학년들과 같다.

6학년들의 경우 장애 학생과 경계선 지능(느린 학습자) 학생들은 이미 파악이 되어 있다. 그래서 적절한 모둠 배치가 가능하다. 문제는 통합지원반 학생들일 경우 정규 영어 수업 시간에 매번 들어오지 않기 때문에 이를 확인해서 팀 구성에 고려해야 된다. 5학년들은 수업하면서 수준과 성향 등을 파악한다. 통합지원반 학생들은 먼저 상담한 다음 자리 배치를 한다.

이렇게 자리를 배치하는 목적은 당연히 자연스럽고 효과적인 또래 교수가 잘 이루어지길 바라기 때문이다. 그렇다고 의도한 대로 매번 실현되는 것은 아니다. 5학년 때 수업이 잘 되는 것 같아도 6학년 때는 그렇지 않은 예도 있다. 같은 학년에 같은 활동을 해도 어떤 반은 잘되고 다른 반은 그렇지 못하다.

6학년은 사춘기가 이미 한창이라 통합지원반 학생이나 영어가 부진한 학생이 한 팀이 되면 그 순간 대부분 싫다는 감정을 얼굴에서 감추지를 못한다. 이 분위기를 긍정적으로 바꿔 놓아야 하는 것도 나의 능력이다. '우리 함께 놀고 배우고 자라자, 누구도 상처를 줘서도 안 되고 받지도 않는 수업 시간이 되자'는 것이 항상 아이들과 나누는 내 교실의 중요한 규칙이다. 매번 꾸준히 강조하며 설득해 가면서 수업하고 있는데 이러한 규칙이 매시간 지켜지는 것은 아니지만 매우 중요한 역할을 한다. 교사가 규칙을 지키면서 강조하면 학생들은 자연스레 규칙을 수용하고, 교사의 모습을 따른다. 규칙의 긍정적 효과를 경험할 수록 아이들은 협력과 배려, 존중의 분위기로 선순환이 만들어진다.

# 03

# 장애 학생인데
# 영어를 왜 배워요?

장애 학생이라고 영어를 배워야 할 필요와 동기부여는 다를까? 나는 그렇지 않다고 생각한다. 일상에서 영어로 의사소통할 일이 별로 없는 우리에게 어쩌면 영어는 pain in the ass 그저 골칫덩어리이다. 도대체 남의 나라 말을 왜 배워야 하는 것인지 아이들은 뚜렷한 이유를 가지고 있을까? 아이들에게는 무언가를 배우는 이유와 가치, 그 효용에 대해 받아들일 수 있어야 자발적인 학습 욕구가 커질 것이었다. 영어를 잘하는 아이돌이나 스포츠 스타들의 이름을 언급해도 동기부여가 되는 것 같지는 않았다.

뻔한 설명보다 아이들이 그나마 학습할 동기에 대해 관심을 보여 준 것은 나의 개인적인 경험담을 들려 줄 때였다. 나는 어릴 적 YMCA와 교류 협력하는 미국 교회에서 운영하는 프로그램에 참여한 적이 있다. 약 한 달 동안 영어 공부와 관광이 같이 이루어졌다. 다행히 수준 높은 커뮤니케이션이 요구되지는 않아 중학교에서 배운 어휘들과 표현만으로도 원어민과 어느 정도 의사소통이 가능했다. 그 쾌감은 나에게 영어를 열심히 공부해야겠다는 결심을 갖게 했다. 다행히 아이들은 관심 있는 눈빛으로 집중해서 들어주는 경우가 대부분이다.

물론 내가 받은 동기부여가 모두에게 적용되라는 법은 없다. 게다가 어린 내 학생들의 영어 스트레스는 매우 일찍 시작된다. 교육과정상으로는 초등학교 3학년 때부터 영어를 배우게 되어있지만 유치원에서부터 배우기 시작한 아이들도 매우 많다. 그러다 보니, 교육과정대로 3학년 때 처음 영어를 배우는 학생들은 이미 상당히 벌어진 수준 차이를 스스로 느낀다. 그리고는 기가 죽어 버린다.

'나는 열심히 해도 소용이 없을 거야. 나는 학원도 안 다니고, 다른 친구들은 이미 아는 게 더 많아.'라는 생각들이 마음에 가득해서 무기력해져 버리는 것만 같다. 그렇지만 나는 아이들에게 영어를 가르치는 선생님으로 학생들이 영어 공부에 흥미와 동기가 강화되기를 원한다. 시험과 평가, 입시를 넘어 우리의 생활에도 영어는 이미 깊숙히 들어와 있기 때문이다.

이미 영어라는 과목에 부정적인 이미지를 가득 가지고 수업에 들어오는 아이들을 보면 너무나 안타깝다. 앞으로 최소 중·고등학교 6년 이상은 학교라는 시스템 안에서 빠지지 않을 주요 교과목이 영어다. 초등학생 시절부터 스스로 좌절하고 영어를 아예 포기해 버리면 앞으로 그

모두 참여 수업

6년 동안 시간만 낭비한 채 책상에 엎드려서 잠을 잘 확률이 매우 높다. 그래서 나는 모든 학생이 내 수업에서 영어가 정말 재밌는 과목이라는 느낌만이라도 가지고 졸업하기를 원한다. 우리가 매일 쓰는 말은 누구라도 배우고 유창하게 쓸 수 있으니 다른 말이지만 영어도 시간과 노력을 들이면 누구나 가능할 것이다. 조금씩 말이 늘고 소통하는 데서 재미를 느끼길 원한다.

이 재미라는 작은 씨앗이 각자의 마음에 어떻게 자리 잡을지에 대한 의문이 들 수도 있다. 하지만, 나는 그 가능성을 본 적이 있다. 스무 살이 넘어 외국계 회사에 취업한 후 나에게 인사하러 왔던 여학생의 한 마디가 그랬다.

"선생님 영어 수업이 너무 신나고 재미있었어요. 그래서 그 뒤로 영어 공부도 열심히 했고 외국계 회사에 취직도 했어요."

장애가 있는 학생들도 이 재미가 붙어 공부한다면 영어가 미래의 선택 기회를 넓히는 작은 원동력이 되어 줄 것이다. 사회생활을 하면서 더 많은 기회를 만나고 생활의 지평을 넓혀 줄 것이라고 믿는다.

영어 학습에 동기가 낮거나 어려움이 있는 학생뿐 아니라 장애가 있는 학생들도 외국어로 영어를 배워야 하는 이유는 몇 가지가 있을 것이다.

장애가 있는 학생들에게도 영어를 배우는 것은 동료들과 함께 교실에서 완전히 참여할 수 있도록 돕는다. 이는 모든 학생에게 다른 사람을 포용하고 이해하고 수용할 수 있도록 해 모두에게 동등한 기회를 제공하도록 한다. 우리 주변에는 여러 나라에서 온 사람들이 많아졌다. 내가 사는 군산 같은 경우는 미군 부대가 있어서 평일에도 외국인을 만나기 쉽다. 또 이주 가정이나 다문화 가정이 많아지면서 일상에서 점점 많이 만나게 될 것이다. 다른 문화 사람들과 의사소통하는 매개체는 당연히 영어가 우선일 것이다. 우리가 비영어권 국가에 가더라도 기본적으로 영어로 표현하는 것과 마찬가지다. 그래서 나는 내 수업에서 그런 기회를 자주 마련하려고 노력한다.

내 학생들은 수업 중에 다양한 나라의 학생들과 국제 화상 교류 수업을 하는 기회가 많다. 시간대를 맞추다 보니 주로 아시아권 나라의 학생들을 만나게 된다. 인도, 일본, 대만, 말레이시아 등 비영어권 학생들과 만나고 영어로 문화 교류 관련 발표를 한다. 이 프로젝트에서 장애나 학습 장애가 있다고 빠지는 일은 절대로 없다. 무작위로 뽑힌 학생들이 발표하므로 영어 수준에 상관없이 모든 학생이 준비해야 한다. 이런 교류 활동을 통해서 학생들 스스로 영어를 배워야 하는 동기도 갖게 되고 배우고 익힌 영어를 실제 사용하면서 성취감도 많이 느낀다.

영어는 세계적으로 널리 사용되는 언어여서 다양한 문화와 배경을 가진 사람들과의 상호작용을 쉽게 해 준다. 또, 영어는 학술 연구에 주로 사용되는 언어여서 여러 교육 자료, 교과서, 온라인 자료들이 풍부하다. 영어를 배움으로써 장애가 있는 학생들을 포함하여 누구라도 자신이 필요로 하는 더 다양한 학습 자료와 정보에 접근할 수 있게 된다.

무엇보다 우리 일상에서 알파벳과 외래어는 흔해졌다. 어떤 어휘와

모두 참여 수업

표현은 심지어 한글보다 흔하게 등장하기도 한다. 대부분 상점의 간판들, 심지어 문에 붙은 간단한 지시어도 영어로 되어 있는 예도 많다. 바람직하지 않지만 오남용되는 영어의 홍수를 피하기는 어려운 상황이다.

세상을 뒤집어 놓은 챗지피티(ChatGPT) 같은 생성형 인공지능도 영어로 질문을 하면 정확도가 높고 더 자세한 정보를 내어 준다. 이런 AI를 얼마나 잘 다루냐에 따라 작업 효율이 오르기도 한다. 개인 비서 역할을 톡톡히 해낸다는 사실도 검증되고 있다. 우리 아이들이 살아갈 미래, 급격히 발전하는 디지털 세계, 메타버스에 속한 가상현실에서도 아마 영어가 기반 언어가 될 것이다.

급변하는 글로벌 현실 속에서 모든 사람들은 기술 발전이 제공하는 편의를 충분히 누릴 수 있다. 영어를 배우는 것은 각자가 동등한 기회를 누리도록 도울 것이다. 내가 가르치는 아이들에게도 더 나은 고등교육, 취업 및 글로벌 인재가 될 기회를 늘릴 수도 있을 것이다. 내가 내 학생들 누구라도, 장애가 있거나 학습에 어려움이 있더라도 지금보다 영어에 더 재미를 느끼고 자연스럽게 사용하도록 수업을 만드려는 이유다.

# 04

# 에듀테크 이전
## hands-on

공교육 현장에 들어온 후 나는 다양한 수준으로 구성된 학생들과의 수업이 어떻게, 또 어떤 자료들로 이루어지는지 눈치껏 배워야 했다. 교사들은 인디스쿨이라는 자료 공유 사이트에서 다운로드한 ppt 게임과 학습지들을 활용하고 있었다. 원어민 보조교사들도 그들만의 네트워크가 구성되어 있어서 서로 자료를 공유하고 약간의 편집을 거쳐 비슷한 수업을 하고 있었다. 나도 일단 어깨너머 배운 방법들로 아이들에게 익숙한 수업을 하기 시작했다.

이런 수업을 따라 하다 보니 가장 중요한 대화형 활동이 부족하다는 것이 보였다. 또한 수준의 차이가 가장 많이 나는 읽기, 쓰기 활동에서 효과적인 교수법이 절실했다. 이 부분들은 나 혼자 감당하기 어려운 부분이었다. 그래서 교과서에 첨부된 그림카드를 최대한 활용해 보

모두 참여 수업

기로 했다. 말하기 활동에 자연스러운 발화 횟수가 많아지도록 활동을 준비했다. 읽기와 쓰기 활동을 할 때는 팀에서 영어를 잘하는 학생들이 팀원들에게 도움이 될 수 있도록 하는 활동들을 만들고 싶었다.

운 좋게도 당시 이런 나의 부족한 부분과 고민들을 풀 기회가 있었다. 하나는 지역의 열정적인 외국인 강사들로 구성된 코테솔(KOTESOL) 월례 연수였고 다른 하나는 해외의 다양한 사례를 찾아 볼 수 있는 핀터레스트(pinterest)라는 웹사이트였다. 여기서 나는 학생들의 참여를 늘리면서, 다양하고 알찬 수업의 아이디어를 얻을 수 있었다.

지금부터 나눌 사례들은 최소한 아무도 방치는 하지 않겠다는 의지로 스스로 배워가면서 온갖 시행착오를 겪으며 진행한 수업 활동들이다. 부족하고 낯 뜨거운 사례들이지만 나처럼 '죄책감'에 아이들과 뭐라도 함께 해 보고 싶은 선생님들께 작은 도움이라도 될 수도 있지 않을까 싶다.

## 함께하는 즐거움

일단은 교과서 그림 카드들을 최대한 활용하는 활동들을 적극 도입했다. 서로 집중해서 들어야 하고 학생들 각자가 기본 표현을 말할 수 있는 듣기, 말하기 활동이 절실했다. 그러려면 자료 준비 시간을 줄이고 같은 자료로 학생들이 모둠별로 반복 발화를 할 수 있는 활동이 필요했다. 어린 학생들이기에 흥미를 끌 요소도 당연히 필요했다. 고민 끝에 가장 적합하다고 생각한 첫 번째 활동은 카드 먼저 집기 게임(Snatch game)이었다.

Snatch game은 교사가 발화하는 어휘나 어구를 듣고 해당 그림 카드를 먼저 채가는 학생이 1점을 얻는 방식이다. 각 포인트는 스티커로 지급이 되었다. 학생들은 점수를 많이 얻거나 먼저 채가는 순간에 희열을 느끼는 것 같았다.

영어실은 좌석이 모둠마다 둥글게 앉을 수 있게 배치되어 있어서 플래시 카드만 제대로 준비하면 4~5명의 학생들이 표현을 배우고 반복적으로 발화하도록 할 수 있어 서로에게 배우는 효과를 매우 높일 수 있었다. 일단 카드를 먼저 잡고 싶으면 발화하는 친구에게 집중해야 한다. 발화해야 하는 학생은 자연스레 그 어휘나 표현을 외우고 발화해야 하기 때문에 듣기, 말하기를 위한 기본적인 활동으로 손색이 없었다.

---

### Snatch game 기본 진행 방법

1. 교과서에 부록으로 그림 카드가 딸려 있으면 각 팀에서 한 명만 떼어내 게 임용 카드 세트를 준비한다.
2. 교사는 그 카드들을 탁자 중앙에 골고루 펼쳐 놓게 한다.
3. 한 쪽으로만 치우치지 않았는지 확인한 후 각 카드의 어휘나 어구를 반복적으로 따라 말하도록 한다.
4. 먼저 교사가 중심으로 발화하면서 학생들이 카드를 빠르게 터치하는 활동으로 시작한다.
5. 교사가 3분 정도 기본 카드들을 반복해 연습시킨 후에 10~12분 동안 팀 별

모두 참여 수업

로 진행하는 시간을 준다.
6. 이때에는 이미 어휘 습득이 많이 된 학생들부터 3번씩 진행하도록 한다. 조금 어려워하는 학생이나 장애 학생들이 충분히 들으면서 발화할 준비를 하는 시간이기도 한다. 교사가 모델링한 방법으로 각자 3번씩 시간이 끝날 때까지 반복한다.
7. 기록자 역할을 하는 학생들이 먼저 터치하는 친구들의 포인트를 기록한다. 활동 시간이 끝나면 가장 많이 챈 학생들은 스티커를 두 개씩, 열심히 참여한 학생들은 한 개씩 받는다.

장애 정도에 따라 학생들의 발화 수준은 당연히 차이가 난다.

그렇다면 발화뿐 아니라 움직임에도 제약이 있는 민우는 어떻게 참여했을까? 다른 학생들이 1~2라운드를 도는 동안 민우는 나와 개별적으로 학습하면서 표현을 익혔다. 그 후에 팀에 참여시키고, 민우가 발화를 원하는 표현을 교과서의 부록 카드에서 고르게 한 다음 내가 대신 발화하면 팀원들이 터치하는 방식으로 진행했다. 민우는 아이들의 반응에 너무나 즐거워했다. 다른 학생들이 리드를 해도 근처에 있는 카드를 집으려고 최선을 다했다.

학습이 느리거나 부진한 학생들은 어떤 모습으로 참여할 수 있었을까? 교사가 활동 전에 전체 팀을 돌아다니면서 학생들을 독려했다. 너무나 소심해서 말하기를 거부하는 학생들은 듣고 터치만 하는 선에서 참여하도록 유도했다. 그 대신 조건이 있었다. 일명 탈출 티켓(exit ticket)으로, 배려받은 만큼 활동이 끝나면 제대로 학습을 했는지 확인을 받아야 교실로 돌아갈 수 있다는 조건이었다. '탈출'이라는 단어만으로도 아이들은 더 몰입하고 흥미를 느낀 듯했다. 빨리 탈출해서 쉬는 시간을 즐기고 싶은 마음이 무척이나 간절했을 것이다. 동기부여가 더 강하게 돼서인지 주요 활동 중 학생들의 몰입도는 매우 높았다. 하지만, 같은 시간을 사용해도 배움의 양은 각자 다 달랐다. 스트레스 없이 영어실에서 탈출할 수 있도록 그날 가장 기억에 남는 단어나 어구를 말하도록 하더라도, 배경지식이 적고 이미 벌어진 수준 차이가 그 짧은 시간에 극명하게 좁아질 수는 없었다. 그래도 단어 하나도 몰랐던 학생들이 0에서 시작해서 활동 시간이 끝난 후 2나 3에 도달했다면 유의미한 결과라고 생각했다. 무엇보다 중요한 것은 수업 활동에 아무도 소외되지 않는다는 것이었다.

두 번째 그림 카드로 고 피쉬(Go fish)와 우노(UNO)를 학습 게임으로 활용했다. Go Gish와 UNO를 영어 수업에 응용한 활동을 지역 테솔(KOTESOL) 모임 연수에서 배우게 되었다. 만세가 절로 나왔다. 그동안 고민이었던 수준이 다른 학생들이 서로 도우면서 학습하기에 무척 적합한 활동이었다. 이 활동은 수업에 도입한 이후부터 코로나 팬데믹 전까지 학생들이 가장 좋아하는 활동이었다. 반복적이고 자연스러운 발화가 가능한데다, 재미있고 몰입도가 높아 아이들은 시간 가는 줄도 몰랐다. 영어 발화 연습에 있어서는 더할 나위 없이 유의미한 학습 활동이었다.

모두 참여 수업

    Go Fish 게임은 교과서 주제 중 '네, 아니요'로 답할 수 있는 표현을 연습할 때 유용했다. 원래 게임을 영어로 진행하면 'Do you have 해당 표현?'의 형태로 물어보기 때문이다. YBM 5학년 교과서 주제 중 'Can I take a picture?'가 있다. 상황에 따라 허락을 구하고 답하는 단원이다. 이 경우 'Yes, you can.'이나 'Sorry, you can't.'로 답해야 되기 때문에 Go Fish 게임으로 학습하기 적합했다.

    선생님들은 아시겠지만, 4학년과 5학년은 교과서의 표현 수준에서 차이가 무척 심하다. 배경지식이 적고 알파벳도 잘 모르는 학생들이라면 모든 표현을 읽고 외워서 한다는 것이 스트레스일 뿐이다. 번거롭더라도 기존 교과서 제공 파일 위에 기본 표현들뿐 아니라 한글 음가까지 써서 제공해야 했다. 이미 영어 스트레스가 극에 달한 어린 학생들이 부담 없이 수업을 즐기면서 학습도 동시에 이루어지도록 해야 해서다.

나는 게임 카드를 준비할 때 교과서 회사가 제공하는 이미지나 PDF 파일을 편집한 후에 각 세트를 컬러 프린트를 했다. 이때, 6가지 색의 도톰한 플라잉칼라 종이를 사용하여 색깔별로 프린트하면 카드를 분실해도 어느 세트 카드인지 쉽게 구별할 수 있었다. 문제는 6세트를 만들려면 엄청난 시간과 일일이 가위로 잘라내야 하는 육체적인 노동이 필요하다는 것이었다. 수년 동안 반복적으로 두 개 학년 게임 카드들을 만들다 보니 이제 내 오른 손목은 간단한 작업 후에도 팔꿈치까지 통증이 올라온다. 더 이상은 수작업으로 카드들을 만들어서 하는 수업은 포기해야 하는 웃을 수도 울 수도 없는 현실이 되어버렸다.

---

### 응용한 Go Fish 게임 방법

1. 게임 카드 6세트를 준비한다.
2. 각 팀의 도우미들이 나와서 게임 카드를 받아 간다.
3. 일단 게임 카드들은 시작 전에 섞여야 한다. 두 번째 반부터는 앞 반 활동이 끝난 후 사용하기 때문에 같은 카드들 위주로 섞여 있는 경우가 많다.
4. 각 학생별로 5장의 카드를 받는다.
5. 정해진 순서대로 첫 번째 학생이 자신이 가지고 싶은 카드를 누가 가지고 있을지 추측해 본다.
6. 질문 상대가 정해지면 그 친구에게 'Can I _____?'라고 묻는다.
7. 질문을 받은 친구는 해당 카드가 있으면 'Yes, you can.'이라고 답하고 카드를 준다.

모두 참여 수업

8. 카드를 받은 학생은 2장을 짝으로 모아서 탁자에 내려놓는다. 같은 카드 두 장이 1점이다.
9. 질문을 받았지만 해당 카드가 없을 경우에는 'Sorry, you can't. Go fish!'를 외친다.
10. Go fish!를 들은 학생은 가운데 카드 더미에서 한 장을 내려놓는다.
11. Go fish로 하나씩 책상에 모이는 카드들은 자기 차례에 소리내어 읽고 짝이 맞는 카드와 함께 내려놓는다.

응용한 게임 방법을 보면 여러 장애 학생들을 겪은 선생님들은 내가 알던 아무개는 못 할 것 같은데 하는 생각이 들 수도 있다. 장애가 너무 심해서 보조교사가 같이 참석하는 경우는 보조 선생님께 부탁드리면 적극적으로 도와주시는 경우가 대부분이었다.

민우 같은 경우는 보조교사 선생님께서 다른 아이들이 카드를 못 보게 잡아 주셨다. 민우는 자기 카드와 같은 카드를 가진 것 같은 친구를 손으로 지적하거나 부른 후에 원하는 카드를 내려놓았다. 선택받은 친구가 표현을 말하고 카드를 민우에게 주던지 민우가 카드 더미에서 한 장을 더 가져가는 방법으로 진행했다.

그 외 학습장애가 있는 학생들은 한글 음가의 도움을 받아 무리 없이 활동에 참여할 수 있었다. 이런 학생들에게는 또래의 역할이 매우 중요했다. 교사는 한 명인데 팀별로 한 명씩은 있는 학습부진이나 장애 학생들을 모두 도와줄 수는 없었기 때문이다.

또래 교수(peer learning)는 함께 배우고 성장할 수 있도록 하는 효과적인 방법으로 알려져 있다. 경험으로 보면 현실은 조금 달랐다. 5, 6학년 정도 되면 이미 저학년부터 받아온 다양한 편견에 이미 노출이 되어 있다. 거기다 사춘기의 예민함까지 더해진다. 이는 서로가 학습의 동료로 역할 하는데 장벽이 된다.

비장애, 장애 학생들 모두에게 마찬가지다. 어떤 아이들은 게임과 동시에 장애 학생이나 학습부진 학생 주위에서 멀어진다. 그리고 나머지 학생들끼리만 가까이 붙어서 활동한다. 한글 음가도 읽기 어려운 학생들이 표현을 끝까지 말하기도 전에 짜증을 낼 때도 있다. 교실에서는 다양한 상황들이 발생한다. 나는 활동 중 계속 돌아다니면서 매의 눈으로 모니터링을 해야 했다. 누구도 상처를 주거나 받는 일이 없도록 방지해야 하기 때문이었다.

민우도 배려심이 많은 학생과 팀을 하면 어른들의 도움이 없어도 즐거운 학습이 가능했다. 하지만, 어떤 학생들은 민우 같은 친구들은 당연히 하지 못한다는 생각으로 자기들끼리만 활동했다. 그럴 때마다 각자가 가진 재능을 조금씩 나누고 상대를 배려하면 모두가 행복한 게임 활동이 된다며 설득했다. 내 수업의 규칙을 드러내 분위기를 환기시킨 후 아이들을 믿고, 다른 모둠으로 이동했다. 전부는 아니지만 대부분은 좋아졌다.

카드에 한글 음가가 없는 경우는 교실 중앙에 파워포인트 화면을 제공했다. 그런데 카드에 표현이 쓰여 있을 경우는 잘 읽는 학생들도

**교과서 제공 파일을 편집해서 만든 우노 게임 카드**

우리말에 눈이 먼저 가서인지 어색한 억양과 발음으로 발화하는 것을 알게 됐다. 그래서 카드에 한글 음가를 없애는 대신 필요한 일부 학생을 위한 차선책으로 파워포인트 화면을 보여주기로 한 것이다. 억양이 중요한 영어 학습을 위해 수정한 보완책이었다.

　그러다 보면 패턴이 뚜렷한 초등학교 영어 표현이다 보니 반복되는 연습으로 점점 화면을 보는 횟수가 줄어들게 되었다. 활동이 끝날 때쯤에는 카드만 보고도 잘하는 학생들이 많아졌다. 물론 학습 능력 정도에 따라 활동 끝까지 화면을 봐야 하는 학생들도 있었다.

40분이 모두에게 공평하거나 충분한 학습 시간은 아니다. 나였어도 일본어나 스페인어를 이 시간 안에 배운다면 어려움이나 부족함을 느낄 것이다. 초등학생들에게는 모든 학습이 장거리 마라톤과 같다. 영어뿐 아니라 다른 과목도 초등학교 과정은 지치지 않고 끝까지 달릴 수 있도록 격려와 칭찬, 재미 등의 보상을 충분히 해 주어야 하는 시기이다.

이 마라톤을 시작하는 입구에서 장애가 있다는 이유로 영어 수업 시간에는 쉬게 해주는 것이 배려라고 생각한 적이 있다. 사실 그것은 장애가 있으면 학습이 어렵다고 생각한 편견이자, 어떻게든 학생에게 맞는 교수학습 방법을 찾으려는 노력을 포기한 책임 방기였다. 나 자신에게 능력 이상의 것을 해야 한다는 부담감을 줄이는 위안이기도 했다. 지금은 떳떳하냐고 물어본다면, 여전히 아니라고 대답할 수밖에 없다. 물론 나는 성장했고 내 수업에서 누구도 방치되지 않도록 노력하고 있지만, 매년 나름의 경력과 노력도 소용이 없게 나를 무기력하게 만드는 순간들이 찾아오기 때문이다. 다양한 장애나 학습 부진 학생들을 만나다 보니 여전히 스스로 핑계거리를 찾는 내가 보인다. 주변에서 '선생님 너무 애쓰지 마세요. 영어까지는 무리에요. 다른 학생들도 많은데 그냥 두세요'라는 말들이 가끔은 너무나 달콤하게 느껴진다.

학습이 부진한 학생들의 경우는 결손 가정이나 다문화 가정에서 자라는 경우가 많다. 이 아이들도 경제적으로 여유가 있는 가정에서 자랐다면 미리 알파벳과 파닉스를 배웠을 것이고 교과서에 나오는 이야기 정도는 별다른 어려움 없이 읽었을 것이다. 학습 부진이 꼭 학생 탓만

모두 참여 수업

은 아니다. 이러한 상황을 알기에 장애 유무와 상관없이 학생들 사이에 이미 엄청난 수준 격차가 있는 영어 수업에서 누구도 방치하지 않으려면 수업에 대한 고민을 계속해야 했다.

우노 게임을 활용한 활동도 학생들 모두를 참여시키고 적극적으로 발화 연습하도록 이끄는 데 무척 유용했다. 우노도 흔히 원 카드라는 게임으로 학생들이 이미 많이 알고 있어서 약간만 변형해서 수업 활동으로 활용할 수 있었다. 먼저 기존 UNO 게임 배경과 똑같은 디자인을 찾아야 했다. 당시 수업 지도안이나 자료에 좋은 아이디어가 생각나지 않을 때마다 보물단지처럼 애용하던 Pinterest에서 UNO 게임용 PPT 자료를 찾아서 무료로 쓸 수 있었다. 물론 그 이후 작업은 다시 시간과 육체노동과의 싸움이었다. 교과서 주제에 맞는 이미지를 일일이 카드마다 삽입했다. 주요 표현들을 쓰고 카드 세트를 프린트하기까지 이틀은 걸렸다. 6가지 다른 색지로 6팀 세트를 프린터 한 후 Go Fish 세트를 만들 때와 같이 오려야 했다.

---

### 응용한 Uno 게임 활동

1. 교과서 주요 표현이나 단어들과 이미지가 들어간 게임 템플릿을 만들어서 6세트의 게임 카드를 준비한다.
2. 각 팀에 주고 카드를 골고루 섞게 한다. 보통 학생마다 7장의 카드를 받는다.

3. 남은 카드들은 중앙에 올려놓고 카드 한 장만 그림이 보이게 놓는다.
4. 각 플레이어는 자신의 차례가 오면 카드 중 하나를 선택하여 낼 수 있다. 이 때, 세 가지 카드 중에서 선택할 수 있다. 첫째, 책상에 놓인 기준 카드와 같은 영어 표현을 가진 카드. 둘째, 표현은 다르지만 게임카드의 테두리 색이 같은 카드. 셋째, 기준 카드와 테두리 색이 같은 아이템 카드나 다음 플레이어가 내야 될 카드 색을 바꿀 수 있는 any color 카드.
5. 중요한 것은 어떤 선택을 하던지 반드시 카드에 적힌 표현을 소리 내어 읽어야 한다.
6. 읽은 후 해당 카드를 내려놓는다.
7. 학생들이 가장 애정하는 아이템 카드는 기능에 따라 규칙에 맞게 사용한다.
8. 카드를 먼저 모두 소진한 플레이어가 우승 포인트를 받는다.
9. 우승 포인트는 처음에는 교과서의 스티커였다. 지금은 Classdojo라는 앱을 사용하여 바로 바로 교사의 폰에서 올려준다.
10. 시간 안에 카드를 다 사용한 플레이어가 나오지 않는 팀은 카드 수가 가장 적은 학생이 우승자가 된다.

UNO 게임 활동 중 통합교육 영어에서 중요한 지점은 5번이다. 반드시 카드에 적힌 표현을 소리 내어 읽어야 한다. 그런데 장애가 있는 학생들을 포함하여 읽기가 어려운 학생들은 어떻게 발화할 수 있었을까? 주요 표현의 단어일 경우나 간단한 어구일 경우는 영어 표현 아래 한글 음가가 적힌 게임 카드를 제공했다. 하지만 기본적인 카드 크기의 특성상, 이 과정이 불가능한 때도 있고 또는 한글로 읽기도 버거울 때가 있었다.

모두 참여 수업

요즘에는 다양한 이유로 우리말 발화도 어려워서 못 하는 학생들도 있다. 이럴 때는 옆 친구들이 알려 주는 표현을 따라 읽으면서 참여하도록 독려한다. 도와주는 학생들은 영어실에서 운영하는 도조(classdojo) 점수 중 친구 돕기 포인트를 얻기 때문에 대부분 협조적이다. 또래 교수가 자연스레 일어나는 순간이다.

이마저도 어려운 학생들은 일반 UNO 게임과 같이 그림만 맞추면서 하도록 했다. 물론, 누군가는 '영어를 배우는 것은 아니잖아'라고 반문할 수도 있다. 하지만 적어도 그 활동 시간에 아이들은 미소가 떠나질 않고 다른 친구가 하는 표현을 반복적으로 듣게 된다. 미약하지만 학습은 이루어지고 수업에서 소외되지 않는다.

이 부분은 수업을 마무리할 때 탈출 티켓(exit ticket)으로 그날 활동에서 기억나는 표현 한 가지라도 말하고 나가게 해 보면 확인할 수 있었다. 영어실에서 탈출하고 싶은 마음은 모두가 같기에 단어 하나라도 후다닥 말하고 교실을 떠났다. 사랑스러운 내 학생들의 탈출 모습이다.

# 05

# 어떻게든 영어 대화는
# 계속된다

10년 넘게 영어를 배워도 말 한마디 못 한다라는 말은 아직도 우리나라의 영어교육을 비판하는데 가장 정곡을 찌르는 표현이다. 10년 이상 영어를 배웠어도, 실제로 영어를 사용하지 못하는 상황은 예나 지금이나 크게 달라지지 않았다. 이는 여전히 학교에서의 영어 공부가 문법과 어휘 학습과 시험을 통해 이를 측정하는데 초점이 맞추어졌기 때문이다. 이에 따라 실제 상황에서 영어를 사용하는 것에 대한 학습 기회가 부족하고, 말하거나 쓰는 것에 대한 자신감도 부족하게 된다. 그러다 보니 일찍부터 영어 유치원에 보내거나 영어 학원에 보낸 가정과 그렇지 못한 가정의 자녀들 사이에는 영어 실력 차이가 분명히 존재한다.

공교육에서 이를 극복하기는 그리 쉬운 일이 아니다. 장애가 있거나 경계선 지능에 있거나 느리게 배우는 학생들은 이러한 상황에서 훨씬 더 어려움을 겪는다.

수준과 상관없이 모든 학생이 영어를 실제 상황에서 사용할 기회를 늘리고, 학생들이 영어를 사용할 때 자신감을 가질 수 있도록 지원하는 것은 당연히 필요하다. 영어를 공부하는 과정에서 언어의 사용뿐만 아니라 문화와 관련된 측면도 함께 배울 수 있는 환경을 조성해야 한다. 그래야 보다 실용적이고 유익한 영어 학습 경험을 제공할 수 있다. 하지만 이는 너무나 다양한 수준이 존재하는 학교 현장에서 절대 쉬운 일이 아니다.

이렇게 개선이 필요한 부분들을 통합교육 환경에서 현명하게 제공할 방법이 있는지는 모르겠다. 12년을 꾸준히 통합학급의 영어 수업을 해 왔지만, 여전히 나는 헤매고 있다. 나는 학생들 각자의 상황과 수준이 다르기에, 모두가 똑같은 목표와 성취기준을 달성하기는 어렵다는 것을 인정한다. 그래서 대다수는 성취기준에 도달하도록 하되, 그에 도달하기 어려운 학생이라면 조금 더 영어에 흥미와 재미를 느끼고 수업에 적극적으로 참여하도록 하는 데에 최선을 다한다.

듣기와 말하기를 국가가 정한 공교육 시간 내에서 학습하고 연습하여 실생활에서 유창하게 발화하기에는 시간이 너무나 부족하다. 학습에 어려움이 있는 학생들은 수준별 학습이나 훨씬 더 많은 시간이 필요하다. 그럴 수 없다면, 적어도 수업 시간 안에서 학습목표에 해당하는 표현을 꾸준히 발화하면서 익히도록 만들어야 한다. 나는 영어를 학습하면서 어떻게 의미 있는 소통의 기회를 제공하면서 피드백과 격려를 줄 수 있을까? 고민이었다. 시도한 많은 활동 중에서 가장 효과적으로 학생들의 발화를 이끌어 내면서도 적극적인 참여가 높았던 것은 데이트 모임(speed dating)이었다.

이 활동은 내가 영어 실력을 키우려고 미드(미국 드라마)를 즐기다가 '아하' 하며 아이디어를 떠올리게 되었다. 2000년대 중반 등장한 데이트 앱들의 영향도 있지만, 미국 일부 지역에서는 여전히 인기가 있다. 모임에 참여한 성인들이 정해진 테이블에 앉으면서 데이트가 시작된다. 3~5분 동안 마주한 서로에 대해서 궁금한 것을 묻고 답하다가 사회자의 신호에 따라 다른 테이블로 바꿔 앉으며 다른 사람과 만나게 된다. 드라마를 보다가 이 활동을 살짝 변형해 수업 시간에 해 보면 재밌을 것 같았다. 수업에 맞게 수정을 한 후 적용을 해 보았다.

우선, 의자를 두 줄로 마주 보게 배치한다. 학생들은 모임이 시작되면 30초간 앞 친구와 주요 표현을 연습한다. 시간이 되면 오른쪽 줄의 학생들이 한 칸씩 순서대로 자리를 옮긴다. 그러면 30초마다 짝이 바뀌면서 대화 연습은 계속 반복하게 된다. 왼쪽 친구들은 움직이지 않는다. 그리고 장애 학생이나 경계선 지능의 학습 장애가 있는 학생들은 왼쪽 앞쪽에 앉게 한다. 그러면 내가 바로 앞에서 도우미 역할을 해 줄 수 있다. 앞에서 언급한 민우도 항상 왼쪽 줄 맨 앞 휠체어에 앉아서 최선을 다해 주었다.

짝이 계속 바뀌는 것만으로도 아이들에게는 엄청난 동기부여가 되었다. 여기에 카드를 추가 하기도 했다. 활동에 사용하는 카드를 가위바위보를 이긴 후 하나씩 가져가는 것도 매우 도움이 되는 장치였다. 활동 카드에는 한글 음가 힌트가 없었지만 영어실 중앙 화면에는 한글 음가가 힌트로 제시된 주요 표현 슬라이드를 제공했다. 아이들이 화면을 보는 횟수가 줄면 슬라이드 화면을 내렸다. 이 데이트 모임 활동은 짧은 표현을 반복해 연습하고 익히는데 무척 유용했다. 아이들은 표현도 익히면서 빠른 속도로 이뤄지는 만남을 게임처럼 즐겼다.

이 활동은 코로나가 발생한 이후로는 하지 못하고 있었다. 2023년 8월 말로 코로나가 4급으로 감염병 등급이 하향되어 다시 효과적인 말하기 활동으로 쓸 수 있게 되었다.

$$\widehat{06}$$

# 모두가
# 포노사피엔스

우리 아이들은 흔히 핸드폰을 물고 태어난 세대로 불린다. 2015년 잡지 〈이코노미스트〉에 스마트폰을 손에 쥔 새로운 인류라는 의미의 포노사피엔스(phono-sapiens)라는 신조어가 등장했다. 요즘은 3살 아이들도 아이패드로 간단한 학습 활동을 하는 것은 흔한 일이다. 고학년 생들은 대부분 개인 스마트폰을 가지고 있다. 내가 에듀테크(edu-tech)를 본격적으로 수업에 활용하기 시작하던 2013년에도 개인 폰이 없는 학생들은 거의 없었다. 그럼에도 전체 학생들이 수업에 교육용 앱을 활용하도록 하기 위해 집에 사용하지 않는 휴대전화기들까지 총동원했었다.

내 영어 수업의 가장 중요한 지향점은 누구도 소외되지 않고 배우고, 놀고, 자라는 것이다. 그래서 장애가 있는 학생이나 경계선 또는 학습 부진 학생들도 비장애 학생들과 함께 배우면서 즐겁게 참여하는 수업으로 구성하고 있다. 수많은 시행착오를 거치면서, 에듀테크를 제대로만 활용하면 수준별 수업뿐 아니라 방치되기 쉬운 장애 학생들에게도 매우 유익한 도구가 된다는 것을 깨달았다. 수준별 학습을 넘어 열의가 낮은 학생들에게 학습의 흥미를 높이고, 또래 교수의 시너지 효과도 배가 되는 영어 수업으로 발전하고 있다. 장애가 있는 학생들도 접근이 쉬운 앱을 활용해 상호 대화가 가능한 활동 등 다양한 학습이 가능하다. 에듀테크는 영어 학습에서 교사의 일감은 줄이고 효과는 배가하는 훌륭한 보조자 역할을 했다. 이후에 언급되는 교육용 앱이나 서비스들은 장애가 있는 학생들만을 위한 것들이 아니다. 장애 학생들도 교실에서 태블릿을 기가 막히게 사용하는 경우가 많다.

지금은 영어실에 학생들이 개별적으로 사용이 가능한 장치(디바이스)와 무선망이 제대로 구축이 되어있다. 학생들이 디바이스를 교과서처럼 사용하고 있다. 미래 교육이라는 화두에 적합한 환경과 수업 활동을 만들어가려고 노력하고 있다.

# 07

# 에듀테크와 함께 가는 길;
# 도구는 거들 뿐

에듀테크를 도입하기 전에는 너무나 다양한 학생들의 수준 차이를 줄이면서도 모두가 흥미롭게 참여할 수 있는 활동을 연구하기 위해 많은 시간을 보냈다. 눈치껏 다른 영어 전담 선생님의 수업 방식에서도 배우고 원어민 선생님들 수업도 보면서 어떤 자료들과 활동들이 주로 이뤄지는지 관찰했다. 자료들 찾아서 편집하다 보면 한밤중에야 끝났다.

2010년대 초에는 아이들의 흥미를 끌어내기 위해서 PPT 기반(파워포인트에서 실행이 가능한) 마리오나 포켓몬 같은 게임들이 많이 사용되었다. 인디스쿨에서 학습지를 받아 사용하는 때도 많았다. 나도 근무 초반에는 듣기, 말하기, 읽기, 쓰기 영역별로 다양한 학습지와 단어 카드, PPT 게임 등을 활용했다.

기존 수업 자료들을 수업에 썼으나 아쉬움이 컸다. PPT 게임 같은

모두 참여 수업

경우는 대부분 잘하는 학생들이 정답을 맞췄고 나머지 학생들은 배움보다는 게임의 분위기를 즐기는 것으로 끝났다. 그래서 내 나름대로 팀 전원이 함께 발화하지 않으면 무효라는 규칙을 만들었다. 그러자 자연스럽게 영어를 잘하는 학생이 팀의 아이들을 이끌면서 게임이 진행되었다.

학습지나 교과서 위주로 쓰기, 읽기 활동을 하는 때에는 아쉬운 지점들이 있었다. 수준별로 학습지를 제공하지 않는 이상은 수준이 높은 학생들은 너무나 빨리 써서 여유 시간이 생긴다. 반면, 교과 내용도 어려운 학생들은 도움이 없으면 교과서의 빈칸 채워 쓰기도 너무나 어려워했다. 이런 문제를 해결할 수는 없을까? 고민이었다.

학생들이 서로 협력하면서 학습을 도와주고 교사는 모니터링과 피드백을 주기 쉬운 방법이 너무나 절실했다. 해결 방안을 찾게 된 것은 자의 반 타의 반으로 시작한 대학원에서 오언 교수님을 만나면서였다.

2012년 교육대학원에서 만난 교수님은 검색엔진으로만 알던 구글을 다양하게 사용해 수업을 하셨다. 또, 소크라티브라는 앱을 사용해 학생들이 토론 후 내용을 즉석에서 제출하게 하셨다. 또한 학생들의 발표 전시물을 보고 각자 피드백을 구글 폼즈(Google Forms)로 제출하게 하셨다. 모든 것이 나에게는 신세계였다.

다른 한국인 교수님들이 여전히 90년대 교재를 읽으면서 낡은 수업에 머물러 있었던 터라 오언 교수님의 교수학습 방법과 다양한 기술을 활용한 수업, 그 효과는 나에게 엄청난 인사이트를 주었다. 내가 배운이 방법을 내 학생들의 수업에 적용하면 어떤 시너지가 생길까 하는 궁금함과 함께 도전하고 싶은 용기가 생겼다.

## 너의 설명, 나의 노력

내가 학생이 되어 교육용 앱을 사용하며 강의에 참여하면서 마음가짐이 바뀌고 매우 적극적으로 참여하게 되는 경험을 했기 때문에 내 어린 학생들에게도 같은 교육적 효과를 볼 수 있을 것이라는 생각이 들었다. 서서히 내 영어 수업에 어떻게 적용할지 정리를 하면서 도입할 첫날을 준비했다.

처음에는 소크라티브(실시간으로 퀴즈를 출제하고 풀 수 있는 온라인 퀴즈 앱) 서비스가 제공하는 기능을 사용해서 학습지 없는 퀴즈 문제 풀기 위주로 사용했다. 효과는 매우 좋았다. 대다수 학생의 학습에 대한 동기가 올라갔고 활동을 마무리하려는 몰입도 또한 놀라웠다.

그렇지만 통합지원반 학생들과 경계선 지능에 있는 학생들은 내용 이해를 못 해서 무용지물이나 마찬가지였다. 문제가 우리말이어도 이해를 못 하거나 영어를 읽지 못해서 제때 제출하지 못하는 소수의 학생에 대한 대책이 필요했다. 고민을 거듭하다 영어실 자리 배치의 효과를 최대로 살릴 수 있는 또래 교수를 적극 활용하기로 했다. 팀별로 좋아하는 마블 캐릭터 이름을 정해 팀 활동이 있을 때마다 코팅해 자석을 붙인 캐릭터를 보드에 붙여서 사용했다.

함께하는 쓰기 활동을 위해서는 모든 학생의 부담을 줄여 줘야 했

모두 참여 수업

다. 책을 보지 않아도 한 문장은 쉽게 쓰는 학생들이 팀마다 한 명씩은 있었기 때문에 그 학생들이 또래 교수의 중심이 되어 함께하면 1점씩 올라간다는 규칙을 만들자 팀별로 화이팅을 외치는 장면이 연출됐다.

활동 시작 전에 모든 학생이 읽기와 쓰기가 중점인 차시의 교과서 페이지를 펴고 대기를 한다.

나는 앱의 가장 기초적인 기능만 사용해 즉석에서 퀴즈를 낸다.

"자, 여러분 준비가 됐나요? 우리는 함께 사는 겁니다. 선생님이 우리말 뜻을 말할 테니 해당 표현이나 문장을 교과서에서 찾아서 문장으로 바르게 쓰고 제출하면 돼요. 준비됐나요?"

"네!!!"

"첫 번째 퀴즈입니다. 다들 준비됐나요?"

아이들은 이미 웹에서 만든 내 교실에 접속이 된 상태이고 학생용 앱에서 타이핑하면 제출된다. 퀴즈가 시작되면 영어를 곧잘 하는 학생들과 기록자 학생들이 가장 바빠진다.

"얘들아, 알지? Can I take a picture?야."

"나 철자 몰라. 어쩌라고."

"책에 있잖아. 여기 봐봐."

"오케이, 내 신들린 타자 실력을 보여 주겠어."

주어진 시간 동안 아이패드로 아이들의 답이 실시간으로 올라와 확인이 된다. 가장 실수가 많은 문장 첫 글자 대문자 쓰기라던가, 문장 부호 바르게 쓰기 등은 바로바로 피드백을 준다. 보고 쓰는 퀴즈라 정확한 문장만 인정이 되기 때문에 퀴즈를 몇 번 진행하다 보면 아이들 스스로 재점검하고 제출하게 된다.

아이들은 활동 중에 경쟁심에 도취가 되어서 급한 마음에 짜증을 내거나 대리 쓰기를 하는 경우가 생겼는데 이를 방지하기 위해서 규칙을 충분히 설명해 주었다.

"여러분 중에 이미 자신감에 차 있는 분들이 많은 것도 잘 알아요. 그런 자신감을 여러분의 재능이라고 생각하고 옆 친구에게 기부를 해 주세요. 선생님이 충분한 시간을 드릴 거예요. 선생님 패드에 실시간으로 여러분의 답이 올라옵니다. 혹시라도 피드백을 받는다면 시간 안에 수정해서 올리면 인정해 드립니다."

"선생님, 그런데 미영이는 어떻게 해요?"

통합지원반 학생을 말한다. 이런 경우에는 통합지원반 학생들도 수준 차이가 있으므로 아이가 할 수 있을 만큼 최대치를 쓰도록 요구한다.

"미영이는 선생님이 내는 퀴즈에서 주요 단어만 쓰면 인정합니다."

통합지원반 학생들은 이렇게 물어봐 주기라도 하지만 통합지원반 소속이 아닌 아이들은 비장애 학생으로 여기기 때문에 특별한 요청이 없다. 하지만 오히려 경계선에 있는 학생들이 도움이 더 절실한 경우도 많다. 이런 경우에는, 아이패드를 들고 조용히 그 아이들 주위를 돌아다닌다.

과연 통합지원반 학생들에게도 또래 교수로 인한 배움의 효과가 있을까 궁금했다. 내 패드에 아이들이 적은 키워드가 보이자 나는 일부러

큰소리로 칭찬 멘트를 날리며 기록자에게 1점을 추가하라고 하였다. 아이들은 미소를 띠면서 다음 퀴즈를 준비한다.

이제 장애는 없지만 학습 자체에 어려움이 있는 아이들을 둘러봐야 한다. 첫 문제에서 답이 올라오지 않았다면 그 팀의 분위기를 살펴야 한다. 역시나 평소에 팀에서 외톨이처럼 보이는 혁이와 민준이는 친구들과 모여 있지 않고 자리가 좀 떨어져 있는 상태이다.

이런 안타까운 상황은 내 격려 몇 마디로 대부분 해결되지만 그렇지 않은 예도 있다. 이럴 때는 내가 학생 옆에 앉아서 같이 도와준다. 내 개인 패드로 아이들의 답은 계속 올라와서 실시간 모니터링이 되기 때문에 내가 어디에서 수업을 진행해도 걸림돌이 되지 않는다.

오히려 다음엔 내가 없어도 서로 도와가면서 활동이 진행될 수 있도록 대상 학생도 도와주면서 다른 팀원들과도 살짝 대화를 이어 나간다.

"얘들아, 너네만 잘하지 말고 우리 같이 좀 살자~ 재능 기부 좀 해."

"쌤! 저희가 도와줘도 안 해요. 알려줘도 가만히 있어요"

"오해하지 말고 선생님 얘기 잘 들어봐. 선생님이 돌아다니면서 보면 알려 줄 때 화나 보여. 지금은 너희가 선생님이나 마찬가지인데, 내가 만약에 그렇게 짜증을 내면서 알려 주면 영어 배우고 싶을까?"

"……"

아이들은 착하다. 대부분 그 뒤로는 정말 선생님 모드로 바뀌어서 천천히 손가락으로 짚어 가면서 설명을 해 준다.

이렇게 해도 해결이 안 되는 관계는 내 능력 밖이다. 이미 반에서부터 쌓여서 왕따나 은근한 따돌림이 된 경우이다. 담임선생님이 교실에서 분위기를 바꿔야 되는데 손을 놓고 있는 것 같은 느낌이 강하게 들 때면 나만 그렇게 느끼는 건지 주변에 물어보는 경우가 있다. 같은 생각을 가진 동료가 있다는 것은 그 아이가 속한 반에 문제가 있다는 것이 아닐까.

열심히 움직여 준 기록자들 덕분에 각 팀이 얻은 점수가 합산되고 우승팀에게는 우승 점수가, 반 전체에게는 팀 점수를 준다.

## 나만의 학습 패턴을 찾아서

기본 어휘를 배우는 것은 외국어로서 영어를 배우는 어린 학습자들에게 매우 중요하다. 기본 어휘들은 의사소통을 쉽게 하는 읽기와 쓰기 기술을 발전시킨다. 무엇보다도 학습에 대한 동기와 자신감을 높인다. 더욱 복잡한 문장이나 글을 구성하는 기초적인 역량이 된다. 문제는 이 기본적인 학습 단계를 학생 수가 많고 수준 차이가 다양한 공교육 교실에서 수행할 때 한계에 부딪힌다는 것이다.

학원에서 근무할 당시에는 필요한 어휘교재는 수강료로 구매해서 일괄 지급하면 되었다. 하지만, 공교육 교과서에 나오는 주제별 주요 단어들을 보면 마치 학생들이 해당 학년에 필요한 sight words(영어 읽기 규칙에는 따르지 않지만 텍스트에 매우 빈번하게 나오는 the, of, for, is 같은 단어들)는 다 알고 있다는 전제 조건이 붙은 듯하다.

4학년 교과서와 5학년 교과서의 수준 차이는 매우 크다. 아무리 뛰어난 교사라도 이 차이를 모든 학생 수준에 맞게 메꿀 수는 없다. 공교육 교육과정에서 듣기와 말하기 위주로 3학년과 4학년의 2년 동안 영어 수업을 받던 학생들이 갑자기 두 쪽에 달하는 짧은 이야기를 읽고 이해할 줄 알아야 하는 것이다. 사교육을 받지 않는 학생들이 이 벌어진 수준을 주 3회 수업으로 따라잡는 것은 현실적으로 너무나 어렵다. 더구나, 통합지원반 수업과 맞물려서 3차시 중 1차시나 2차시만 들어오는 통합지원반 학생들이라면 같은 진도 맞추기도 거의 불가능하다.

학교 근무 초반에는 나도 인디스쿨에서 단어장이나 학습지를 다운받아서 사용했다. 내 학생들 수준에 맞게 편집을 해서 시간마다 나누어 주고 시험을 보게 했다. 나중에는 아예 학기나 학년별로 책처럼 만들어서 주었다. 사용한 종이도 엄청나지만 150명 정도 되는 학생들의 자료를 소책자처럼 만들어야 하는 일은 육체적으로 무리가 따르는 일이었다. 그마저 통합지원반 학생들에게는 무용지물이나 마찬가지인 경우도 많았다.

단어 시험 후에는 걷어서 채점하는 것도 버거워서 적절한 피드백을 주는 것은 거의 불가능했다. 나 스스로 힘들어서 포기하기 전에 대안이 필요했다. 영어를 잘하는 학생들부터 장애가 있는 통합지원반 학생들까지 수준별로 어휘 학습이 가능한 방법을 고민하던 어느 날 한 학회 발표에서 그 해답을 찾았다.

나는 대학원을 졸업 후 오언 교수님에게 나름대로 전수받은 수업 방식들이 새로운 세대인 학생들의 학습 동기와 적극적인 참여를 높인다는 것을 뼈저리게 느꼈다. 그 후로는 더 많은 내용을 배우기 위해서 다양한 학회 발표와 연수 등을 찾아 주말 생활은 반납한 지 오래였다.

처음으로 참여한 멀티미디어 학회의 연수에서 영어 교육 서비스를 제공하는 3곳의 발표가 있었다. 그중에서, 영어 단어 학습을 앱에서 쉽게 접근해 할 수 있는 서비스를 보면서 '아, 이제 단어 학습지여 안녕' 이라는 마음의 외침과 함께 설명서를 받아서 내려왔다.

아무리 좋은 서비스라도 내 학생들의 상황에 맞게 적용하지 못하면 아무 소용이 없다. 그동안의 경험을 통해 나의 요구는 네 가지였다. 첫째, 내가 교과서 주제별로 단어장 만드는 게 쉬워야 한다. 둘째, 아이들이 같은 양의 단어를 필수적으로 공부를 해야 하더라도 각자 편한 시간에 충분한 시간을 가지고 학습할 수 있어야 한다. 셋째, 학습한 단어를 스스로 테스트가 가능하면 좋겠다. 넷째, 이 모든 학습 결과 데이터를 내가 받아서 학생마다 진행 과정을 확인하고 피드백을 주고 싶다는 것이었다. 학회에서 발견한 서비스로 이 고민이 한 방에 해결될 것으로 보였다. 나는 수업 시간에 활용하기 시작했다.

교과서 제공 필수 단어들뿐 아니라, 영어를 학교에서만 배우는 학생들을 위해서 교과서 sight words들도 목록으로 만들었다. 해당 서비스 웹사이트에서 제공하는 기능을 이용해 단어들을 입력해 미리 단어장을 만들어 놓은 다음 각 반에 공유했다. 앱 단어장을 처음 소개하는 날, 학생들에게 각 반 아이디로 가입하도록 한 후 학습 방법을 안내했다.

"자, 여러분 우리가 한 과 주제를 끝내는 기간이 약 14일 정도 돼요.

물론 주말이 포함되죠. 주말에는 당연히 놀아야 하니까, 그 시간을 충분히 즐길 수 있게 평일에 조금씩 나눠서 외우시면 돼요. 이미 단어를 많이 아는 분들은 빨리 끝내고 매칭 게임을 즐기시고, 어려운 분들은 매일 조금씩 나눠서 열심히 해 봅시다!"

과연 모든 것이 원하는 대로 이루어졌을까? 첫 단어 과제를 진행하면서 회사에서 제공하는 리포트를 확인했을 때 당연히 실망이 컸다. 영어를 좋아하거나 공부 자체에 동기부여가 높은 학생들 외에는 과제 진행률이 거의 바닥이었다. 결국, 모든 담임선생님께 메신저를 보냈다.

"항상 고생하시는 담임선생님들께, 제가 아이들이 스마트 폰으로 단어 학습을 할 수 있도록 과제를 내주고 있습니다. 전담이어서 그런지 진도율이 저조하네요. 선생님들의 도움이 절실합니다. 안내장 쓰실 때 말씀 부탁드려요."

담임선생님들의 한마디는 내 백 마디보다 효과가 좋았다. 이런 효과를 확인 한 후에는 계속 담임선생님들의 협조를 구한다. 대부분 선생님은 적극적으로 도와주신다.

이제 다른 학교로 전근 가신 유 선생님은 반 아이들의 영어과제 모니터링을 정말 꼼꼼하게 해 주셨다. 아예 과제 리포트 전체를 캡처해서 보내 달라고 하셨다. 이 반은 담임선생님 덕분에 주제별 단어과제를 모든 학생이 마칠 수 있었다. 이 선생님께서 정말 대단하신 건 통합지원반 학생과 경계선 지능 장애 학생들의 학습목표까지 나와 충분한 상의를 해 주셨다는 것이다.

단어 앱 서비스가 아무리 환상적이어도 모든 학생의 학습 능력에 맞는다고 생각하지는 않는다. 집중력이 매우 떨어지거나, 국어 단어도 이해를 못 하거나, 장애가 매우 심한 학생들이 집에서 단 몇 분이라도 혼자 단어 공부를 하기가 쉬운 일이 아니기 때문이다.

아이들과 약속한 2주가 반절 정도 지나면 정해진 기간 안에 과제를 마무리하지 못할 학생들이 눈에 보인다. 장애가 있는 학생들인 경우는 유 선생님과 같은 '특수한' 경우가 아닌 이상은 담임선생님들도 도와주시기 어려운 상황이 많다. 그러면 특수교사 선생님과 상담하여 아이가 어느 정도까지 학습할 수 있고 가정에는 도와주실 분이 있는지 조언을 얻는다. 쉬운 단어들이라면 집에서 따로 시킨다고 해 주시는 부모님들도 계신다. 하지만, 아쉽게도 제대로 진행이 되는 경우는 극히 드물었다. 그래서, 지금도 장애가 있는 학생들이나 경계선 학생들의 과제 리포트 결과는 미완성인 경우가 대부분이다. 그래서 이 학생들에게는 준비한 수업 활동이 너무 어려우면 따로 이어폰을 주고 단어 학습을 하도록 한다.

이 단어 학습 서비스를 단어 과제와 수준별 학습을 위한 접근성과 편의성만 더해진 것이 아니다. 게임형 퀴즈도 학생들의 참여와 동기부여에 매우 긍정적인 영향을 끼쳤다.

나는 영어 수업 초반부에 학습 동기를 강화하기 위해서 단어 배틀을 한다. 과제를 낸 첫 주는 객관식 테스트 게임을 하고, 2주 차에는 철자를 외워야 고득점이 가능한 게임을 한다.

모두 참여 수업

2주 차에서 장애가 있는 학생들과 경계선 지능의 학생들은 당연히 어려움을 느낀다. 그래서 그 아이들은 배틀을 하는 동안 집에서 하기 어려운 암기 단계를 하도록 독려한다.

재미있는 것은 1주차에 진행하는 객관식 배틀 활동이다. 이 활동을 반복적으로 하다 보면 영어를 매우 어려워하던 거의 모든 학생이 단어를 통단어로 기억하는 경우가 많았다. 점수가 낮으면 우연이라고 생각할 수도 있었지만 유심히 이 학생들 리포트를 확인해 보면 시간이 갈수록 뜻을 기억해서 외운 단어들이 늘어나는 것이 보였다.

그동안의 경험으로 보면 오히려 객관식 단어 배틀 활동 결과에서 장애가 있는 학생들이 더 높은 점수를 얻는 경우도 많았다. 나는 이럴 때마다 약간 과장해서 칭찬을 해준다. 아이들이 웃어주면 나도 더 뿌듯하다. 자폐 스펙트럼이 있는 학생의 사례를 아래 QR코드를 통해 볼 수 있다.

▶ 자폐 스펙스트럼 학생이 클래스카드 배틀을 즐기는 사례

**함께 받는 즐거움**

대학원을 졸업하기 전까지 오언 교수님은 학생들이 반드시 지역 KOTESOL 월례 행사에 참여하게 하셨다. 학생들은 대부분 학점이 포

함된다는 이유로 거의 반강제로 참여'하는 분위기였다. 하지만 나는 거기서도 신세계를 만났다. 수업에 적용하면 엄청난 시너지 효과가 날 것 같은 교육용 앱들을 접하게 되었다. 당시에는 학생들 격려 차원에서 칭찬 스티커를 주는 것이 일반적이었다. 주로 학생들이 정해진 수만큼 스티커를 얻으면 추가 보상이 주어졌다. 그러나 칭찬 스티커를 운영하려면 스티커 판도 미리 준비되어야 했고 스티커도 넉넉히 들고 다녀야 했다. 다 쓴 스티커 판은 애물단지 돼서 쓰레기로 버려졌다. 솔직히 수업시간 안팎으로 스티커를 배부하는 일에 많은 시간을 써야 했다. 어쩌다 학생의 실수로 팀 스티커 보드가 분실되는 날에는 상황이 심각해지기도 했다. 잃어버린 아이는 죄인이 되어버리는 상황이 만들어졌다. 더구나 비장애 학생들 위주로 스티커를 주다 보니 장애가 있어서 수업 참여가 어려운 학생들은 개인 스티커를 받을 기회가 거의 없었다.

이런 아쉬움을 해결하고 수업관리, 특히 칭찬 점수 방법을 개선할 방법을 반강제로 끌려간 지역 KOTESOL에서 찾을 수 있었다. 아이들이 참여를 열심히 하거나 발표하는 등의 칭찬 받을 일이 생기면 내가 돌아다니면서 폰에 있는 앱으로 해당 점수를 올려 줄 수 있었다. 반 아이들이 전체적으로 열심히 참여하면 반 학생 전체를 선택해서 칭찬 점수를 줄 수 있었다.

무엇보다도 아이들 모두가 좋아한 것은 각자의 이름으로 무작위로 선택되는 귀여운 몬스터 캐릭터들이었다. 장애가 있는 학생들도 마찬가지였다.

"와, 민지 캐릭터는 오징어 외계인 같아!"

"예찬이 몬스터는 눈이 세 개야. 그런데 귀여워!"

더 이상 스티커 보드도, 스티커도 필요 없었다. 수업 중에 순간순간마다 즉석에서 본인 캐릭터의 점수가 변하는 것을 보는 아이들은 열광했다.

당시 자폐가 너무 심해서 자해 행동이 있던 우진이는 통합지원반에서 보내준 영어 학습지로 수업 시간에 집중할 수 있었다. 나는 우진이가 그날 얼마나 학습했는지 확인한 후 해당 점수를 올려 주었다.

아이들이 좋아하는 이 서비스를 더 유용하게 사용하고 싶었다. 어떻게 하면 이 좋은 시스템으로 아이들이 서로 도와주면서도 각자의 능력대로 성취도를 높일 수 있을까, 고민하다가 아이들의 작지만 의미 있는 노력을 각각 항목으로 만들어 반영하기로 했다. 예를 들어, 친구를 도와주면 친구 돕기 점수를 얻고, 수업 후 의자 정리를 하면 매너 점수를 주는 식이다. 꼭 영어 학습 성취와 관련이 없더라도 수업 시간에 다양한 방식으로 동기부여를 받기를 원했다.

이런 점수 항목 중에 자연스럽게 아이들의 또래 교수를 끌어낸 것은 친구 돕기 점수였다. 2점밖에 되지 않았지만, 아이들은 누구를 도울지 열심히 찾아 다닐 때도 있었다. 수업이 어수선해질까 봐 일단은 같은 팀 친구부터 도와주는 것을 규칙을 정했다. 이런 긍정적인 영향의 효과는 장애가 있는 학생들에게도 돌아갔다.

활동 중 따라 읽도록 도와주면 그 친구는 친구 돕기 점수를, 열심히 한 통합지원반 친구는 노력이나 끈기 점수를 받았다. 물론, 장애가 너무 심해서 친구들이 근처에 오는 것도 싫어하는 학생과 반에서도 해결이 안 될 정도로 소외당하는 학생들은 도움을 받지 못하는 안타까운 경우도 많았다. 거의 매해 있는, 현재진행형인 아쉬움이다.

그래도 여전히 긍정적인 효과가 더 많았다. 특히, 장애가 있는 학생들도 그날 배운 표현에서 5문장을 말하면 가장 높은 점수를 받는다. 스티커와 달리 언제 어디서나 내게 폰만 있으면 칭찬 점수를 줄 수 있으므로 아이들은 본인이 편한 때와 장소에서 그동안 배운 표현 5개를 말한다. 그러면 바로 최고 점수 5점을 얻게 된다.

당시, 반 점수를 합산해서 3,500점이 넘으면 과자 파티를 하기로 되어 있었다. 아이들은 이 점수를 학기 전에 모으기 위해서 반별로 협동하는 모습을 보였다. 아이들은 그간 공감 형성이 적고 대화도 잘 안되는 통합지원반 학생도 같이 데리고 왔다. 옆에서 천천히 따라 하라고 격려해 주면서 자폐가 심했던 그 학생도 5점을 받을 수 있도록 도와주었다.

이 통합지원반 학생에게는 또 다른 동기부여 장치가 있었다. 30의 배수 점수를 모을 때마다 내가 5개씩 주던 젤리였다. 이 달콤한 간식을 먹기 위해서라도 정말 열심히 말하기 점수를 쌓아갔다. 아이의 캐릭터에 점수가 올라갈 때마다 나도 뿌듯했다. 반마다 이런 협력과 도움으로 학기 말 모든 반이 과자 파티를 할 수 있었다. 방학을 얼마 남기지 않은 시간에 모두 옹기종기 앉아서 과자를 먹으면서 영화를 봤다. 통합지원

　　　　　　　　　　　　　　　모두 참여 수업

반 학생도 비장애 학생들도 그날은 학습의 부담에서 벗어나서 자신들이 성취한 시간을 온전히 즐길 수 있었다.

### 진짜 아름다운 건, 활동 기록을 다시 볼 수 있다는 거야

내가 존경하는 교감 선생님께서 공개 수업을 보신 후에 내게 조언을 하셨다.

"선생님은 수업을 참 잘해. 하지만, 40분 동안 수준별로 학습이 가능한 방법을 더 고민하면 좋겠어. 그리고 장애가 심한 저 학생 말이야. 보조 선생님께 부탁해서 단어 카드 연습이라도 시켜봐."

항상 이 말이 뇌리에 남아서 어떻게 하면 종이 학습지도 줄이고 수준별로 따로 만들어야 하는 나의 부담도 줄일 수 있을까, 고민이 많았다. 에듀테크 활용 전에는 이미지 카드를 활용한 읽기, 말하기 활동에는 항상 일일이 한글 음가를 썼다.

영어를 잘 읽는 친구들까지 발음에 영향을 받을까 봐 따로 학생 수를 파악하여 프린터를 한 후 나눠주기도 했다. 지금도 예전 파일들에 꽉 찬 학습지와 카드들을 보면 나 스스로 대견하기도 하면서도 '하… 내 손목과 바꾼 자료들이네.' 하며 한숨도 나온다.

에듀테크를 접한 이후로 아이들이 긍정적으로 변하고 수업에 윤활유 역할을 한다는 확신이 들면서 꾸준히 수업 활동을 연구했다. 당시 우리나라에서는 스마트 교육으로 불리기도 했지만 내 주변에서는 비슷한 사례를 찾는 것조차 너무 힘들었다. 그나마 다행이었던 것은 영어 강사인지라 다양한 해외 사례들을 검색해서 찾을 수 있다는 것이었다. 매우 오랫동안 나에게 보물상자와 같은 역할을 해 준 사이트가 있었다. 원하는 키워드만 입력하면 미국이나 선진국 교사들이 어떻게 '스마트'한 수업을 하는지 다양한 정보들을 얻을 수 있었다. 여기서 지금까지도 내가 가장 아껴 영어 수업에 가장 활발하게 사용하는 서비스를 찾게 되었다. 이 서비스는 무엇보다도 환경 보호에 기여하고 있다는 자부심이 있다. 제공되는 서비스로 다양한 활동을 제작할 수 있어서 종이가 필요 없는(paperless) 수업이 가능해졌다. 자연스럽게 환경 보호에도 이바지하는 것이다.

이 서비스의 기능들을 오래 연구하다가 번뜩 스친 생각이 있었다. '준비만 잘하면 영어를 잘하는 학생들부터 어려워하는 학생들까지 수준별로 학습을 마무리할 수 있는 활동지를 만들어 한 번에 공유할 수가 있겠네!!'

4학년 이후로 벌어진 교과서의 수준 차이 때문에 읽기를 힘들어하던 학생들의 얼굴이 스쳐 지나갔다. 그동안 이 아이들을 위해서는 기본 표현 아래 한글 음가를 쓴 2번째 슬라이드를 만들어 올려 줬다. 잘하는 학생들은 1번 슬라이드에서 영어 표현만으로 활동했었다. 그리고 안내했다.

"우리는 어렵다고 포기만 하지 않으면 돼요. 영어가 어려운 학생들은 2번 슬라이드에서 한글 음가 힌트를 읽으면서 빙고를 합시다. 대신 같이 있는 영어 표현도 눈으로 꼭 익히셔야 해요. 발음이 어색하지 않

모두 참여 수업

게 선생님을 따라 읽는 것도 잊지 마시고요"

"영어를 잘 읽는 분들은 1번 슬라이드에서 빙고를 해 주세요. 어느 슬라이드를 사용하던 활동 방법은 같아요."

나는 교실을 돌아다니면서 폰에 있는 앱으로 무작위로 학생들을 선택했다. 자기 순서가 오면 읽지 못해서 참여하지 못하는 학생은 없었다.

때에 따라서 내가 준비한 활동이 정말 수준별로 끝날 때가 있었다. 이런 경우에는 영어를 잘해서 시간이 남는 학생들에게 영어를 어려워하는 친구들을 도와주고 친구 돕기 점수를 받도록 독려했다. 하지만 지금은 사춘기의 무게가 10년 전과 다르다. 그리고 같은 6학년이라도 매년 다르다. 친구 돕는 것을 거부하는 아이들도 간혹 나오더니 그 수는 점점 늘어나고 있다. 이런 학생들을 위해서 아예 마지막 슬라이드는 보너스 활동으로 준비했다. 같은 주제이면서 게임으로 구성되어 있기 때문에 자기 활동이 끝나면 자유롭게 그 활동을 하면서 성취감을 얻기도 했다.

종이 학습지를 만드는 고충에서 많이 벗어나면서 종이를 버릴 필요도 거의 없어졌다. 오히려 적은 시간을 들여서 만든 활동지를 여러 반에 한 번에 공유할 수 있어서 편리하다.

학생들은 터치펜으로 그리거나 쓸 수 있어서 '수준이 다양하더라도 활동 참여율이 높아진다. 아이들은 태블릿을 교과서, 학습지 그리고 사전 등으로 다양하게 사용한다. 세상이 변했다.

2번 슬라이드에서 충분한 읽기 연습을 한 후 3번 슬라이드에서는

# 이미지를 활용한 직업 이름 빙고

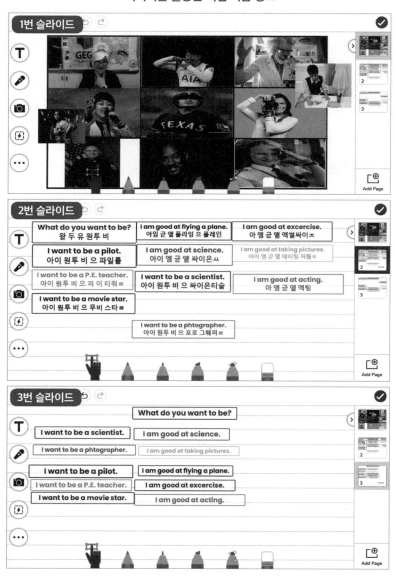

모두 참여 수업

문장 카드 짝 맞추기를 한 후에 녹음 기능을 활용하여 소리 내어 읽는다. 느리게 배우는 학생들과 장애가 있는 학생들은 읽을 수 있는 단어나 문장을 스스로 고른 다음 할 수 있는 만큼 읽으며 녹음을 한다.

누구나 습득 능력이나 속도는 다르다고 생각한다. 처음 배우는 표현을 주 3회 만에 완벽하게 성취한다는 것은 어려운 일이다. 그래서 학생들 학습 과정을 더 중요하게 여긴다. 개개인의 능력에 맞게 성취도를 올리면 된다.

### 고민하지 마세요. 몰입형 읽기 하세요

새로운 에듀테크 서비스들은 꾸준히 개발되고, 나는 많은 서비스 중 내 수업에 적용했을 때 모든 학생에게 도움이 될 것인지부터 고민한다.

마이크로소프트 혁신 인증 교육자(MIEE)가 된 후로는 MS의 새로운 교육용 서비스들도 더 빨리 접할 수 있었다. 그 중에는 나도 모르게 '아하!' 소리가 절로 나온 읽기 학습 서비스가 있었다.

2015년에 소개된 이 학습 방법은 특히 난독증이 있거나 읽기에 어려움이 있는 학생들에게 유익하다. 난독증에 친화적인 글자체와 간격 기능을 제공하여 읽기 능력 향상에 크게 도움을 준다. 게다가 다른 언어로 텍스트를 번역도 하고 영어를 배우는 학습자들을 위해서 그림 사전도 제공한다. 이 읽기 학습 기능을 접하고 나서 수업 시간에 활용할 생각에 무척이나 들떴다. 같은 수업 시간에 학생들이 자기 수준에 맞게 기능을 설정해 읽기 연습을 할 수 있기 때문이다.

이런 학습 방법의 또 다른 강점은 국어, 우리말 읽기가 어려운 학생들의 읽기 연습 활동으로도 활용이 가능하다는 것이다. 입력된 우리말도 매우 정확히 읽어 주기 때문에 통합지원반이나 경계선 지능 등 학습에 어려움을 겪는 학생들의 국어 학습에도 적극 추천할 만하다.

내가 수준별로 신경을 써 줘야 하는 학생 중에는 상위권 학생들도 있었다. 이 학생들은 교과 수준을 넘어섰기 때문에 수업 내용이 너무 쉬워서 종이 학습지나 교과서의 쓰기 활동 같은 경우는 누워서 떡먹기였다. 수준이 높은 학생들부터 장애가 있는 통합지원반 학생들까지 누구도 손해 보는 수업이 되서는 안 되기 때문에 준비를 철저히 해야 했다.

MS에서 개발한 이 읽기 학습 서비스는 수준별로 활용 가능하다. 일단 통합지원반 학생들과 경계선 지능의 학생들은 원어민 발음 속도를 가장 느리게 설정하면 쉽게 할 수 있다. 우리말 번역 기능을 활성화한 후 읽고 싶은 단어들을 하나씩 듣고 따라 읽게 연습했다. "한 단어라도 외워서 꼭 같이 녹음해 보자. 잘하고 있어."라고 독려를 한 후 다른 학생들의 진행 과정을 확인하러 돌아다녔다. 그러면 자동으로 제공되는 원어민 발음과 그림 이미지로 스스로 학습이 가능했다.

이 읽기 활동을 하면 상위권 학생들은 더 주의 집중을 해야 한다. 본인들 스스로 다 읽을 줄 알기 때문에 연습을 안 해도 된다고 생각하는 경우가 많기 때문이다. 이런 경우에는 아이들을 칭찬으로 띄워주면서 자신의 한계를 시험해 볼 수 있도록 독려한다.

"영어 잘 읽는다고 어깨에 힘 좀 들어간 분들도 있다는 것을 잘 알아요. 영어는 노래하듯 높낮이를 살리면서 말하는 것 잘 알고 있죠? 선생님이 영어를 잘하는 것 같지만 저도 억양을 잘 살리지 못하면 상대방이 못 알아 듣더라고요. 지금부터 여러분은 원어민으로 빙의해서 속도를 좀 올려서 따라 읽어 보세요. 억양을 정확히 살리면서 읽는 거예요. 자. 3분 동안 모두 미국인입니다. 렛츠 기릿!!( Let's get it!!)"

학생들이 착해서인지 정말 각자의 수준대로 열심히 따라 읽기를 했다. 어떤 아이는 빠른 속도로 따라 읽고 어떤 아이는 단어별로 하나씩 최선을 다해서 학습했다.

작년에 처음 만난 현선이는 성격이 급하고 분노 조절을 잘 못하는 학생이다. 담임선생님과 상담을 해 보니 아이가 영어를 싫어한다는 것을 알게 됐다. 초반에는 활동을 못 따라올 때마다 우는 경우가 많아서 나도 많이 당황했다. 따로 현선이와 대화를 나눠 보았다.

"현선아, 열심히 잘하고 있었는데 왜 울었는지 얘기해 줄 수 있을까?"

"잘하고 싶은데 마음대로 안 되면 화가 많이 나요."

스스로 만든 기준에 못 미친다고 생각해서 그 화를 참지 못한 것이었다. 현선이가 수업 시간에 화를 다스리지 못하는 경우는 시간이 갈수록 줄었다. 얼마 지나지 않아 다른 아이들과 똑같이 열심히 했다. 현선이가 몰입하는 활동 중 하나가 이 읽기 서비스를 활용한 학습이었다. 처음 이 활동을 했을 때 사실은 현선이가 걱정이 많이 되었다.

'혹시라도 주변 아이들보다 늦게 읽는다고 느껴서 감정에 변화가 생기려나?'

괜한 걱정이었다. 현선이는 오히려 본인이 스스로 설정한 속도로 원하는 부분을 반복해서 따라 읽을 수 있다는 점을 만족해하는 것 같았다. 아이가 어찌나 열심히 하는지 감동하여서 기록으로 남겨 두었다.

보통 읽기 연습 활동으로 3분에서 7분을 준다. 그리고 다른 앱을 활용해서 각자 연습한 표현을 녹음해서 제출하도록 하고 나는 각자의 성취도를 평가해 준다. 6학년인 현선이는 작년보다 읽을 수 있는 문장들이 많아졌다. 그리고 여전히 영어 시간에 적극적으로 참여하고 있다.

### 즐거운 퀴즈가 가득한 곳

어느날 온라인에서 자료를 찾다가 눈에 띄는 이름의 서비스를 발견했다. '단어 벽(Word wall)? 단어 학습지 만들기 쉬운 사이트인가?'

웹 사이트에 들어가서 탐험을 해 보니 유료로라도 사용할 만큼 여러 학생에게 교과 표현을 주제별로 제공할 수 있는 서비스였다.

수업에 도입하니 게임뿐 아니라 다양한 퍼즐, 퀴즈 등을 제공하기 때문에 장애가 있는 학생들의 관심도 끌 수 있었다. 각각의 활동들이 시각적인 단서와 음성 피드백을 주기 때문인지 이해도와 기억력이 향상되는 것이 보였다.

그 주 교육과정에 해당하는 주요 단어들을 사용하여 퍼즐을 만든 후 그 링크를 기존에 사용하던 디지털 포트폴리오에 삽입해서 학생들에게 마지막 활동으로 제공했다. 퀴즈 활동이 주는 시각적인 효과와 칭찬 피드백이 학생들이 집중해서 반복 학습을 할 힘을 실어 주었다. 전

모두 참여 수업

체 아이들을 모니터링 하려고 교실을 돌아 보는데 통합지원반 학생들은 퍼즐 활동을 어려워했다. 그래서 화면 오른쪽의 다른 활동 모드를 골라서 해 보도록 했다. 이 서비스에서는 퍼즐이든 퀴즈 형식이든 활동을 하나 만들면 학생들은 디바이스 오른쪽 화면에서 다른 게임 모드로 전환해서 같은 표현을 반복적으로 학습할 수 있다. 아이들은 각자 수준과 기질에 맞는 활동 모드로 선택이 가능했다. 같은 주제 표현이지만 다른 방법으로 학습을 즐기는 모습이 신기했다.

장애가 있는 학생들과 경계선 지능 학생들의 활동 모습도 유심히 지켜봤다. 학생들의 동기를 높이는 칭찬 피드백과 시각적인 효과가 각자 달라서인지 서로 다른 활동 모드를 선택했고 집중도도 매우 높았다. 초반에는 오답으로 빨간색들이 많이 보이다가도 초록색의 피드백 수가 늘어나면서 아이들의 표정도 변해갔다. 활동 중 통합지원반 학생이 자신의 성취도에 만족해서 나에게 자랑하는 예도 있다. 아이의 미소가 어찌나 밝은지 내가 더 힘을 얻었다.

이 서비스에서는 활동 만들기도 쉽고 서로 다른 게임이나 퀴즈 활동을 수준별로 제공할 수 있어 상위권 학생들의 학습 만족도도 매우 높았다. 교사는 수업에 참여하는 모든 학생의 수준을 고려해야 한다. 영어를 잘해서 활동이 먼저 끝나고 시간이 남는 학생도 배려해 줘야 한다. 이런 학생들을 위한 추가 활동도 매번 고민이었는데 여기서 만든 퀴즈 링크를 다른 앱과 합치면 해결이 되었다. 활동 마지막 슬라이드에 추가로 퀴즈 활동을 준비해 놓고 활동이 먼저 끝나는 학생들이 할 수 있도록 독려했다. 활동이 한번 끝나도 다른 모드로 계속 바꿀 수가 있어서 영어를 잘하는 친구들에게도 매우 효과적인 학습 시간을 제공할 수가 있었다.

교사의 자료 만들기 시간을 줄일 수도 있었다. 에듀테크 서비스들에는 대개 자료를 모아 놓고 공유하는 기능들이 있다. 이 서비스에는 커뮤니티(community) 검색에 교과서 이름이나 영어 주제를 입력하면 미리 공유된 자료들을 쉽게 찾아서 내 수업 자료로 사용할 수 있었다.

## 게임은 재밌어

에듀테크가 스마트 교육으로 불리던 시절부터 전 세계 학습자들의 사랑을 독차지한 게임형 교육 서비스가 있다. 이 게임형 퀴즈 활동을 처음 했던 날을 아직도 잊지를 못한다. 이전 PPT 기반 게임들이 영어를 잘하는 학생들 위주로 진행이 되었다면, 각자가 디지털 기기를 활용해서 하는 이 게임형 교육활동은 모든 학생이 같은 시간대에 같이 즐기면서 동시에 또래 교수도 자연스럽게 독려할 수 있었다.

학생들은 게임을 한다고 생각하고 퀴즈를 푸는 것은 부가적이라고 생각하지만 오히려 학습의 효과가 강화되었다. 에듀테크 서비스들에는 아이들이 좋아하는 게임 요소들이 전부 포함이 되어 있다. 점수와 득점, 배지, 순위 확인, 적절한 보상 등의 요소들은 학습 활동을 더욱 즐겁고 매력적으로 만들어 준다.

교실이라는 비게임 환경에 게임 요소를 도입하면 모든 학생이 적극

모두 참여 수업

적으로 참여하고 주어진 활동에 관심을 가지게 유도한다. 학생들이 즐기는 게임들처럼 협력, 경쟁, 상호작용의 요소를 포함하기 때문에 팀워크, 협력, 건강한 경쟁이 장려된다. 목적 달성을 위해서 반복되는 퀴즈들도 열정적으로 풀게 된다.

초반에는 학생들이 경쟁심 때문에 통합지원반 학생들이나 경계선 지능 학생들의 태블릿에서 답을 대신 눌러 주는 일들이 있었다. 그러면 나는 이 상황을 협력과 상호작용을 통한 또래 교수로 전환을 시켜야 했다.

"얘들아, 다른 친구들 답을 대신 눌러 주면서 이 활동을 할 필요가 있을까? 너무 점수와 이기는 것에만 집착하면 여러분이 좋아하는 이 활동을 하지 않을 거에요. 대신, 왜 이 부분이 정답인지 친구에게 설명해 주세요. 재능기부도 하면서 같이 공부하는 것이 어때요"

"연주야, 봐봐. 12월은 디셈버야 찾을 수 있겠어?"

"민수야, 자 내가 읽으면서 카드를 옮겨 볼 테니 같이 해 보자."

아이들이 주변 친구들을 도와주면서 활동에 집중하기 시작했다. 유명한 게임형 학습 활동들은 클리커(무선 프리젠터)만 있으면 교사가 교실을 순회하면서 진행이 가능한 서비스를 제공하기 때문에 나는 활동 내내 돌아다니면서 모든 학생의 활동을 모니터링을 할 수 있었다. 내가 아무리 독려해도 팀에서 도움을 받지 못하는 학생이 있으면 아예 옆자리에 앉아서 도와주었다.

게임 활동 시간이 끝나고 팀 등수나 개인 등수가 화면에 뜨면 아이들은 동시에 환호성을 질렀다. 어린 학생들이 우리말도 아닌 외국어를 즐겁게 배울 수 있다는 것만으로도 학습의 게임화는 동기부여나 활동 참여율을 높이는 데 매우 효과적이었다.

## 우리가 말하면서 할게요

교육용 앱 중에는 상호 대화형 기능이 강화된 서비스도 있다. 에듀테크 시대에도 물론 강의식 수업은 필요하다. 문제는 교사 중심의 일방적인 설명 위주의 수업은 동기부여가 매우 강한 학생들이 아니면 지루할 수밖에 없다. 하지만, 학생들이 실시간으로 질문을 하고 간단한 토론도 하면서 계속 능동적으로 참여할 수 있다면 모든 학생이 수업에 참여하는 데 매우 긍정적인 효과를 줄 수가 있다. 에듀테크는 학생들이 지속적으로 수업의 흐름에 참여하면서 제대로 이해하고 있는지도 실시간으로 확인하며 피드백을 받을 수 있게 돕는다.

영어 시간에는 장애가 있거나 경계선 지능 학습 장애가 있는 학생들도 함께 수업한다. 그렇다면 정말 그 학생들이 전부 제대로 참여하는지 어떻게 확인할 수 있을지 의문을 가질 수도 있다. 유료 서비스이긴 하지만 교사 태블릿이 따로 있으면 일종의 '감시' 보드 기능이 제공된다. 이 기능을 사용하면 수업에 참여하지 않는 학생들의 이름이 교사의 태블릿 화면 아래쪽에 보인다.

"오호, 현재 7분이 참여를 안 하고 계시는데 한번 슬슬 돌아볼까요?"

그러면 아이들은 바로 활동에 참여한다. 활동에 참여하지 않고 남는

모두 참여 수업

이름들은 대부분 장애가 있는 학생들이나 경계선 지능의 학습 장애가 있는 학생들이다. 가희와 민현이의 이름은 항상 아래에 남아 있다. 이 아이들의 자리는 영어실에서 내 근처에 있기 때문에 바로 모니터링이 가능하다. 특히나 가희는 열심히 나를 찾아 준다. 활동에 적극적으로 참여하고 싶다는 강한 의지가 보인다. 키보드에서 알파벳 구별을 잘 못해서 시간이 무척 많이 필요하지만, 주요 단어를 입력하는 정도로 활동을 마무리하도록 도와준다.

교사가 태블릿에서 수업 진행이 가능하므로 도움이 필요한 학생들에게 가서 바로 도와주면 된다. 기술이 제공하는 이점을 활용하면 모두가 참여하는 강의식이면서도 상호작용이 강화되는 수업이 가능하다. 수업 마무리로 아이들이 좋아하는 게이미피케이션 퀴즈 활동도 가능하다. 학생들은 원하는 동물 캐릭터를 선택하고 게임이 시작되면 문제를 풀기 시작한다.

나는 이 시간에 장애가 있는 학생 주변에서 함께 참여할 수 있도록 도와준다. 다른 학생들의 퀴즈 결과는 에듀테크 서비스가 자동으로 알아서 정리를 해 준다. 일반 학생들은 꾸준한 긍정 피드백을 받을 뿐 아니라, 자신의 현재 등수도 확인할 수 있으므로 도전이라고 생각하면서 즐겁게 참여한다.

무엇보다도 중요한 것은 다양한 수준의 학생들을 위한 맞춤화와 개별화가 가능하다는 것이다. 이러한 기능은 특히 장애가 있는 학생들뿐 아니라 경계선 지능의 학생들에게 유용하며, 개별적인 요구사항과 학습 스타일에 따라 콘텐츠와 활동을 조정할 수 있다.

## 모두의 마음을 열기 위한 멈출 수 없는 도전

나는 누구도 소외되지 않는 영어 수업을 추구하며, 이를 실현하기 위해 다양한 디지털 도구들을 적용해 왔다. 나의 오랜 에듀테크 여정에서 구글 도구들이 준 영향은 매우 크다. 학생들이 접근하기 편하고 교육적인 효과도 높고 미래 교육의 주요 역량인 협업 능력을 키우는 데 크게 도움이 된다. 나는 구글의 교육과정을 밟으며 역량도 키우고 보다 전문성을 갖추려고 했다. 그래서 구글 인증 교육자 레벨 1, 2와 트레이너에 이어서 마지막으로 이노베이터 과정에도 도전했다. 대한민국 최초 구글 이노베이터인 박정철 교수님이 멋지게 걸어오신 그 길을 따라가고 싶었다.

문제는 프로젝트 주제를 무엇으로 정하냐는 것이었다. 어떤 교육적인 문제나 이슈를 '혁신적으로' 해결할 수 있을지 주제를 정해야 했다. 이미 선배 이노베이터들이 했던 주제와 차별성이 있어야 했다. 머리에 쥐가 나는 것 같았다. 평소에 내가 수업 시간마다 고민하던 문제들이 프로젝트에 맞는 주제일까 하는 생각으로 자신감이 떨어지고 있었다.

공교육 입성한 첫해나 지금이나 항상 나의 고민은 수준별 극간 해결과 통합반 수업에서 겪는 고충이었다. 처음에는 영어를 외국어로 배우는 환경(EFL)에서 수준별 학습을 어떤 방법으로 개선할지에 대한 주제로 정하려고 했다. 돌아보니 이 부분은 다양한 교육용 앱들로 어느 정도 해결이 되는 중이었다. 그리고 왠지 누군가 이미 더 나은 방법을 제시한 사례가 있지 않을까 하는 걱정도 되었다.

어느 날, 운명처럼 귀인이 나타났다. 바로 이 책의 공저자인 이영수 선생님이다. 페이스북 친구 신청을 하셨는데 그 이유가 다양한 '고수' 선생님들의 도움을 받아서 많은 분이 통합교육에 관심을 갖기를 바란다는 것이었다.

보잘것없는 나를 선택해 주시다니 너무나 감사하고 죄송했다. 나의 포스팅에서 어떤 가능성을 보셨는지 너무나 궁금했다. 그 많은 교육 관련자 중에서 나를 주목해 주셨다는 사실만으로도 나는 한 발 더 앞으로 전진하게 하는 계기가 되었다.

선생님의 블로그 포스팅을 읽으면서 통합교육에 대한 간절함이 절실히 느껴졌다. 이런 운명 같은 인연으로 구글 이노베이터 프로젝트 주제를 정할 수 있었다. 선생님과 페이스북 친구가 된 이후로 함께 온라인 연수도 진행했다. 더 많은 분과 친구가 되면서 다양한 사례들과 나도 몰랐던 마음 아픈 현실들을 접하게 되었다. 내가 이노베이터 신청을 준비하면서 고민한 주제 중 하나가 다양한 수준의 학생들이 아무도 방치되지 않고 즐겁게 참여할 수 있는 대안이었는데 이영수 선생님 덕분에 프로젝트 주제를 '아무도 방치하지 않는 수업의 가능성'으로 정할 수 있었다. 매번 수업 시간에 겪었던 고민을 이번에 제대로 한번 풀어보자는 의지로 구글 이노베이터 과정에 도전을 했고 선택받았다.

내 프로젝트의 주제는 'Nobody leaves behind.'이다. 아무도 방치하지 않는 수업을 해 보겠다는 강한 의지를 담았다. 이노베이터 아카데미 과정을 거치면서 내가 만든 솔루션은 일종의 '디지털 학습지 뷔페'이다.

뷔페식으로 아이디어를 낸 이유는 장애가 있는 학생들이나 경계선 지능의 학생들에게는 학습주도권을 주고 이 활동을 하는 동안 나는 일반 학생들의 수업에 집중할 수 있기 때문이다. 뷔페식으로 다양한 활동을 선택할 수 있으면 아이들이 스스로 편하게 할 수 있는 활동이 있다는 것을 인지할 수 있다. 또, 대상 아이들의 수준이나 집중할 수 있는 시간이 매우 다르기 때문에 각자가 하고 싶은 학습을 하면서도 즐거움도 느낄 수 있다. 이 학습지를 만들기 위해서 일종의 app-smashing(서로 다른 앱에서 활동을 한 후 결과물을 합치는 활동)을 적용했다.

내가 수업하는 5, 6학년 장애 학생 중에는 또래 아이들의 눈치를 많이 보는 아이들이 있다. 저학년 때부터 쌓인 마음의 상처들에서 오는 자연스러운 반응이 아닐까 싶다. 비장애 학생들도 장애 학생과 협업이 필요한 학습의 경우에는 통합지원반 학생은 어떻게 해야 하냐고 반문하기도 한다.

양쪽 아이들 모두가 겪지 않아도 될 스트레스도 줄이고 장애 학생들이 편히 수준에 맞는 학습을 할 방법을 고민하다 만들어 본 디지털 학습지를 아래 QR코드를 통해 체험할 수 있다.

구글 이노베이터 프로젝트를 위해서 만든 이 디지

모두 참여 수업

털 학습지 안에는 학습적인 요소만 들어 있는 것은 아니다. 장애가 없지만 1학년 정도의 이해력을 가진 민현의 경우는 집중력이 너무 낮아서 학습 활동 10분 정도가 지나면 주의력이 완전히 떨어졌다. 그래서 이 학습지 안에는 구글 아트 앤 컬쳐에서 제공하는 게임들도 넣었다. AI가 기반으로 합창을 만들어 보는 blob opera, 4가지 이미지 중 AI 만들어 낸 이미지를 찾아내는 Odd one out과 Auto draw(그림을 못 그려도 비슷한 이미지를 AI가 많은 예시로 보여 줌) 등이 연결되어 있다. 나는 음악이 지원되는 활동이 많아서 아이들이 편하게 활동하도록 교실에서는 이어폰을 제공했다.

집중력이 떨어지고 앱 활동도 어려운 학생들은 각자 학습할 수 있는 시간을 정해서 다른 학생들과 같은 주제로 쉽게 수정한 게임을 한 후에 자신이 하고 싶은 그리기나 음악 만들기 활동을 할 수 있도록 하였다. 작년에는 수업 시간에 손가락도 움직이지 않던 학생이 이제 교과서에 붙인 이 코드를 읽고 원하는 버튼을 눌러 연결된 학습 활동을 한다. 부모님의 반대로 5학년 2학기가 되어서야 제대로 된 진단을 받아서 통합지원반이 된 여학생은 이제 아이들 눈치를 보지 않고 스스로 할 수 있는 이 활동을 적극적으로 하면서 즐거워한다.

디지털 학습지 안의 교과서와 연관이 있는 문제들은 단원이 바뀔 때마다 같은 내용으로 만들어서 바꿔준다. 그래야 장애 학생들도 쉬운 버전으로 교육과정을 따라갈 수 있기 때문이다. 현재까지 이 디지털 학습지 뷔페는 유의미한 교육적 효과를 보이고 있다. 아이들 스스로 원하는 학습을 하면서 자신감도 얻고 있다. 그렇다고 이 아이들만 매번 이 디지털 학습지를 하게 두지는 않는다.

장애가 있는 학생들에게는 선택할 기회를 준다. 주요 교과 주제 학습을 친구들과 함께할 것인지 아니면 학습지 뷔페를 할 것인지 정할 수 있게 한다. 함께 배우고 성장하자는 취지이기 때문에 관심을 멈추어서는 안 된다. 내가 부지런히 움직이면 장애라는 이유로 누군가 방치되는 수업은 이제 없다. 구글 이노베이터 프로젝트의 아무도 방치되지 않는 영어 수업이 연말까지 얼마나 유의미한 결과를 내고 지속될지는 지켜볼 일이다. 효과가 떨어진다면 분명 이유가 있을 것이고 어떻게든 개선 방안을 찾을 수 있을 것이다. 사실 모두가 참여하는 수업은 매순간 아이들과 적응하고 진화하는 수업이 아니겠는가?

모두 참여 수업

# 08

# 정훈이
# 이야기

　한 학교에 오래 있으니 다둥이 가족의 모든 형제, 자매들을 가르치기도 했다. 내 기억에 가장 식구가 아주 많은 다문화 가정이 있다. 큰아이가 졸업한 지 오래인데 5번째 남동생도 가르쳤다. 자폐 스펙트럼으로 통합지원반에 속해 있는 정훈이다.

　정훈이를 처음 만난 것은 5학년 때 수업에 들어오면서지만 이미 전부터 아이에 대해서 알고 있었다. 나는 내가 가르친 제자들의 형제, 자매를 저학년 때부터 관심을 두고 지켜본다. 특히나 마음이 아픈 경우들은 더욱더 그렇다.

　5학년 때 정훈이는 통합지원반 수업이 우선이라 시간이 겹치는 내 영어 시간에 거의 들어오지 못했다. 특별한 일로 수업 시간이 바뀌거나 내가 보강 수업을 하는 오후 시간이나 되어야 볼 수 있었다.

수업에 잘 들어오지 않던 아이가 어쩌다 한 번씩 들어오면 당황할 수밖에 없었다. 보강하는 시간에는 당연히 아이가 없다고 생각하고 방치를 한 적도 있었다. 몇 번 반복이 되니 이래서는 안 되겠다 싶어서 정신을 차리기로 했다. 정훈이는 비장애 학생들보다도 태블릿을 더 잘 다뤘다. 그리고 수업 초반에 같이 하는 단어 배틀에서 의외로 문제를 많이 맞혔다. 우연이라고 생각했다. 내가 아이를 너무 자폐라는 틀에 가두고 생각했던 것 같다.

어느 날은 팀 모드로 퀴즈를 하는데 나나 옆 친구가 도와주는 내용을 다 알아듣고 답을 쓰는 일이 많았다.

"와, 정훈이 대단하다. 선생님 보다 타자가 더 빨라. 그리고 문장도 잘 찾네."

칭찬이 저절로 나왔다. 정훈이가 의외로 잘한다고 생각하면서 5학년을 마쳤다. 6학년이 되어서도 통합지원반 수업 시간이 겹쳐서 수업에 못 들어올 것이라고 생각했다. 그런데 예상과 달리 모든 영어 수업에 참여가 가능한 시간표였다. 수업을 하다 보니 5학년 때 우연이라고 생각한 아이의 영특함이 본인 능력이라는 것이 드러났다. 단어 배틀을 하는 중 단어들의 철자를 외워야 고득점이 가능한 기능들이 있다. 나는 나름 쉬운 객관식에서 아이가 10위 안에 있는 것도 입이 떡 벌어질 지경이었는데 정훈이는 굉장히 빠르게 높은 성취도를 보여주고 있었다.

철자 배틀에서 아이가 2위를 한 날, 온몸에 소름이 돋았다.

'내가 지금 뭘 보고 있는 거지?'

한동안 모니터를 응시할 수밖에 없었다. 신나게 떠들면서 각자의 등수를 확인하는 아이들 목소리 사이로 내가 소리를 질렀다.

"정훈아!! 대박이야! 너 천재 아니니?"

아이의 얼굴에 미소가 올라왔다. 나는 다가가서 하이파이브를 하자고 손을 올렸다. 정훈이는 작년에는 안 해줬는데 그날은 어색하지만 내 손바닥을 쳐주었다.

그후로 정훈이는 교과서에서 문장을 찾아 쓰는 것도 누구보다 잘해냈고 심지어 제시한 예시를 활용하여 생일 관련 짧은 글을 쓰는 활동을 혼자 다 해냈다. 자기 생일도 정확히 썼고 내용에 맞게 이미지도 멋지게 만들어 냈다. 자기 할 일을 다 했다고 와서 영어로 말을 할 때는 또 나도 모르게 소리를 질렀다. 그동안 정훈이에게는 부담이라고 생각했던 단어 과제를 이제 다른 아이들과 똑같이 시켰다. 예상대로 철자 쓰기와 테스트까지 완성하고 마무리했다. 정훈이가 민우처럼 학원을 다니는지 궁금했다. 통합지원반 선생님께 여쭤보니 아니라고 하셨다. 정훈이는 수업 시간에 배우는 대로 성장하고 있었다.

작년에는 보지 못한 아이의 웃는 모습을 자주 봤다. 본인도 느끼는 성취감에 정훈이도 즐거운 것 같았다. 정훈이네 반 수업을 할 때마다 매번 기대가 커졌다. 내가 만약 정훈이를 자폐 스펙트럼이라는 틀 안에서만 보고 내버려두거나 간단한 활동들만 시켰다면…. 상상만으로도 아찔하다. 성장할 기회를 박탈하는 것일 수도 있었다.

마음 아프지만, 어느 교실에서 통합지원반 학생들과 경계선 지능의 학생들이 종이 한 장만 놓고 방치되어서 수업 참여를 못하는 상황을 본 적이 있다. 지켜보던 나도 너무나 안타까울 정도로 영어 수업 내내 그 아이들의 표정은 굳어 있었다.

마음을 열고 아이를 잘 관찰하면 잘하거나 관심이 있는 부분을 찾을 수 있다. 교육은 거기에서 시작하는 것이라고 나는 생각한다. 거기다 학교에 널려 있는 기술 도구들을 활용하면 정훈이처럼 자폐 스펙트럼이 있는 학생들의 엄청난 능력을 찾아서 더 강화해 줄 수 있다.

물론 장애가 굉장히 심한 학생들까지 기술이 모두 해결한다고 할 수는 없다. 나도 이미 다양한 장애 학생들을 만나서 처절한 실패를 많이 겪었기 때문이다. 하지만 '장애'라는 틀에 아이들을 가두고 본다면 또 다른 정훈이는 발견할 수 없을 것이다. 진짜 교육을 할 기회를 놓치게 될 것이다.

정훈이는 많은 도움을 필요로 하는 아이들과 다르게 비장애 학생들과 똑같은 활동을 했다. 특별히 내가 만든 학습지 뷔페도 필요가 없었다.

나는 정훈이가 발전하는 모습을 동영상으로 기록하는 즐거움이 생겼다. 아이들에게 어떤 가능성이 있는지 자꾸 나에게 상기시키기 위해서다. 민우는 나에게 장애가 있더라도 학습할 수 있다는 가능성과 믿음을 제시해 줬다면 정훈이는 함부로 아이들의 한계를 정하면 안 된다는 깨달음을 주었다. 내일의 정훈이는 어떤 모습으로 한 단계 더 성장할지 기대가 크다.

# 09

# 이제는 모두가
# 나설 때

나의 '누구도 소외되지 않는 수업'들은 알파벳 종이 학습지에서 시작해 보드게임 활용, 디지털 도구의 활용을 거쳐 교육을 위해 설계된 에듀테크를 적극적으로 도입하는 방향으로 진화해 왔다. 12년 동안 참 다양한 학생들을 만나며 여러 시행착오를 겪기도 했다.

아무리 글로벌 언어로서 영어가 필수라고 한들 우리나라 현실에서는 입시라는 거대한 벽이 있다. 언어 감각이 뛰어난 아이들 외에는 그냥 어깨에 짊어진 무거운 짐 같은 것이 영어 교과인 것이 현실이다. 게다가 장애가 있는 학생들과 경계선 지능의 학습 장애가 있는 학생들은 교우 관계나 기본 학교생활에서도 넘어야 할 산이 많다.

에듀테크는 나에게 이런 안타까운 현실에서 한 줄기 빛과 같은 길을 열어 주었다. 끊임없이 진화하는 기술과 교육의 융합은 혁신적인 학습 경험을 위한 촉매제가 되어줬다. 에듀테크는 학생들의 다양한 요구를 충족시키기 위해 맞춤화된 도구와 자료를 제공하는 소중한 도구라는 것을 스스로 증명해 왔다. 나는 몰입형 플랫폼, 대화식 수업 및 개인화된 학습 경험이 학생들의 능동적인 참여를 끌어내는 것을 목격했다. 그렇다고 모든 것을 해결한 마법 같은 결과가 항상 따라오는 것은 아니었다. 에듀테크라는 기술은 그저 도구일 뿐 목적과 공감을 가지고 사용되어야 했다. 12년 동안 내 열정과 에듀테크도 소용이 없던 한 명의 학생이 있었다. 학교에서 모든 시간에 잠만 자던 학생이었다. 그 학생의 문제는 가정에서부터 온 것이었지만, 비슷한 기질의 다른 아이들과 다르게 내 수업 방식이 전혀 통하지 않았다. 끝까지 해결책을 찾아 보기 전에 아이는 전학을 가버렸다.

기술이 모든 것을 해결하지는 않는다. 아이들이 영어실에 들어와서 앉는 순간 빠른 스캔으로 내 도움이 필요한 학생이 어디 있는지 항상 찾아야 한다. 그리고 항상 그쪽으로 달려갈 마음의 준비가 되어 있어야 한다. 가르치는 사람의 애정과 관심이 그 어떤 것보다 앞선다는 것이 내 생각이다.

학생들이 각자 필요로 하는 도움을 해결하고 협동 능력을 키우는 데에 필요한 것은 기술이 1순위가 아니다. 학생들을 향한 관심과 변함없는 자기개발 노력이 편안한 배움의 환경을 조성하는 기반이 되고 미래 교육의 핵심인 인간관계와 공감을 강하게 만들 수 있다고 믿는다. 관심과 격려는 학습 참여에 있어 강한 동기를 부여하고, 자신감을 심어

모두 참여 수업

주고, 장애에서 오는 학습의 불편함을 어느 정도 극복할 수 있는 힘을 실어 준다.

학교는 마치 정체되어 있는 듯 보이지만, 교육 환경은 세상의 변화에 크게 영향을 받고 있다. 인공 지능(AI)의 사용은 이제 일상뿐아니라 교육에도 깊이 침투하고 있다. AI가 디딤돌 역할을 하여 장애가 있는 학생들의 삶과 학습 과제를 풍요롭게 하는 일은 미래가 아니라 이미 내 교실에서 벌어지는 현실이다. AI 활용이 교육 격차를 해소하고 맞춤형 교육을 가능하게 할지도 모른다. 이전에는 상상하지 못했던 기회를 열어 줄 수 있다.

챗지피티(ChatGPT)가 세상을 뒤집어 놓은 이후로 교육 분야에서도 많은 연구와 사례들이 나오고 있다. 하지만, 아직 통합교육에 적절하게 쓰인 사례를 찾지는 못했다. 내가 가르친 아이들이 AI 기술이 확장된 학습 환경에서도 차별받는 것을 원하지 않는다. 오히려 이런 기술을 잘 활용하여 자신의 능력을 키우고 미래를 만들었으면 좋겠다. 실제로 얼마전 유명 교육앱에서 생성형 AI를 활용한 그리기 기능을 제공하기 시작했다. 교과서 진도와 맞아 나는 쓰기 활동으로 이미지를 생성한 후 문장쓰기를 하는 데 사용했다. 아이들은 원하는 그림풍을 고를 선택권이 생겼고, 각자 다른 표현으로 문장을 썼다. 무엇보다 중요한 것은 '모두'가 자기 수준에 맞는 글쓰기를 완성했다는 것이다. 에듀테크를 넘어서 이제 AI를 활용하는 수업 연구 시대가 열린 것이다.

직급이 다르다는 이유로 나는 차별을 느끼고 자괴감으로 괴로운 세

월을 보냈다. 이제는 오히려 이런 나의 상처가 다양한 아이들의 상처를 감지하는 강점이 되었다. 비슷한 상처를 겪었을 아이들이 학기 초부터 눈에 확 들어오는 강한 촉이 생겼다. 억지스러운 공감일 수도 있지만, 나는 스트레스로 왼쪽 청력을 갑자기 잃은 후 보청기가 있어도 일상이 불편한 삶을 살고 있다. 귀 한쪽만 안 들려도 얼마나 불편한지 모른다. 잘 알아듣지 못해서 남의 눈치를 많이 보게 된다. 잘 못 알아들어서 실수할까봐 염려가 되어 상대방의 입을 보는 버릇이 생겼다. 청력을 잃고 난 후에는 장애가 있는 아이들을 이전과는 다른 눈으로 바라보게 되었다. 제대로 알아듣기 위해서 질문을 반복하는 일이 많아졌다. 상대방이 오해하지 않게 보청기를 낀다는 사실을 밝히는 일은 당연해졌다. 솔직히 매번 부끄러움을 느끼지 않는다면 거짓말이다.

어린 내 학생들은 더 심한 불편함을 어떻게 견디고 있을까. 내가 보청기의 힘을 빌려 '보통'의 삶에 맞춰 가는 것처럼 우리 아이들에게도 불편함을 채워 줄 도구나 사람이 필요할 것이다. 영어 수업에서는 나와 친구들이 그 역할을 하며 도움이 되길 바란다.

에듀테크가 학생들의 불편함을 줄여 주고 학습 능력을 끌어내는 발판이 되기를 바란다. 학생들이 장애와 비장애에 관계없이 함께 성장하고 진정한 잠재력을 찾을 수 있어야 한다. 학교에서는 배움에 있어서 동등한 기회를 얻어야 한다. 에듀테크는 필요한 곳에 적절히 사용하면 통합교육에 부족했던 부분을 채워 줄 수 있는 유익한 도구가 될 수 있다. 그러려면 무엇보다 에듀테크와 교사의 교육 철학, 리더십을 매끄럽

모두 참여 수업

게 엮을 수 있는 노력이 필요하다.

교사가 교육의 힘을 믿고 기술을 도구로서 인식하면 능력과 상관없이 학생들에게 빛이 되어 줄 것이다. 그러니 함께 배우고 성장할 수 있도록 모두의 노력이 계속되어야 한다. 우리의 영향력이 교실 곳곳에서 울려 퍼지고 누구도 소외되지 않고 참여하는 수업이 만들어진다면 학생들의 꿈이 끝이 없는 미래로 이어질 거라고 믿는다. 여전히 부족하지만 내 열정을 갈아 넣은 수업 경험이 통합교육과 영어 수업에서 작은 등불이 되기를 소망한다.

---

### 사례로 쓴 에듀테크 서비스

- 수업 관리: Classdojo
- 어휘와 문장 학습: Classcard
- 다양한 모드의 퀴즈 활동: Wordwall
- 간단한 퀴즈와 쓰기 활동: Socrative student/teacher
- 게이미피케이션: Kahoot, Quizziz, Gimkit, QuizN
- 디지털 포트폴리오와 LMS: Seesaw, Google classroom
- 상호작용 활동: Peardeck, Nearpod, QuizN, Lumio, Curipod
- 난독증 등 읽기 연습 도구: Immersive Reader
- 디지털 협업과 게시판: Padlet

# 4부

# 과학,
# 모두 참여 수업의 과학

## 이영수

강원도에서 근무하는 초등학교 교사이자 장애 학생의 부모로 통합교육을 확산하기 위하여 노력하고 있습니다. 정다운 학교 운영 등 다양한 통합교육과 수업을 통해 얻은 경험과 시행착오를 담아 '모두 참여 수업'을 만드는 방법을 안내합니다. 과학 과목 수업과 교수적 수정에 대한 이야기를 주로 나눕니다.

# 01

# 부끄러운
# 초년 교사 시절

2004년에 고향 강원도 삼척에 첫 발령을 받은 이후 다섯 번째 학교에 근무하고 있다. 그동안 특수교육대상 학생은 여덟 명 만났다. 아이들은 남학생이라는 공통점 외에는 관심사도 학습 정도도 모두 달랐다.

초임 교사 시절 나는 특수교육대상 학생들에게 큰 관심을 두지 않았다. 당시 내 가장 큰 관심사는 수업 중에 소란스러운 아이들을 어떻게 하면 순한 양으로 만들 수 있을까 하는 것이었다. 선배 선생님들께 비결을 물어보며 바로바로 적용하려고 노력했다. 나는 엄격한 선생님이 되어 보려고 했으나, 선배 선생님들이 전해주신 비법은 잘 통하지 않았다. 엄해야 할 때 아이들 앞에서 웃어버리기도 했다. 교실에서 원칙을 갖고 일관성 있게 지도하기보다 일어나는 상황마다 임기응변으로 해결할 때가 많았다. 그러다 보면 몸은 퇴근했지만, 마음은 그 상황에서 벗어나지 못하고 이리저리 방황했다.

지도하기 힘든 학생들은 친구들과 잦은 다툼을 일으키는 아이들이었다. 좁은 교실에서 스물다섯 명이 넘는 학생들이 종일 지내다 보면 별것 아닌 일에 충돌이 생겼다. 그런 일이 생길 때마다 자초지종을 물어보고 상담하고, 사과하고 받도록 하는 일이 반복되었다. 이래저래 담임교사는 시간과 에너지를 많이 뺏긴다.

가장 많은 시간을 쓰는 학생들은 아무래도 '학습을 따라오지 못하는 학생들'이었다. 학업성취도 시험을 보며 지역·학교 간 경쟁을 하던 그때, 나는 6학년 담임이라 학습부진 학생들을 자주 남겨서 5시까지 공부를 시켰다. 담임들에게는 기초학력미달 학생이 나오지 않게 하는 것이 중요했다. 그런데 이 평가에서 특수교육대상 학생들은 평균에서 제외되었다. 나는 그 의미를 '특수교육대상 학생들은 어차피 수업에 따라올 수가 없어. 수업에 참여하는 것에 의미를 두는 것이지, 학습목표에 도달하는 것은 불가능해.'라고 받아들였다. 학급 평균에 들어가지 않는다는 것은 학교에서 그렇게 열심히 가르치지 않아도 된다는 암묵적인 합의로 여겨졌다. 당시 우리 사회 대다수의 의식과 교양 수준은 그 정도에 머물러 있었을 것이다. 세월이 한참 흐른 지금, 우리 사회, 학교, 교실, 수업은 과연 얼마나 나아졌을까?

초임 시절 만난 6학년 우리 반 기태는 핏기 없이 하얀 얼굴에, 입을 굳게 닫고 있었다. 묻는 말에만 짧게 대답하고, 아무런 의욕도 없어 보이는 눈빛으로 혼자 우두커니 자기 책상을 지키곤 했다. 수업 시간 그런 모습을 보면 "공부를 못하더라도 하려고 노력은 해야지. 왜 의지가 없니?" 하고 다그쳤다. 당시 나는 기태가 학습 결손이 있고 인지 문제가 있어 수업 내용을 이해하지 못하는 것이라고 생각하지 못했다. 사람마다 배움의 방법도, 수준도, 속도도 다 다를 수 있다는 생각엔 미치지 못했다. 기태는 학습 내용을 거의 이해하지 못했는데 나는 그런 기태가 빽빽한 시험지를 마주하는 마음을 짐작조차 해본 적이 없었다. 기초 지식이 있어야 수업에 흥미가 생길 텐데, 기초는 부족한데다 선생님은 감정적으로 다그치니 교실에 앉아있는 것만으로도 힘들고 기가 죽었을 것이다. 이 학생을 위해 수업 내용을 쉽게 조정해 준다던가 또래도우미를 연결해 준다던가 하는 건 당시 내 교수 방안에 없었다. 기태는 힘들다는 마음을 말이 아니라도 여러 가지 신호로 보냈을 텐데 나는 알아채지 못했다. 그 당시 나에게 기태는 보이지 않는 '사각지대'와 같았다.

2년 차에 5학년 특수교육대상 학생 영준이를 만났다. 한 학년이 20명 남짓인 학교라 1학년 때부터 졸업할 때까지 친구들과 쭉 같은 반으로 올라가는 학교였다. 영준이는 경계선 지능에 있는 학생이었다. 공부는 부족할지라도 귀염성이 있어 주변에 의리 있는 남학생들이 든든하게 함께했다. 쉬는 시간만 되면 친구들과 축구공을 들고 운동장으로 내달렸다. 안타깝게도 영준이 이후에는 특수교육대상 학생 친구를 (동생처럼 챙겨주는 친구들은 많았지만) 동급생 대하듯 하는 것을 볼 수 없었다.

초임 시절에 맡았던 아이들에게는 너무나 미안하지만, 그때에 나는 장애 학생을 어떻게 가르쳐야 하는지, 생활지도를 어떻게 해야 하는지 전혀 몰랐다. ADHD 성향을 보이는 아이, 기초학력 부진 학생을 위해서는 연수도 신청하고 책도 찾아 읽었지만, 장애 학생 문제는 '장애 때문에 어쩔 수 없는' 문제라는 인식에서 벗어나지 못했다. 당연히 개선해 나가려는 시도도 하지 않았다. 지금은 장애 학생에 대해 잘 아는 특수교사를 찾아가기라도 하지만 그때는 조언을 얻을 생각도 못 했다.

내가 장애 학생 교육에 관심을 가지게 된 것은 내 문제와 직결되면서다. 무난하고 평범했던 내 일상은 2010년 둘째 딸이 태어나고서 180도 달라졌다. 태어났을 때 "응애" 하고 울지 않아 걱정했는데 하루도 안 되어 경련이 시작되고, 강릉 2차 병원을 거쳐 서울 큰 병원으로 옮겨 갔다. 딸의 병명을 찾는데 2주 정도가 걸렸고 한 달 만에 큰 수술을 받았다. 한 달간 몸조리를 하고 서울로 아이를 보러 간 날, 신생아 중환자실 교수님은 딸의 뇌 곳곳이 손상되었고, 크면 뇌병변 장애가 올 거고, 다른 질병이 올 수도 있다고 최악의 시나리오를 알려주셨다. 우리 가족에게 이런 일이 생길 거라고는 전혀 예상치 못했기에 받아들이기가 힘들었다. 몰래 숨어 펑펑 우는 것밖에 할 수 있는 게 없었다.

수술을 받고 극한 경우는 면했지만, 여전히 아이 질병을 컨트롤하기 어려웠다. 병원에 입원해 있었지만, 매일 생사를 넘는 것 같은 고생을 했다. 아이가 가장 크게 힘들었을 텐데, 아이 고통을 옆에서 지켜보는 내 마음도 찢어지는 것 같았다. 딸은 몇 번 수술을 더 받고 6개월 만에 집으로 왔다. 퇴원은 했지만, 집에서도 매일 몇 번씩 주사를 맞고, 수시로 구급차를 불러 응급실에 가고, 입원을 해야 했다. 질병 치료와 더불어 재활 치료를 위해 주 3회 왕복 두 시간씩 운전해 그나마 큰 병원이 있는 강릉에 오가야 했다. 입으로 먹기 위한 연하치료, 말하기 위한 언어치료, 기는 것과 걷는 것을 배우기 위한 물리치료, 소근육 운동을 위한 작업치료도 받아야 했다.

아이는 다섯 살에 장애 전담 어린이집을 다녔는데, 장애 전담이라고 인력이 더 배치된 것도 아니고 특별한 프로그램이 있는 것도 아니었다. '장애아를 거부하지 않고 받아주는 어린이집'이란 뜻이었다. 1년을 다닐 즈음 유치원을 운영하시는 교회 권사님께서 아이를 보내라고 하셨다. "정말요? 다른 아이들과 그냥 같이 다녀도 되나요?" 당시 우리 아이는 대소변 처리도 되지 않았고, 말은 옹알이 정도였다. 걷기 시작한 지 고작 2년 정도 되었을 때라 다리에 힘도 없었다. 원장님과 선생님들의 지극한 정성과 노력으로 숲 유치원을 따라다니며 체력도 좋아지고, 말도 많이 늘었다. 개인 유치원이라 특수학급이 없었기 때문에 자연스럽게 '완전 통합'을 하게 되었다.

아이는 숲 유치원 프로그램으로 일주일에 두 번은 유치원 근처 초록봉과 전천강으로 걸어가 자연체험활동을 했다. 다리에 힘이 없는 우리 아이는 조금 걷다가 걷기 싫다고 길에 주저앉아 세상 서럽게 우는 것이 태반이었다. 선생님들은 아이를 달래고 잡아 일으켜 다른 아이들과 끝까지 같이 할 수 있게 해주셨다. 더 이상 안 가겠다고 길바닥에 주저앉은 우리 아이를 고집스럽게 데려가는 유치원 선생님들을 보고 주

모두 참여 수업

변에서는 따가운 시선을 보냈다고도 했다. 아이가 초등학교에 들어가고 한참 후에 유치원 선생님께 듣게 되었다. 상위 1% 고도비만에 다리힘도 없어 부모인 나도 밖에 잘 데리고 나가지 못했는데, 유치원의 모든 프로그램에 우리 아이를 끝까지 참여시킨 선생님들 덕분에 유치원에 다니면서 체력이 정말 좋아졌다는 걸 가족여행을 하면서 알게 되었다. 주변의 따가운 시선을 감내하고 아이가 성장하는 것만 바라보고 애써주신 유치원 원장님과 선생님들은 내게 참 교육자시고, 은인이었다.

자녀가 초등학교에 입학할 때 걱정 없는 부모님이 있을까? 친구들과 원만하게 지낼 수 있을지, 공부는 따라갈지, 선생님 말씀을 잘 들을지…, 발달장애 자녀를 둔 부모님들도 남모를 고민을 많이 하고 있다. 입학을 앞두고 우리 딸은 엄마만 알아들을 수 있을 정도로 발음이 분명하지 않았고, 화장실도 혼자 갈 수 없는 상태였다. 비장애 친구들이 잘 대해줄까, 수업은 이해를 못 할 텐데 어떻게 하교 시간까지 버틸까 하는 걱정에 입학을 유예해야 하나 몇 달을 고민했다. '서는 곳이 바뀌면 풍경도 달라진다'라고 하던데 발달이 늦은 우리 아이를 생각하면 교사인 내게도 학교의 벽은 너무 높고 차가워 보였다. 실제로 많은 부모님이 좀 더 준비하기 위해 유예를 선택하기도 하는데, 같은 학교에 근무하는 친한 특수교사 선생님이 "어차피 1년 더 준비해도 우리가 보기에는 큰 차이가 없어"라고 했다. 생각해 보니 그 말이 맞는 것 같아 바로 입학 준비를 했다.

우리 아이는 3학년까지는 하루에 한 시간만 통합학급에 가고 나머지 시간은 특수학급에서 지냈다. 자리에 잘 앉아 있고, 모나지 않고 순하디순한 성격에 규칙을 잘 지키는 편이라 4학년부터는 국어, 수학을 제외한 모든 교과 시간에 통합학급에 가게 되었다. 학교생활에서 스스로 할 수 있는 것이 늘고, 3학년부터는 한글도 어느 정도 알게 되었기 때문에 통합학급에 갈 수 있는 시간이 늘어난 것이다.

장애가 없는 큰딸은 학교에서 짝 바꾼 이야기, 수업시간에 칭찬받은 이야기, 선생님을 힘들게 하는 친구 이야기, 새로 친해진 친구 이야기를 미주알고주알 엄마에게 풀어 놓지만, 장애가 있는 둘째는 집에서 정보를 전달하는 적이 없었다. 특수학급에 등하교 시키면서 특수교사 선생님과 이야기를 주고받지만, 통합학급 생활은 정보가 없어 잘 지내는지, 어떤 어려움이 있는지 가늠조차 할 수 없어 막연한 불안감이 들었다.

아이가 일반 학교에 입학하고 나서 장애가 있는 학생을 보는 내 시각이 예전과 같을 수가 없었다. 얼마나 학교생활이 외로울까? 수업 시간에 앉아 있는 건 얼마나 힘들까? 부모님은 발달이 늦은 아이를 보내 놓고 얼마나 걱정이 많을까? 학교에서 만나는 장애 학생들이 마치 우리 아이처럼 느껴졌다. 그 아이 부모님의 학교생활에 대한 걱정, 기대, 갈등에 대해 공감할 수 있었다. 이전에 내가 만났던 특수교육대상 학생들의 마음을 그전에도 읽어줬더라면 얼마나 좋았을까 하는 아쉬움도 진하게 남았다.

내가 자녀를 통해 경험하기 전에는 특수교육대상 학생들이 학교생활 중에 만나는 어려움을 세심히 이해하기 어려웠다. 그렇다고 마음이 좀 더 가까이 갔다 해서 교사로서 내가 그 아이들의 학교생활에 대단한 변화를 일으킬 수는 없었다. 당장 나 자신부터 그 아이들을 어떻게 제대로 교육해야 하는지 분명히 알지 못했기 때문이다.

# 02

# '정다운 학교'를 만나다

발달이 늦은 둘째 아이가 초등학교에 입학한 2017년에 우리 지역 동해시에서는 특수학교 설립이 난관에 봉착했다. 학교 인근 주민들 반대가 절망스러울 정도로 견고했다. 반면 특수학교를 희망하고 설립을 절실히 요구하는 집단의 목소리는 들리지 않거나 너무 왜소해 보였다. 나라도 장애인 학생의 부모로서 목소리를 내야 했다. 장애인부모회를 만들고 임원을 맡게 되었다. 우리 지역은 특수학교가 없었기 때문에 장애가 있는 학생들이 한 시간이나 걸리는 강릉에 통학버스를 타고 다니거나 태백에 있는 특수학교에서 기숙사 생활을 해야 했다. 선택의 폭이 작다 보니 통합교육을 받는 장애 학생의 비율이 높아 부모님들과 통합교육에 대해 자주 이야기를 나눌 수 있었다. 장애인부모회에서 책임을 맡았으니 특수학교 설립 문제에도 나서야 했지만 통합교육과 관련해서

모두 참여 수업

도 부모님들의 마음을 대변해 이야기해야 했다.

내가 부모님들의 요구를 대변하기 위해 통합교육에 본격적으로 관심을 기울이던 때였다. 통합교육 현황을 조사하면서 공문을 샅샅이 살펴보았는데 의외로 '통합교육'에 대한 공문이 거의 없었다. 그러다 교육부에서 '정다운 학교'라는 사업을 한다는 신문기사를 보게 되었다. 정다운 학교는 일반 학교에서 안정적인 통합 환경을 조성하고, 특수교육대상 학생의 학교 적응력과 교육권을 강화하기 위해 특수교사와 일반 교사가 협력하는 통합교육 중점학교다. 예산을 지원 받아 교사 재량으로 통합교육 프로그램을 계획하고 실천하는 것이었다. '그래, 이제 됐어. 통합교육은 걱정하지 않아도 되겠어. 이제 학교에 변화가 생기겠어.' 하며 기대에 부풀었다

강원도에는 정다운 학교를 4개 운영할 계획이었는데 신청학교가 적었다. 동해교육지원청 특수교육담당 장학사께서 장애 학생의 부모로서 활동해 온 내게 우리 학교에서 통합교육의 모델을 만들어 보도록 권유하셨다. 그러나 부끄럽게도 장애 학생 부모인 나도 교사로서 통합교육에 대해서는 어떤 준비나 전문성은 없는 터였다. "저는 통합교육에 대해 아무것도 모르는데요?"라고 말씀드리긴 했지만, 특수학교를 세우기 위해 함께 울고 웃던 동지인 장학사님 부탁은 뭐든 들어드리고 싶은 마음이 있었다. 이번 기회에 통합교육에 대해 공부하고 일반교사 중심의 통합교육에 과감히 뛰어들어 부딪혀 보자는 마음도 들었다. 마감 하루 전에 계획서를 뚝딱 써서 제출했다.

강원도에서 신청한 네 학교 중에서 다른 세 학교는 특수교사가 주도하는 모델이었지만, 우리 학교는 일반교사 주도로 운영하는 정다운 학교였다. 나는 학교를 옮겨서도 계속 신청해 4년 연속 정다운 학교를 운영해 왔다. 그러나 특수교육이나 장애 학생의 교육에 관한 공부나 역량이 부족한 탓에 나는 학교 일상과 수업에서 수많은 어려움에 부딪히며 여러 시행착오를 거쳐야 했다.

정다운 학교를 시작하면서 만난 2학년 발달장애 학생 호영이는 하루에 한 시간, 〈봄〉〈여름〉〈가을〉〈겨울〉 같은 통합교과 시간에만 통합학급에 올라왔다. 다행히 통합교과는 놀이와 만들기, 노래하기, 신체활동이 많아서 무엇을 바꾸지 않아도 특수교육지도사의 도움을 받아 참여할 수 있었다. 특수교육지도사가 안 계신 어느 날 수업 중 눈 깜짝할 새 복도로 뛰어나가 아이들이 우르르 데리러 나간 적이 있다. 알고 보니 그동안은 특수교육지도사가 교실을 벗어나지 않도록 손을 꼭 잡고 있었다.

'이 학생을 잘 가르치고 싶은데 무엇부터 해야 하지?' 주된 고민이었다. 자료를 찾다 보니 장애 학생이 통합학급에서 잘 배울 수 있도록 환경을 조성해 주고, 내용과 방법을 바꿔주는 '교수적 수정'이 중요하다는 걸 알게 되었다.

다른 많은 선생님과 마찬가지로 나도 학급 전체를 그룹으로 생각해 수업을 진행하는 데 익숙하다. 수업을 따라오지 못하는 학생은 수업 중이 아닌 방과 후에 따로 남겨서 수업했었다. 평범한 수업 속에서 학생

모두 참여 수업

한 명 특성을 생각해 수업 내용을 수정하고, 시간을 따로 내어 지도하는 것이 당시에는 너무 생소해 갈피를 잡고 학생에 맞게 적용하기가 쉽지 않았다. 언어로 소통이 안 되고, 교실을 자꾸만 이탈하고, 간단한 움직임도 따라 하기 힘든 학생을 어떻게 참여시킬 수 있을까? 늘 고민이었지만, 아이디어가 떠오르지 않아 교수적 수정을 적용한 수업을 일주일에 한 번 하기도 빠듯했다.

호영이의 학습 정도가 어느 단계인지 특수학급 선생님과 이야기 나눌 생각은 하지 못했고, 교실에서 관찰해 얻은 정보로만 교수적 수정을 시도했다. 호영이는 언어표현이나 글씨를 차분히 쓰는 활동이 어려웠는데, 어떻게 참여시킬지 방법이 떠오르지 않으면 호영이가 좋아하는 스티커 북과 퍼즐을 꺼내주었다. 나중에 알고 보니 이건 좋은 방법이 아니었다. 통합학급에서 학습 주제와 상관없는 다른 활동을 한다면 그건 엄밀한 의미에서 '통합'이 아닌 '분리'이기 때문이었다. 비록 겉모습은 친구들과 같은 공간에 앉아 수업을 받고 있는 것처럼 보일지라도 배우는 내용에선 분리가 일어난 것이다.

정다운 학교 2년 차에는 자폐 스펙트럼이 있는 6학년 경석이를 만났다. 그땐 나도 자폐 스펙트럼이 있으면 사람과 소통하는 것을 안 좋아할 거로 생각했다. 그런데 경석이는 친구들에게 다정하게 웃으며 인사하고, 친구들과 보드게임 하는 것도 좋아했다. 글도 몇 줄은 쓸 수 있고, 유튜브 크리에이터라는 꿈도 있었다. 피아노 학원을 꾸준히 다녀서 연주도 잘한다고 했다. 자폐 스펙트럼이란 용어처럼 자폐성 장애가 있는 사람들은 모두 다른 면을 가지고 있는데 그때까지 난 다 비슷할 거라고 뭉뚱그려 생각한 것이다.

아쉬운 건 코로나로 등교를 많이 못 하게 되어 학교에 와서 아이들끼리 서먹한 것이었다. 최대한 거리 유지를 하고 접촉을 피하며 학교생활을 해야 하니 짝꿍 개념도 사라지고, 쉬는 시간도 줄어들고, 모둠활동도 피하게 되어 비장애 학생들도 서로 친해지기 어려웠다. 자폐 스펙트럼이 있는 경석이는 의사소통 연습, 사회성 훈련이 중요한데 거리두기를 해야 하는 상황에선 제약이 많았다.

경석이는 학교생활 대부분 영역에서 다른 사람의 도움을 받지 않고 잘해 나갔다. 그런데 언뜻 보면 바르게 앉아서 선생님을 잘 보고 있으니까 수업에 잘 참여한다고 생각할 수 있었지만, 수업내용을 충분히 이해하고 소화하기는 어려워 보였다. 평가를 해보면 핵심 개념을 모르는 경우가 많았다. 한 시간에 한 가지 개념, 몇 개의 어휘만이라도 콕콕 정리해서 기억하게 하는 것이 필요했다. 그에 맞춰 학습 자료를 준비하고 기억하도록 연습시키기 시작했다.

당시는 아직 동해해솔학교(특수학교, 2022년 개교)가 개교하기 전이라 6학년 특수교육대상 학생들은 일반 중학교에 입학해야 했다. 중학교에 가서 맞닥뜨릴 문제들을 미리 준비해서 좀 더 편안하게 중학교 생활을 할 수 있게 돕고 싶었다. 뭐가 필요할까 고민하다가 친구들과 잘 지내기, 지필 고사 보는 법, 필기하는 걸 준비하기로 했다. 사실 경석이와 친구들의 자연스러운 대화는 쉽지 않았다. 5학년 때까지는 경석이를 도

모두 참여 수업

와주는 여학생들이 많았다고 했는데, 6학년 때는 코로나19의 영향인지 서먹했었다.

경석이는 자연스런 상황에서 대화를 이어갈 재간이 없어 나는 보드게임팀을 만들어 주었고, 팀의 친구들은 아침활동 시간에 특수학급에 내려가 게임을 하고 왔다. 인위적인 상황이지만 친구들과 소통할 기회가 꾸준히 있으면 언젠가 좋아질 거라 믿었다. 다행히 학생들은 경석이가 할 수 있도록 쉬운 게임을 고르고, 경석이가 계속 지는 게 안타까워 경석이가 이길 수 있게 슬며시 상황을 만들어 주기도 했다.

그다음은 시험 연습이었다. 학기 초에는 친구들이 단원평가를 보는 시간에 나와 일대일로 복습하는 시간으로 삼았다. 하지만 중학교에 가면 지필평가가 중요해지니까 문제를 차근차근 읽고 답을 찾는 연습을 해야 했다. 경석이는 인지능력이 상당히 좋았어서 차근차근 읽으면 문제를 30% 정도는 해결했다.

그해 우리 반은 수업 시간에 배운 내용을 코넬식 필기로 정리하고 있었다. 스스로 교과서에서 중요한 내용을 찾아서 정리하는 것인데, 경석이는 손도 못 대고 앉아 있었다. 칠판에 쓰여 있는 걸 보고 베껴 쓰는 거면 좀 더 해볼 만 했을 텐데, 스스로 중요한 내용을 찾아서 필기하는 건 어려워했다. 경석이 외에도 어려워하는 남학생들이 있었다. 그래서 좀 더 쉽게 필기를 시도해 볼 수 있도록 칠판에 마인드맵을 그리며 같이 필기했다. 학생들에게 코넬식 노트와 마인드맵 중에 선택하게 했다. 대부분의 남학생은 아무래도 글자 수가 적고, 직관적인 마인드맵을 선택했다. 경석이는 처음엔 그리는 시늉만 하다가 끝났는데 점점 색깔도 잘 구분하고, 글씨도 알아볼 수 있게 필기했다. 학기가 끝날 무렵에 보니 공부를 아주 잘하는 여학생 두 명만 코넬식 필기를 하고 나머지 학생들은 마인드맵 필기를 하고 있었다. 두 가지 필기법 다 장단점이 있지만 나는 해마다 코넬식 필기만 시도해 왔었다. 경석이 덕분에 학기 내내 꾸준히 마인드맵 필기를 해볼 수 있었다.

정다운 학교는 일반교사인 내게 특수교사와 협력해 통합교육을 만들게 한 좋은 계기였다. 교실에서 특수교육대상 학생의 학습과 학급 운영, 교우 관계 등 학교 생활 전반에 관해 관심을 두게 했고, 장애 학생과 학습에서 소외되기 쉬운 학생들의 특성과 수준에 맞춰 수업을 구상하고 만들어 가도록 했다. 이런 교수적 수정을 해가면서 학생 한 명 한 명의 수업 참여가 늘고 성장하는 것을 보면서 교사로서 전문성도 높아지고 가르치는 사람으로서 보람도 커갔다.

아직도 배우고 가야 할 길은 멀지만, 그래도 몇 년간 경험을 통해 통합교육과 수업에 대한 실마리를 찾아간 듯하다.

# 03

# 저도 과학이
# 필요해요

　우리는 과학과 기술의 강력한 영향력 아래 살고 있다. 디지털과 인공지능, 로봇으로 대표되는 기술은 우리의 생활과 환경을 바꾸고 있고, 그 변화의 폭은 앞으로 더 커질 것이다. 현대를 사는 누구라도 기초적인 과학을 이해하고, 일상에 깊이 들어온 기술의 변화·발전에 적응해야 한다. 이를 이루는 중요한 기초가 초등 과학 수업이다. 과학 교육은 인간의 지적 성장을 위해서뿐만 아니라, 일상생활 속 여러 가지 문제를 이해하고 해결함에 있어서도 중요한 역할을 한다[1]고 한다.

　발달장애 청년들을 위한 일자리 사업인 스마트팜에 관한 다큐멘터

---

1 교육부(2015). 특수교육 기본 교육과정. 교육부.

리[2]를 본 적이 있다. 여주에 있는 이 스마트팜은 발달장애인들 누구나 일하고 싶어 하는 직장이어서 전국에서 찾아오고 있었다. 다큐멘터리에서는 채용을 위해 구두 면접하는 내용이 나왔는데, 발달장애가 있는 이들에게도 자기를 소개하고, 자신의 생각을 발표하는 것이 역시 중요했다. 이어진 직무능력 테스트는 '1분 동안 방울토마토 350g을 용기에 담는 것'이었다. 이를 하려면 수 개념도 알아야 하고, 저울로 측정하는 것도 할 수 있어야 한다. 테스트를 통과하고 나서도 색깔을 보고 적절한 타이밍에 토마토를 수확하고, 흠이 있는 토마토를 찾아 분류하고, 기기를 사용하고, 일지를 쓰고 직원들과 소통할 수 있어야 했다. 이 장면을 보니 학교에서 배우는 기본적인 지식과 기능, 친구들과 소통하는 것이 미래의 삶에 얼마나 중요하고, 장애 유무를 떠나 모두에게 필요한 것인지 알 수 있었다. 장애가 있거나, 발달이 늦거나, 학습이 느린 학생들은 배우고 익히는 데 오랜 시간이 필요하기 때문에 초등 과정에서부터 차근차근 하나하나 제대로 배우고 익히도록 하는 교사의 노력이 매우 중요하게 느껴졌다.

초등 과학 교과에는 비장애 학생에게도 쉽지 않은 내용이 많다. 대부분의 사람들은 불이나 칼, 전기 전자 기구와 도구의 사용은 금방 배울 수 있지만, 장애가 있거나 발달이 학습이 느려서 한 가지를 익히려

---

2 "모두가 함께 손잡고 일구어낸 기적의 농장, 꿈꾸는 농장". 다큐ON, KBS, 2022.6.17 방송.

면 수많은 단계로 나누어 여러 차례 반복해서 학습해야 하는 학생들도 있다. 나는 장애가 있거나 수업에 따라오기 어려운 학생들이 과학 수업에서 최소한 배우고 익혀야 할 것은 무엇인지, 모두가 참여할 수 있도록 어떻게 과학을 가르칠지 고민해야 했다. 우선 크게 3가지로 방향을 잡았다.

첫째는 핵심개념 위주로 가르치는 것이다. 3학년 과학 '지구와 달 비교하기'를 배울 때 발달장애가 있는 지호가 어디까지 이해할 수 있을까 고민했다. 달에 공기가 있는가, 생명체가 살 수 있는가를 이해하긴 어려울 것이었다. 그래서, 지호와의 일대일 학습에서는 사진을 보고 '지구' '달' 같은 개념을 아는 것에 집중했다. 지구와 달이라는 어휘를 알면 지호가 친구, 가족과 대화하고, TV 등 미디어를 볼 때도 좀 더 많은 부분을 이해할 수 있을 것이기 때문이었다.

둘째는 실생활에 필요하고 유용한 내용을 가르치는 것이다. 6학년 과학 '전기 회로'를 배울 때 경석이의 수업 목표는 '건전지 (+)극과 (−)극을 알고, 전기제품에 끼우기'로 정했다. 일반학생들이 보기엔 간단한 것이지만 발달장애 학생들은 가정에서 경험을 안 해봤을 수도 있다. 아이들은 스스로 해냈을 때 더욱더 뿌듯해하고, 자신감이 높아진다. 유리로 만든 실험도구를 깨뜨릴까 봐 대신 해주기보다는 어떻게 깨지지 않게 잡을 수 있는지 가르치면 실생활에서도 유용하게 쓸 수 있을 것이었다. 안전 문제가 염려될 때면 플라스틱으로 만든 비커 같은 안전한 실험용구로 바꿔 주었다.

셋째는 의사소통, 지시 따르기 연습을 할 수 있게 하는 것이었다. 수업 내용을 아무리 쉽게 바꿔 줘도 지식 면에서는 이해하기 힘들 수 있다. 그런 수업이라면 의사소통 기술을 향상하는 방향으로 접근하는 것이다. 의사소통, 지시에 따르기 연습을 강화할 수 있었다. "자석 붙여 볼래?" "지구본에서 바다에 스티커 붙여줘" "수조에 물 뜨러 가자" 이런 식으로 수업에 참여시키는 것이다.

이렇게 수업의 방향을 잡아 가르치자 장애 학생들의 수업 참여가 늘었다. 그러면 일반학생들도 이 친구들이 실험에 참여하여 해냈을 때, 자기가 도와주어서 친구가 과제를 수행했을 때 뿌듯해했다. 친구가 어제보다 오늘 한 가지라도 잘하는 게 생기는 걸 보고 기뻐하는 것은 교사인 나와 다르지 않았다. 친구 관계와 학급 분위기도 긍정적으로 변했다. 사회성을 꼭 쉬는 시간에 같이 놀아야 키울 수 있는 건 아니었다. 특히 저학년 아이들은 친구를 가르쳐주는 걸 좋아했다. 친구가 도움을 받아주는 걸로도 고마워하고, 행복해했다. 이런 긍정적인 효과를 체감하니 덩달아 나도 아이들 모두가 참여하는 수업을 만들기 위해 다양한 접근을 해야 했다.

모두 참여 수업

# 04

# 무엇을
# 지원할까?

통합학급에서 특수교육대상 학생이나 느리게 배우는 학생들은 다른 친구들에 비해 수업을 이해하기가 어렵다. 그러다 보니 특수학급에 가는 국어, 수학 시간을 제외하고 하루에 3~4시간 가량을 통합학급에서 지내야 하는데 지루함을 달래기 위해 엎드려 자기도 하고, 혼잣말을 중얼거리기도 하고, 자리를 이탈하기도 한다. 자폐 스펙트럼이 있는 학생들은 일정하고 규칙적으로 몸을 흔드는 상동행동을 하기도 한다.

이러한 행동 때문에 교사에게 지적받고, 친구들에게 의지가 없는 모습으로 이미지가 굳어질 수 있다. 교사를 비롯한 주변의 부정적인 피드백은 자존감을 떨어뜨리고, 학업에 대한 흥미를 잃게 하는 악순환을 만들기도 한다. 최악의 경우, 수업을 방해하는 행동으로 여겨져 통합학급 수업에 참여할 기회가 사라지기도 한다. 그러나 상동행동 원인과 그 행동의 (의사소통)기능을 이해한다면 오히려 선순환을 만들 수도 있다.

통합학급 수업을 이해하지 못하니 '특수학교에 가야 하는 아이', '일반 학교 통합교육에 적합하지 않은 아이'라고 생각할 수 있다. 그렇게 되면 교실과 수업에서 방치하기 쉽다. 분리와 차별이 시작될 수 있기 때문에 학교와 교사는 장애과 교육, 또 통합교육에 대해 정확히 인식할 필요가 있다. 장애는 평생 극복하기가 어려우므로 개별적 요구에 맞춘 지원이 절실하다. 일반학생들이 성취하는 것을 100이라고 했을 때, 특수교육대상 학생이 10 또는 5만 달성하게 하려 해도 교사의 특별한 관심이 필요하다. 아이가 학습에 참여하지 못하는 모든 책임을 학생의 장애 탓으로 돌리지 않았으면 한다. '장애가 있으니 모르는 게 당연하지'보다 '통합학급에서 의미 있는 배움이 일어나게 하려면 무엇을 지원해주어야 할까?'로 생각을 전환한다면 자신의 수업에서 소외되는 학생 없이 모두가 참여하는 수업이 될 수 있다.

수업을 장애 학생에게 배움이 일어나도록 학생의 개별적 특성에 맞게 수정 또는 조정하는 것을 '교수적 수정'이라고 한다. 일반교사들은 교대에 다닐 때도, 학교 현장에 와서도 들어보지 못해 생소할 수 있지만 사실 교사들이라면 학급에서 천천히 배우는 학생을 위해 이미 다방면으로 적용하고 있는 것이기도 하다. 교수적 수정은 특수교육에서 주로 쓰지만, 점점 문화적 배경이나 환경, 개별적 특성이나 성향, 수준 등이 다양한 학생들이 증가하는 요즘 교실에는 무척 중요하고 요긴하다.

교수적 수정은 일반학급의 일상적인 수업을 특수교육적 요구가 있

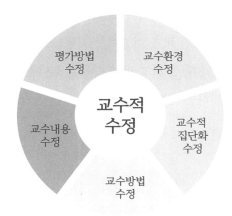

는 학생의 수업 참여의 양과 질을 최적의 수준으로 성취하기 위해서 교수환경, 교수적 집단화, 교수 방법(교수 활동, 교수 전략 및 교수 자료), 교수 내용, 혹은 평가 방법에서의 수정 및 보완을 하는 것으로 정의한다.[3]

　　이러한 교수적 수정을 적용함으로써 학생들의 문제행동이 감소하게 되고, 수업 참여 행동을 증가시키는 환경을 조성하게 되고, 증가된 수업 참여 행동은 다음 문제행동 예방과 감소를 가져온다고 한다.

　　장애가 있든 없든 수업 난도가 너무 높으면 학생들은 위축되고, 포기하고, 무료한 시간을 보내기 위해 수업에 방해되는 행동을 한다. 그런

---

**3** 김번영, 박승희(2007). 〈통합학급에서 교수적 수정 중재가 장애학생의 문제행동과 수업참여행동에 미치는 영향〉. 특수교육학 연구, Vol. 42, No. 1, p23.

상황이 발생한 후에야 학생에게 관심을 두고, 만약 특수교육대상 학생이라면 특수교사와 소통하고, 어떻게 문제행동을 없앨지 고민하는 것이 학교 현실이 아닐까? 그리고 방해 행동을 한다는 이유로 너무 쉽게 특수학급으로 분리하는 선택을 내리고 있는 건 아닌지 되돌아볼 필요가 있다.

3월 3일, 개학하고 하루 지나 방과 후에 지호 어머니와 통화를 했다. 이틀간 수업을 해보니 가위질도 잘 되지 않았고, 색칠하기도 한 가지 색으로 빙글빙글 칠해 놓기만 했다. 다른 지역에서 이사 온 지호는 새로운 공간, 새로운 선생님, 새로운 친구가 낯설어서인지 학교생활이 즐거워 보이지 않았다. 틈틈이 스티커도 시켜보고, 글씨도 써보게 했지만 발화가 잘 안 되었다. 아이에 대해 파악하려면 상당한 시간이 걸릴 것이 뻔했다. 지호가 좋아하는 걸 알면 수업 시간에 뭘 준비해야 할지 알 것 같았다. 특수학급 선생님도 새로 오셨기 때문에 학교 안에는 아이에 관해 물어볼 사람이 없었다.

"올해 지호 담임을 맡았는데, 지호가 착석을 참 잘하더라구요. 아이들이 지호를 참 좋아해요. 지호가 집에서 어떤 걸 좋아하는지 알면 제가 수업을 준비하는 데 도움이 될 것 같아서 연락드렸어요"

지호 어머니는 일반 학교에 전학을 시켜놓고 개학 날 걱정이 많았을 것이다. 학교에 적응은 잘 할지, 담임선생님과 반 친구들은 아이에게 친절할지, 아이는 제 자리에 잘 앉아 있을지 궁금했을 것이다. 나도 둘째

모두 참여 수업

딸 관련해서 학기 초에는 초긴장인데…. 부모 마음은 다 같지 않을까?

역시 전화하길 잘했다. 지호가 수업을 잘 받고 있고, 아이들도 좋아한다는 이야기에 안심하시는 것 같았다.

"지호는 퍼즐을 좋아해요. 색연필로 칠하는 건 안 좋아하지만, 물감을 붓으로 칠하는 건 좋아해요. 뽀로로나 폴리 같은 캐릭터도 좋아하고 특히 동물에 관심이 많아요."

지호처럼 전학을 온 경우가 아니라면 전년도 담임선생님이나 특수선생님에게서 많은 정보를 얻을 수 있을 것이다. 아이가 좋아하는 것, 싫어하는 것, 친한 친구 등에 대해 정보를 많이 알수록 교사에겐 쓸 수 있는 카드가 많아진다. 특수교육대상 학생이라면 학교 안에 '특수교사'라는 든든한 지원군도 있다. 특수교사는 학생과 일대일로도 수업하기 때문에 아이의 성향을 잘 알고 있어, 어떻게 잘 참여하게 해줄 수 있는지 정보도 얻을 수 있다. 무엇보다 학생을 중심으로 일 년 내내 협력 관계를 유지하며 조언과 조력을 받을 수 있다. 그렇기 때문에 학생을 파악해야 하거나 어려움이 있을 때 특수교사와 부모님을 비롯해 학생을 둘러싼 다양한 사람들과 소통하는 것이 무엇보다 필요하다.

정다운 학교를 운영하며 가장 보람 있었던 것 중 하나가 담임, 전담교사, 특수교사와 함께 학생들 '모두가 참여하는 수업'을 어떻게 하면 만들 수 있을지 이야기하고, 배울 수 있는 시간이 많은 것이었다. 그렇게 고민해 수업을 만들면 어떤 시간이던지 장애가 있다고 배제되지 않고, 각자가 가능한 수준에서 수업에 참여할 수 있었다.

우리학교 과학 전담선생님은 학기 초에 작년 담임선생님에게 아이 성향에 관해 물어 보셨다. 그분은 많은 업무를 하면서도 아이들에게 최선을 다하고, 친절을 잃지 않아서 정평이 나 있는 선생님이셨는데, 아이 성향을 존중하며 수업을 하기 위해서라고 하셨다. 학생에게 어떤 돌발 행동이 보일 때는 특수학급 선생님과 대화하고, 특수교사의 허락을 받아 특수학급 수업을 참관하기도 했다. 소수의 학생이 있는 특수학급에서 보이지 않던 행동을 통합학급 수업에서 보일 경우가 있고, 어떻게 수업해야 할지 막히는 경우에는 특수학급 수업을 참관하면서까지 학생을 이해하려고 한 선생님의 노력에 감동했다. 선생님의 생각과 모습에서 학생을 이해하고 수업에 참여하도록 이끌려면 어떻게 접근해야 하는지를 배웠다.

연소 실험처럼 위험성이 있는 실험을 할 때는 어떤 행동을 할지 모르니 특수교사와 미리 의논도 하셨다고 했다. 특수교사 입장에서는 만약 교사와 학생 사이에 라포르(rapport)가 형성되어 있지 않으면 통합지원반에 데리고 있어야 하나? 생각할 수도 있었지만, 수업에 참여하는 데 아이에게 도움이 될 방법을 찾는 선생님 진심을 아니까 오해가 생기지 않았다고 했다. 특수교사와는 어떻게 소통하고 협력해야 하는지도 배울 수 있었다. 모든 교사는 아이들에 대한 애정이 밑바탕에 있으므로, 아이를 위해 협력하려는 모습은 학교 내 다양한 자원의 도움을 끌어낸다.

필요한 경우 특수교육지도사가 함께하기도 했고, 우호적이면서 혹

모두 참여 수업

시 돌발행동을 할 때 제어가 가능할 수 있는 친구들로 모둠을 재편성하기도 했다. 특수교육지도사가 학생 옆에 있어도 갑작스럽게 제어가 힘든 상황이 생길 수 있으니, 선생님도 근처에 있었다. 최대한 실험에 참여하게 하려고 했지만, 안전이 우려되면 교사가 대표 실험을 할 때 특수교육대상 학생을 참여하게 했다. 교과전담은 수업을 여러 학급에서 반복하기 때문에 이전 학급에서 어려웠던 부분을 다음 수업에서는 좀 더 개선할 기회가 있다는 장점이 있었다.

우리학교는 통합교육 연구학교라 특수교육을 전공한 통합교육지원 교사가 한 분 배치되었다. 5학년에 자폐 스펙트럼 학생이 있었는데 시끄러운 교실 환경에서 스트레스를 받아 불편할 때 물건을 던지기도 하고, 수시로 화장실에 왔다 갔다 해서 과학 선생님 고민이 깊었다. 특수 선생님과 논의한 후에 2학기부터는 통합교육지원 교사가 과학 시간에 협력교수를 했다. 통합교육지원 선생님은 이 학생을 위한 교수적 수정 자료를 잘 준비해 가셨고, 그 학생은 자신에게 맞는 난이도와 방법으로 배울 수 있어서 그전에 보이던 행동들이 확연히 줄어들었다고 하였다.

많은 학생을 지도하는 일반교사가 난이도를 수정하여 장애 학생까지 가르치는 게 쉽지는 않지만, 문제행동이라고 여겨지던 행동들이 줄어들고 자신감을 느끼는 걸 보면서 큰 보람을 느낄 수 있었다. 비장애 학생들을 지도하면서 느끼는 것보다 성취와 만족감이 매우 컸다.

# 05

# 통합교사의
# 교수적 수정

특수교육대상 학생이 통합학급에 오면 그때부턴 오롯이 담임교사 몫이다. 인지에 어려움이 있는 학생은 수업을 이해할 수 없을 것으로 생각해 만화 캐릭터가 그려진 (아이가 좋아하는) 색칠 공부 책을 주기도 한다. 퍼즐을 좋아하는 아이를 위해 수업 시간에 퍼즐을 주기도 한다. 이건 내 이야기다. 아무것도 않고 허공을 바라보고 있는 아이가 안타까워서 그냥 가만히 있는 것 보다는 나으니까 딴에는 노력한 것이다. 옛날에는 줄 공책에 친구 이름을 1번부터 쓰게 하던 시절도 있었다고 들었다. 같은 공간에 있다 할지라도 주제와 상관없는 퍼즐이나 색칠 공부를 하는 것을 진정한 통합이라고 할 수는 없다. 같은 공간에서 '분리교육'을 하는 것이기도 하다.

담장 너머 스포츠 경기를 관람하는 어린이들이 있다. 키가 작든 크든 높이가 같은 발판을 주었다면 공정할까? 키가 작은 아이는 까치발을 들어도, 폴짝폴짝 뛰어도 경기를 관람할 수 없다면 키에 따라 발판 높이를 조정해 주는 것이 '공정'일 것이다. 그런 의미에서 내가 통합교육에서 중요하다고 생각하고 좋아하는 개념이 '교수적 수정'이다. 장애 학생이 동일한 수업에 참여할 수 있도록 교수적 수정을 하기 위해서는 무엇보다 그 학생의 개별적인 특성, 능력, 강점, 필요를 이해하고 고려해야 한다. 해당 학생에게 적합한 교수적 수정이 되기 위해서는 교수 내용이나 자료를 넘어 교수 목표 및 활동, 교수 환경 등 다양한 요소를 함께 고민해 수정, 적용하는 과정이 필요하다.

교수적 수정은 특수교사들에겐 일상적인 거라 너무나 편안한 옷이지만, 일반교사에겐 처음 입어보는 익숙하지 않은 옷과 같다. 특수교사들은 교수적 수정을 내보이기도 쑥스러운 사소한 아이디어처럼 여긴다. 그러나 학생 20여 명을 한 집단으로 보고 수업하는 일반교사들은 한 명을 위해 수업 내용과 방법을 조정한다는 발상부터 만만치 않게 느낀다. 시작부터 걸림돌이 많다.

같이 근무하는 선생님들은 자신이 맡고 있는 특수교육대상 학생이 수업을 잘 이해하지 못하는 걸 보거나, 학급 문화에 섞이지 못하고 외딴섬처럼 있는 걸 볼 때면 부채감을 느낀다고 한다. 이 학생들이 한 가지라도 배워가는 수업이 되게 조금 수정하고 작은 지원을 한다면 빚을 진 것 같은 마음, 방치한 것 같은 부담을 덜 수 있을 것이다.

그러나 사실 일반교사들도 대부분 교실에서 어떤 식으로든 교수적 수정을 하고 있다. 산만한 학생을 맨 앞자리로 데려오는 것, 시력이 안 좋은 학생을 앞자리에 앉히고, 학습지를 A4 용지보다 더 큰 B4 용지에 프린트 해주는 것, 쪽지 시험 볼 때 천천히 배우는 학생에게 10개 중 3개만 외우라고 하는 것, 운동신경이 부족한 학생은 허들을 낮춰주고, 부딪혀도 아프지 않은 재질로 만든 허들로 심리적 장벽을 낮춰주는 것처럼 이미 적용하고 있다. 이런 모든 것들을 교수적 수정이라고 할 수 있다.

내가 교수적 수정을 가장 애정하는 까닭은 일반교사가 맘만 먹으면 혼자서도 할 수 있기 때문이다. 특수교사도 많은 공문과 업무 처리로 바쁜데 평소에 가르치지 않는 일반교과에 대해 매번 물어볼 수도 없는 노릇이었다. 그리고 우리 반에 온 이상은 내가 알아서 해야 한다는 생각이 컸다. 물론 특수교사와 의논하면 할수록 학생의 교육적 요구를 적절히 맞춰줄 수 있는 활동이 나오는 것은 분명하다.

특수교사가 있다는 이유로 아이에 대한 책임을 다 특수교사에게 넘길 수는 없다. 특수교육대상 학생이라도 통합학급 일원이고, 통합학급에서 수업받는 동안에는 일반교사 책임이다. 모두 알다시피 특수교사는 학교에서 한두 명뿐이라 다수의 일반교사와 소통해야 하는 책무와 어려움을 갖고 있다. 통합학급은 담임교사의 영역이자 몫이다. 특수교사에게 수업에서 장애 학생을 어떻게 도울 수 있는지 자문을 구할 수 있을 것이다.

우리가 다른 선생님에게 학생과 관련해 어떤 제안을 했는데 거절당한다면 다음에는 제안할 용기가 생기지 않을 것이다. 특수교사도 매년

모두 참여 수업

만나는 담임교사, 전담교사 5~6명과 의견을 주고받다 보면 거절당하는 경우가 생기고 그러면 다음번에는 이야기할 용기가 생기지 않을 것이다. 게다가 일반교사가 이 학생이 자기 책임이 아니라고 생각한다면 둘 사이 대화는 한 발짝도 더 나아갈 수 없을 것이다. 일반교사가 먼저 이야기를 꺼내 보면 좋을 것 같다.

"이 학생은 한글도 모르고 말도 못하는데 어떻게 수업에 참여시킬 수 있나요?"

"이 학생은 뭘 좋아하고, 뭘 싫어하나요?"

"특수학급에선 어떤 공부를 하나요?"

"참고할 만한 자료가 있을까요?"

수업을 잘 이해하지 못한 학생을 위해 수업 시간 짬을 내어 일대일, 또는 소수로 하는 '미니 수업'은 천천히 배우는 학생에게도 도움이 된다. 다른 학생들이 필기하는 시간이나 한 차시 진도가 다 나가고 5분이라도 시간이 있을 때, 모둠활동 주제가 특수교육대상 학생이 거의 참여할 수 없는 어려운 내용일 때, 일대일 수업을 할 수 있다.

수업을 준비하며 장애가 있는 학생에게 어떻게 하면 하나라도 배움이 일어나게 할 수 있을까, 일부라도 참여하게 할 수 있을까, 고민할 때는 나의 창의력을 바닥에서부터 끌어 올려야 하는 순간이다. 떠오른 작은 아이디어를 콩닥거리는 마음으로 시도했을 때 아이의 표정이 밝아지고 눈이 반짝반짝할 때면 준비 과정에서 느낀 수고가 보상되는 것 같았다. 사실 이런 보람이 교사로 살아가게 하는 힘이지 않은가?

# 06

# 교수 내용 수정,
# 쉽게 알려주세요

학기 초에 교육과정을 재구성하려고 과학책을 펴놓고 보니 지호가 좋아하는 동물 단원이 1, 2학기에 모두 있었다. 1학기 '동물의 한 살이', 2학기 '동물의 생활' 단원은 놓치면 안 된다는 생각이 들었다. 3월 통합학급 적응 기간 일주일 동안 지호는 수업 시간에 맨 뒷자리에 앉아서 의자를 앞뒤로 흔들고, 손을 흔들고, "아~", "에~", "우~ 우" 같은 소리를 냈다. 당장 급한 불을 끄기 위해 집에서 둘째가 보던 동물백과 책, 뽀로로 책, 퍼즐, 만지작거릴 수 있는 보드게임 등을 손에 닿을 수 있도록 옆에 쌓아 놓았다.

수업 시간에 주제와 상관없는 색칠 공부, 퍼즐을 주는 건 분리 교육이라고 방송에까지 나가서 말한 내가 이러고 있다니…. 누가 알까 봐 부끄러웠다. 하지만 아이가 다른 지역에서 전학을 와서 특수교사도 아이에 관한 정보가 없었고, 통합학급 적응기간이라 하루 종일 교실에 있어야 했기 때문에 좋지 않은 방법임을 알지만, 대안이 없었다. 급한 위기를 넘기는 것이 먼저였다.

그런데 지호가 '동물백과'를 푹 빠져 본다는 걸 알게 되었다. 아이들이 "지호야, 호랑이 어디 있어?" 하면 재빠르게 페이지를 넘겨 호랑이를 찾아냈다. 어머니와 통화하다 보니 어릴 때 지호가 집에서 즐겨보던 책인데 너무 그 책만 좋아해서 버리셨다고 했다. 학교에 와서 그 책을 만나니 얼마나 반가웠을까? 지호는 1학기 동안은 해야 할 공부를 끝내면 동물백과 책을 꺼내 마음의 안정을 찾았다. 사실 처음엔 지호가 이 책에 '집착'한다고 생각했지만 《스파크》(엘 맥니콜 지음, 요요)란 책을 읽다 보니, 지호에게 익숙한 책은 사람과 달리 언제나 똑같은 내용이라 '위안'이 된다는 걸 알게 되었다. 익숙한 사람이라도 매번 같지 않고, 특히 속마음까지 읽는 건 쉽지 않기 때문이다.

'동물의 한 살이' 단원은 지호가 흥미를 갖고 참여할 수 있는 단원이라 재구성할 때 아이디어가 샘솟았다. 교수 방법을 바꿔서 참여할 수 있다면 친구들과 같은 학습 목표면 좋을 것이다. 하지만 지호에게는 방법을 수정해도 한계가 있으므로 지호에게 적합한 학습 목표로 바꾸었다. 일반 학생들은 '동물의 암수에 따른 생김새와 특징을 말할 수 있다'가 목표라면, 지호에게는 '생김새와 특징을 보고 몇 가지 동물 암수를 구별할 수 있다' '암수를 구별하기 힘든 동물(고니, 무당벌레) 이름을 알 수 있다'로 수정했다. 교수 목표가 바뀜에 따라 교수 내용 수정도 이어졌다.

이렇듯 교수 내용 수정은 일반 교육과정의 내용을 장애 학생의 독특한 교육적 요구와 기술 수행에 적합한 수준으로 수정 및 보완하는 것을 의미한다.

인간은 자신이 할 수 있는 적합한 수준의 일을 할 때 동기가 극대화되는 경험을 하게 되는데, 이것이 어렵지만 관리 가능한 수준의 도전, 즉 골디락스 법칙(Goldilocks Rule)이다. 지나치게 어려워서도 안 되고 지나치게 쉬워서도 안 되며, 일의 난이도와 자신의 능력이 적절한 접점에서 만나야 한다. 이때 어떤 일에 완전히 몰입할 수 있게 되고 재미를 느끼게 된다. 우리의 현재 능력에서 대략 4퍼센트 넘어가는 일을 할 때 몰입 상태에 돌입한다고 한다.[4]

지호에겐 다소 어렵더라도 40분 수업 중 대부분은 친구들과 같은 내용을 배우고, 친구들이 실험관찰을 정리하는 동안은 선생님과 일대일로 공부할 수 있었다. 5분도 안 되는 시간이지만 지호에게 적합한 난이도로 학습할 수 있었다.

---

[4] 조윤정, 변영임, 오재길, 이수현. 《학습격차 해소를 위한 새로운 도전: 보편적 학습설계 수업》, 살림터.

모두 참여 수업

학기 초에 교육과정을 재구성하며 평가 계획도 세워 놓았는데, 이 내용을 가르칠 때 수정한 목표와 평가 계획을 토대로 교수 방법과 환경을 수정할 수 있었다.

학습 목표를 바꿀 때 난이도를 낮추거나 양을 줄일 수도 있지만, 기능이나 사회성, 의사소통을 높여주는 활동으로 할 수도 있다. 친구가 요구하는 실험 도구 주기, 선생님 질문에 대답하기 같은 의사소통 관련 목표로 수정할 수도 있다.

'동물의 한 살이' 단원에서 '배추흰나비 한 살이'는 3차시를 배워야 한다. 지호는 한 살이 순서보다는 '알, 애벌레, 번데기, 나비' 같은 어휘를 아는 것을 목표로 세웠다. 매번 따라 쓰기만 할 수는 없으니 애벌레 그림에 폼폼이를 붙이면서 애벌레라는 단어를 반복했다.

나비의 한 살이 교구를 샀는데 지호가 별로 좋아하진 않았지만, 그래도 꿋꿋이 반복했다. "알이 뭐야" "애벌레가 뭐야" 물어 확인하다가 포스트잇에 글씨를 써서 붙여 보게 했다.

발달장애 학생과 공부할 때는 오늘 가르쳤다고 내일 기억하리라는 욕심은 갖지 않는 게 좋다. 낙숫물이 댓돌을 뚫듯 학령기 동안 열 번, 스무 번 반복하면 언젠가 이해할 거라는 장기적인 믿음을 가지면 좋겠다. 그래야 교사도 지치거나 낙담하지 않고 한 해를 함께 만들어 갈 수 있다.

## 3학년 과학과 교육과정 재구성

| 영역<br>(대주제) | 일반교육과정 성취기준 | | 학습목표 | 평가 계획 |
|---|---|---|---|---|
| 생명의<br>연속성 | [4과10-01]동물의 암·수에 따른 특징을 동물별로 비교해보고, 번식 과정에서 암·수의 역할이 다양함을 설명할 수 있다. | 일반 | 동물의 암수에 따른 생김새와 특징을 말할 수 있다. | 사자, 닭 그림을 보고 암수를 구별하는 것을 평가함. |
| | | 특수 | 생김새와 특징을 보고 몇가지 동물의 암수를 구별할 수 있다. 고니, 무당벌레의 이름을 알수 있다. | 고니, 무당벌레, 사슴벌레 단어를 듣고 그림을 고를 수 있는지 평가함 |
| 생명의<br>연속성 | [4과10-01]동물의 암·수에 따른 특징을 동물별로 비교해보고, 번식 과정에서 암·수의 역할이 다양함을 설명할 수 있다. | 일반 | 알이나 새끼를 돌보는 과정에서 동물의 암수가 하는 역할을 설명할 수 있다. | 동물 그림을 보고 새끼 동물 그림을 찾아 매칭하는지 평가함. |
| | | 특수 | 몇 가지 동물의 새끼를 연결할 수 있다. | |
| 생명의<br>연속성 | [4과10-02]동물의 한 살이 관찰 계획을 세우고, 동물을 기르면서 한 살이를 관찰하며 관찰한 내용을 글과 그림으로 표현할 수 있다. | 일반 | 배추흰나비 알과 애벌레를 관찰해 그림과 글로 나타낼 수 있다. | 여러 가지 재료로 알과 애벌레를 만들어 보고, 알과 애벌레, 나비 단어를 듣고 그림을 선택하는지 평가함. |
| | | 특수 | 배추흰나비 알과 애벌레, 나비를 관찰해 여러 재료로 만들고, 알과 애벌레, 나비를 구분할 수 있다. | |

## 3학년 과학 교과 교수적 수정

| 단원(차시) | 성취기준 및<br>학습목표 | 교수적 수정 | | | | | 비고 |
|---|---|---|---|---|---|---|---|
| | | 교수환경<br>수정 | 교수방법<br>수정 | 교수내용<br>수정 | 평가방법<br>수정 | 교수집단화<br>수정 | |
| 2. 동물의<br>한 살이<br>(2/12) | [4과10-01]동물의 암·수에 따른 특징을 동물별로 비교해보고, 번식 과정에서 암·수의 역할이 다양함을 설명할 수 있다. | | | **교수내용 수정**<br>▶암수라는 표현 대신 엄마, 아빠라는 단어 사용.<br>▶생김새와 특징을 말하는 대신 그림을 보고 몇 가지 동물의 암수를 구별하고, 동물 이름을 익히는데 목표를 둠.<br><br>**평가방법 수정**<br>▶사자, 닭, 공작의 암수구별을 그림카드를 할 수 있는지 평가함.<br><br>**교수방법 수정**<br>▶조사학습 대신 그림카드를 가위로 잘라 엄마, 아빠 두 그룹으로 구분한 칸에 붙임.<br>▶무당벌레, 꿩, 고니 등 다른 동물은 그림카드로 지도함.<br>▶동물사진을 퍼즐로 만들어 완성함. | | | |
| | 일반 동물의 암수에 따른 생김새와 특징을 말할 수 있다. | | | | | | |
| | 특수 생김새와 특징을 보고 몇 가지 동물의 암수를 구별할 수 있다. 고니, 무당벌레 이름을 알 수 있다. | | | | | | |

# 07

# 교수 내용 수정을
# 쉽게 하려면

　초등학교 교사는 매년 다른 학년을 지도하는 경우가 많고, 때론 담임과 교과전담을 오가기도 한다. 그러다 보니 작년과 같은 내용을 가르치는 경우가 흔치 않다. 방과 후엔 맡은 학교 업무를 해야 하고, 20명이 훌쩍 넘는 학생들을 가르치다 보면 특수교육대상 학생을 위해 따로 자료를 만드는 것은 이상에 가깝다고 여기기 쉽다.

　이를 안타깝게 생각하는 특수교사들은 통합학급에서 사용할 학습지를 보내주기도 한다. 일방적으로 보내면 일반교사가 불쾌하게 생각할까 봐 먼저 요청해 주길 기다리기도 한다. 특수교사는 학습지를 보냈는데 담임이 그걸 학생에게 건네 주지도 않아서 섭섭한 적도 있었을 것이다.

　나도 특수선생님이 보내주신 학습지를 받아봤는데, 따라 쓰는 글자 크기가 너무 작았다. 통합반에서는 한 글자를 손바닥 반 정도 크기로 쓰는데, 통합지원반 선생님이 보내준 자료는 10칸 공책에 맞는 글자 크기여서 어떻게 쓰기 지도를 해야 할지 난감해 하며 결국 사용하지 못 했다. 또 선생님이 찾아서 보내준 자료 내용이 학생의 인지에 비해 어려운 경우도 사용할 수가 없었다. 힘들게 보내주셨는데 사용을 못 하는 것도 죄송스러웠다. 특수선생님도 바쁜데 통합학급 자료까지 보내달라고 하는 게 염치없게 느껴지기도 했다. 자료만 주고받기보다 만나서 아이에 대해 이야기도 나누고, 통합학급에서 사용하는 데 어려움은 없는지 이야기를 나누면 효과가 배가 될 것이었다.

국립특수교육원에서 일반교사를 위해 만든 《장애학생 통합교육 교수·학습 자료》가 책으로 나와 있다. 이 교재에 대해 모르는 특수교사, 일반교사가 많다. 특수학급에서 활용하는 교재가 아니니까 특수교사가 모를 수 있고, 일반교사는 장애 학생을 자주 만나지 않거나 지도해 본 경험이 몇 해 안 되는 교사도 많아 자료가 있는지도 모르는 경우가 많다. 먼저 써 본 바로는 통합교육 현장에 열심히 알려서 많이 쓰도록 해야 하는 책이다.

이 자료에는 1~2학년은 국어, 수학, 통합교과가, 3~6학년은 국어, 수학, 사회, 과학이 개발되어 실려 있다. 교과서에서 배우는 내용을 쉽게 수정해 놓은데다 그림 자료가 많고, 잘라서 붙이기, 색칠하기 자료도 있다. 과학과 3~6학년 영역은 기초과학탐구, 물질, 생명, 운동과 에너지, 지구와 우주의 총 40개 단원으로 구성되어 있는데 출판사가 달라도 활용하는 데 지장이 없다. 이 교재를 사용하면 특수교사는 자료를 매번 찾아서 보내주는 수고를 덜 수 있고, 일반교사도 자료를 별도로 만들어야 한다는 부담에서 벗어날 수 있다.

교재는 학생들의 수준에 맞게 변형해 쓸 수도 있다. 교재에는 글씨 위에 덧쓰게 되어 있지만 교사가 포스트잇에 단어를 써주고 해당 그림에 붙이는 것으로 변형해도 되고, 노란 원형 스티커에 써서 단어 위에 한 글자 한 글자 붙여도 좋다. 우리 학교 선생님들도 이 책을 사용해 보고는 특수교육지도사가 옆에서 도와주면 학생이 아주 잘 배운다고 하셨다. 단, 장애 정도가 가볍더라도 혼자서 교재로 공부하기는 어려울 수 있으므로, 교사나 친구, 지원인력이 옆에서 도움을 주면 좋다. 이 교재를 가정이나 특수학급에서 미리 예습하고 온다면 통합학급에서 더 자신 있게 수업에 참여할 수 있을 것이다.

일반학생들이 실험관찰 수업에서 필기하는 동안 특수교육대상 학생은 이 교재로 교사와 일대일로 학습하기에도 좋았고, 필기를 일찍 끝낸 친구들이 또래 도우미로 도움을 줄 수도 있었다.

아이스크림미디어에서 서울경인특수학급교사연구회 선생님들과 함께 만든 〈3~6학년 사회, 과학 쉬운 학습지〉가 2023년부터 아이스크림 웹사이트에 탑재되어 있다. 차시별로 '쉬운 학습지'와 '아주 쉬운 학습지'가 있는데 한글이 익숙하지 않은 장애 학생부터 다문화 학생, 경계선 지능의 학생들까지 잘 사용할 수 있을 거라 생각한다.

나는 아주 쉬운 학습지를 이용해 글자 덧쓰기, 사진 자르고 붙이기, 선으로 연결하기, 보기에서 찾아 쓰기 같은 활동을 많이 하도록 했다.

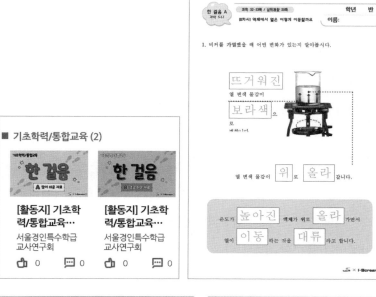

## ■ 기초학력/통합교육 (2)

**한 걸음 A** 쉽고 쉬운 자료

**[활동지] 기초학력/통합교육…**
서울경인특수학급
교사연구회
👍 0   💬 0

**한 걸음 B** 조금 쉬운 자료

**[활동지] 기초학력/통합교육…**
서울경인특수학급
교사연구회
👍 0   💬 0

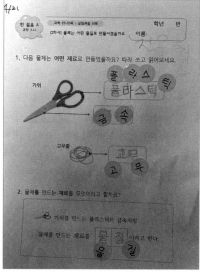

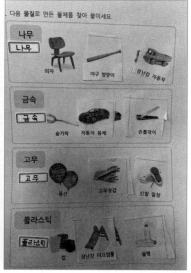

310                                           모두 참여 수업

차시별로 자료가 두세 쪽이 되지만 이걸 다해도 시간이 남는다면 라벨지나 스티커에 써준 글자를 붙이며 반복 학습을 하도록 했다. 이렇게 일주일간 공부한 학습지는 파일에 넣어 주말에 가정으로 보냈는데, 아이가 요즘 어떤 걸 배우고 있는지 가정과 소통하는 좋은 자료가 되었다.

내가 유용하게 쓸 자료가 있으니 사회, 과학 시간에 특수교육대상 학생을 보내라고 자신 있게 말할 수 있었다. 쉽게 조정된 자료는 통합학급의 수업 부담을 덜어주어 학생에게 집중하는 데 큰 도움이 되었다. 학생이 오는 차시에 학습지를 만들고, 자료를 만들기 위해 아이디어를 짜내던 수고를 덜으니, 학생을 좀 더 여유롭게 대할 수 있었다. 장애 학생이라고 참여하기에 음악, 미술, 체육 같은 예체능 과목이 가장 적합하다고는 할 수 없다. 움직임을 싫어하고 차분하게 앉아서 공부하는 것을 더 좋아하는 학생들도 있기 때문이다.

국립특수교육원에서 펴낸 《장애학생 통합교육 교수·학습 자료》나 아이스크림 출판사에서 만든 〈쉬운 학습지〉 모두 개별화된 학습을 하게 해서 통합교육의 질을 높이는데 무척 요긴했다. 그러나, 이 자료들로만 글씨를 쓰고, 자르고 붙이고, 색칠하기 같은 활동만 반복한다면 학생에겐 단조로운 수업이 되기도 했다. 그럴 때면 다양한 멀티미디어 자료, 학습 앱, 실물, 실험 도구를 함께 사용해 흥미를 높일 수 있었다.

수정된 자료를 사용할 때 고려할 것은 친구들과 다른 교재를 사용하는 것을 싫어하는 학생, 학부모님도 있다는 것이다. 자신이 특수교육대상이라는 것을 드러내고 싶지 않은 학생이라면 선수학습이나 복습용으로 개별적으로 공부할 때 사용할 수밖에 없다. 교사가 보기에는 이 자료를 사용하는 게 더 적합해 보이더라도 아이의 의사를 존중해 주면 좋겠다. 가능하다면 아이와 부모님을 설득하여 특별한 지원이 필요한 점을 설명하고, 자료와 인력지원을 해주는 것이 학습에 공백이 생기지 않게 하는 것일 수도 있다. 친구들이 무시하지 않고 다양성을 존중해 주는 분위기를 만들어 주고, 필요한 인력지원을 받을 수 있다면 학습도, 관계도, 생활도 한결 좋아질 것이다.

국립특수교육원에서 나온 교재와 아이스크림 웹사이트에 탑재된 자료로도 부족하다면 특수교사나 일반교사가 추가로 자료를 만들 수 있다. 내가 만들어 보니 한 명이 한 차시 사용할 학습지를 만드는데 30분 이상이 필요했다. 교과서 출판사나 기관에서 중도 장애 학생들에게 적용할 수 있는 자료를 만들어 주면 좋겠다. 그림 자료를 찾느라 시간을 많이 쓰게 되는데, 이미 다양한 그림, 사진 자료를 보유하고 있는 교과서 출판사가 자료를 만들어 전국 선생님들이 사용할 수 있도록 한다면 매우 효과적일 것이다. 검정 교과서 출판사별로 경쟁이 치열한데, 다양한 학습자를 고려하여 자료를 제작해 준다면 교사들이 그 회사 교과서를 선택할 가능성이 높지 않을까? 그것이 어렵다면 최소한 교과서에 쓰인 자료나 이미지는 저작권의 제약을 풀어 공유해 준다면 선생님들 수고를 조금이나마 덜 수 있지 않을까? 소망이자 요청이다.

모두 참여 수업

# 08

# 교수 환경
# 수정

2020년 6학년을 맡게 되었다. 코로나19로 아이들은 학교에 오지 못했다. 온라인 수업을 준비하는 교사들도, 하루 종일 학교와 학원 숙제를 온라인으로 해야 하는 학생들도 모두 익숙하지 않은 새로운 길을 모색하고 적응하느라 고된 시간을 보냈다.

특수교육대상 학생들은 누군가 도와주지 않으면 온라인 수업에 접근하기도 어렵고, 수업에 들어온 후에도 텍스트나 영상으로 된 학습 내용을 익히고 과제를 올리기는 참으로 힘들었다. 6개 학년 중 2개 학년이 등교하다가 4개 학년이 등교하는 걸로 바뀌었다. 시간이 지나고 온라인 수업 참여가 어려운 특수교육대상 학생들은 매일 두 시간씩 특수학급에서 비대면 수업을 하게 되었다.

유튜브 크리에이터가 되고 싶은 6학년 경석이는 핸드폰을 다룰 수는 있었지만 그렇다고 온라인 학습이 가능하진 않았고, 나도 경석이를 위해 따로 온라인 수업 준비를 하지는 못했다. 그렇지만 한글도 잘 읽고 쓰고, 4학년 수학 정도는 할 수 있는 경석이는 우리 아이에게처럼 쉽게 알려주면 이해할 수 있을 것 같았다. 공부하러 매일 특수학급으로 등교할 때 한 시간 정도는 우리 교실에 와서 나와 일대일로 과학 공부를 하기로 했다. 친구들이 온라인으로 학습하는 내용을 경석이는 오프라인으로 하기로 한 것이다. 친구들이 배우는 만큼의 많은 양을 할 수는 없으니 학습량은 좀 줄이고, 직접 실험도 하면서 공부하기로 했다.

성격이 온순한 경석이는 내가 이끌어 주는 대로 잘 따라왔다. 산소와 이산화탄소의 특징을 칠판에 마인드맵으로 그리면서 공부했다. 일반 학생들은 1학기 내내 실험을 못 했다. 그렇지만 아이들은 영상만으로도 원리를 이해하면서 학습할 수 있었다. 학습결손이 누적된 특수교육대상 경석이는 직접 해보면서 관련 어휘도 하나하나 설명을 들으며 이해했다.

초등학교에서 배우는 과학은 특수교육대상 학생들이 성인이 되어서 일상생활을 하고, 직업을 갖게 될 때 요긴하게 사용할 것이었다. 건전지 사용, 온도 재기, 연소와 소화 등은 안전하게 일상생활을 해나가는데 꼭 필요할 거라는 생각이 들어 하나라도 더 배우게 해주고 싶었다. 볼록렌즈의 성질을 배울 때는 간단한 실험인 만큼 학교 공터로 준비물을 챙겨 나갔다. 배우는 내용을 어느 정도 이해할 수 있고, 지시에도 잘 따르는 경석이는 차분하게 검은 도화지에 햇빛을 모아 종이를 태우며

모두 참여 수업

볼록렌즈의 성질을 이해할 수 있었다. 일대일 수업이니 실험하고 나서 그림으로 그리면서 실험 과정을 되짚어 보았다. 잘 기억해 대답을 곧잘 하는 걸 보고 하루 한 시간을 들여 대면 수업을 한 보람을 느꼈다.

경석이와 수업을 하다 보니 온라인 환경이 익숙하지 않은 장애 학생에게 가능한 범위에서 대면 수업으로 바꿔주는 것도 교수 환경 수정이라는 생각이 들었다.

교수 환경 수정은 학급의 물리적 및 사회적 환경을 수정하는 것을 의미한다. 물리적 환경 수정은 예를 들어 학생의 자리를 칠판 가까이 하고, 창문의 빛으로부터 떨어지게 하고, 칸막이 책상을 준비하고, 소음을 차단하기 위해 헤드폰을 착용하게 하고, 한 자리에 오래 앉아 있을 수 없는 학생을 위해 교실 안에 여분 책상을 제공하는 것 등을 의미한다.[5] 나는 우리반 아이들을 위해 어떻게 교수 환경을 수정할 수 있을지 고민했다.

우리 반은 여섯 모둠이라 실험 도구를 여섯 세트 준비하면 되지만, 자폐 스펙트럼이 있는 3학년 지호와 수업할 때는 **한 세트 더 준비했다.** 모둠별로 실험하면 모둠 1번부터 돌아가며 실험도구를 조작했다. 실험 도구를 충분히 조작해 볼 수 있게 하려고 지호에게 한 세트를 따로 주

---

5 박승희(1999). 〈일반학급에 통합된 장애학생의 수업의 질 향상을 위한 교수적 수정의 개념과 실행 방안〉. 특수교육학 연구, Vol34, No.2, pp. 36-37.

4부 — 과학, 모두 참여 수업의 과학                                    315

기도 했다. 혹시 실험 도구를 잡고 놓지 않을 경우, 다른 모둠원들에게 피해를 주지 않을 수 있고, 이론 수업이 어려울 때는 실험 도구를 조작하면서 설명을 들을 수도 있기 때문이다.

지호는 자주 의자를 앞뒤로 크게 흔들었다. 옆에 특수교육지도사가 앉아야 해서 1학기에는 맨 뒷자리에 앉았다. 그런데 자폐 스펙트럼 학생에게 맨 뒷자리나 친구들에게 둘러싸인 중간자리는 과도한 시각, 청각 자극을 줄 수 있어 좋지 않다는 이야기를 듣고, 2학기 시작할 땐 **맨 앞자리로 옮겼다.** 지호를 맨 앞에 앉혀도 될까 하는 걱정도 있었는데 의자 바닥에 폭신한 재질의 스펀지를 붙여 놓았고, 아이들도 한 학기를 지호와 지내며 지호의 그런 행동이 조절하기 힘든 것임을 이해했기 때문에 불편해 하지 않았다.

오히려 교사와 가장 가까운 자리에 앉은 덕분에 자주 소통하고, 무료한 시간이 없도록 활동을 수정해 줄 수 있어서 몇 가지 행동 문제는 사라지는 효과도 있었다. 교사가 언급하는 걸 손가락 지휘봉으로 TV 화면에서 가리키며 또 다른 형태로 참여할 수 있었다. 맨 뒤에 앉았다면 나오는 시간이 있으니 이런 활동은 생각하지 못했을 것이다.

과학실에서 수업할 때 과학 전담선생님은 특수교육대상 학생들을 도움이 필요한 경우 즉각 도와줄 수 있게 앞자리에 앉게 한다고 했다. 하지만 학생에 따라서는 뒷자리가 나은 학생도 있기에 학생의 특성에 맞게 자리를 배정하셨다. 실험 도구가 책상 위에 계속 놓여 있으면 앞에서 설명하는 교사에게 집중하지 못할 수 있으니 특수교육대상 학생

모두 참여 수업

에게 실험 도구 가져오고 갖다 놓는 역할을 미리 주고, 실험이 끝나면 바로 정리하도록 집중할 수 있는 환경을 만들어 주는 것도 방법이라고 하셨다.

나는 1학년 담임을 한 번도 해본 적이 없는데, 우리학교 1학년 교실에는 교실 출입구 쪽에 난방이 되는 바닥이 설치되어 블록, 소꿉놀이 장난감들이 놓여 있었다. 우리 학교는 교실이 넓기도 하고, 1학년들은 학급 정원이 좀 더 적으니 그런 공간이 있어도 교실이 좁게 느껴지지 않았다. 과잉행동 문제가 있는 학생들도 그 공간에 있을 때는 편안해 하고, 과한 행동을 하지 않는다고 했다. 1학년 담임선생님은 장애 학생뿐 아니라 일반학생들도 그런 공간이 있어 안정감을 느낀다고 했다.

다른 학년, 다른 교실에서는 별도의 공간을 마련하는 게 쉽지 않을 수 있다. 나는 지호를 위해 교실에 짐볼을 비치해 놓았다. 감각이 예민한 지호가 시끄러운 교실에서 받는 스트레스를 쉬는 시간에 조금이나마 해소할 수 있도록 한 것이다. 쉬는 시간에 지호가 가만히 앉아 있을 때 "지호야, 짐볼 줄까?" 하면 어김없이 가져갔다. 짐볼을 많이 다뤄본 경험이 있어서 짐볼과 한 몸이 된 듯 편안해 보였다.

단지 자리를 바꾸거나 소음차단 헤드폰을 사용하는 것만으로도 학생이 수업에서 느끼던 장벽이 사라지는 경험을 한 분들도 있을 것이다. 내가 만난 장애 학생 중에는 교수 환경 수정만으로 장벽이 모두 걷히는 경우는 없었다. 환경을 수정한다고 장벽이 한 번에 사라지는 건 아니었다. 하지만 학생의 수업 참여를 높이고 교실의 분위기를 안정시키는 데는 크게 도움이 되었다. 학교마다 교실마다 상황이 다 다를테니 장애가 있는 학생이 편안함을 갖고 참여할 수 있도록 어떻게 교수 환경을 수정할 수 있을지 한 번쯤 생각해 보면 좋겠다.

# 교수 집단화
# 수정

정다운 학교 3년 차에 맡은 6학년 민욱이는 친구와 친해지는 경험이 부족해 친구들에게 먼저 다가가는 걸 망설였고, 자신감이 없어 우물거렸다. 학급 전체를 대상으로 발표하는 것보다 짝에게 발표하면 좀 더 편하게 표현할 수 있을 것 같아 '짝 발표'를 시켰는데, 친구가 자신의 얘기를 귀담아들어 주니 신이 나서 이야기를 했다. 민욱이가 모르는 것도 툭 터놓고 물어보면 친구는 자신의 어휘력을 총동원해서 설명을 해 주었다. 이 학생이 좋은 어휘력을 갖고 있다는 장점을 발견하는 순간이기도 했다.

짝 활동에서 얻은 자신감을 토대로 이번엔 모둠에서 자신 있게 발표하도록 도전하게 했다. 모둠 보고서를 만들어 발표할 때도 민욱이에게 뭔가 역할을 주라고 학기 초부터 반복해서 이야기했다. 오리기, 붙이기, 색칠하기 같은 작은 일이라도 참여할 수 있는 역할을 주라고 했다.

도덕 시간에 '내가 할 수 있는 나눔과 봉사'에 대해 '3단계 인터뷰[6]'를 했다. 3단계 인터뷰는 1단계에서는 짝과 인터뷰를 하고, 2단계에서는 서로의 역할(질문을 하는 역할과 받는 역할)을 바꾸며, 3단계에서는 돌아가면서 인터뷰를 통해 알게 된 것을 모둠에 말하는 것이다. 민욱이는 친구가 자기의 이야기를 잘 듣고, 또 자기의 생각이 친구의 말을 통해 나오는 것을 참 재미있어 했다.

모둠활동을 하다 보면 대화의 물꼬가 트여서 가족 이야기를 하거나, 요즘 고민을 상담하는 시간으로 넘어가기도 했다. 수업 시간에 잡담은 금지였지만 그 얘기를 진지하게 하는 민욱이와 그걸 공감하며 상담해 주고 있는 아이들 모습이 예뻐서 그냥 지켜보았다.

국어 시간에 영화를 보고 내용 질문, 가치 질문을 하나씩 만든 후 '동심원(Inside/Outside Circle) 만들어 발표하기[7]'를 했다. 학생들은 안쪽과 바깥쪽으로 원 두 개를 만드는데 안쪽과 바깥쪽 인원은 같게 한다. 안쪽과 바깥쪽의 학생들이 짝을 지어 마주 보고 질문하고 답한다. 교사가 신호를 주면 한 칸씩 옆으로 이동한다. 새로운 짝을 만나 다시 질문과 대답을 주고받는 것이다. 동시다발적으로 말하다 보니 민욱이는 목

---

6 스펜서 케이건,《협동학습》, 디모데.
7 미구엘 케이건, 로리 케이건, 스펜서 케이건,《협동학습 학급세우기》, 디모데.

모두 참여 수업

소리를 더 높여야 했고, 친구는 더 바짝 다가가 이야기를 들어야 하니 크게 말하는 연습이 되었다.

협동학습을 하면서 점점 민욱이 표정이 밝아졌고 목소리에도 좀 더 자신감이 생겼다. 모둠 친구들과도 좀 더 자연스럽게 대화하며 도움을 주고받게 되었다. 민욱이는 협동학습을 통해 지금까지 갖고 있던 마음의 장벽을 걷어낼 수 있었다.

협동학습이 도움이 될까 하는 의구심이 수업 직전까지 있었는데 친구끼리 깔깔거리며 공부하는 모습을 보니 이거다 싶었다. 친구가 가르쳐주니 배우면서도 얼굴이 환했다. 특히 민욱이와 배움이 느린 학생들 공부하는 표정이 밝아졌다.

금요일 하교 시간이 되었는데 웬일로 민욱이가 다음 주 원격 학습을 위해 가방에 책을 잔뜩 넣었다. 평소 온라인 학습에 들어오지 않아 따로 불러 교실에서 시키지 않으면 공부를 안 했고, 엄마도 지쳐 더 하라고 권하지 못하고 있던 때였다. 그러던 민욱이가 줌 수업에 어떻게 들어오는지 먼저 물어보고, 다른 수업도 듣겠다고 했다. 그 전 주까진 금요일 6교시 끝나면 "아싸~"하면서 교실에서 탈출하듯 빠져나갔기 때문에 그 변화에 나도, 아이들도 모두 놀랐다.

공부할 땐 졸거나 입이 삐죽 나오거나 자주 눈물도 글썽거렸는데, 통합지원반 선생님께도 "요즘 학교 오는 게 즐거워요"한다고 했다. 이런 변화는 협동학습을 시작한 지 일주일밖에 안 되었을 때도 민욱이의 표정에서 느낄 수 있었다. 긍정적 행동 지원으로 학급 전체가 칭찬을 아끼지 않은 것도 효과가 있었던 것이다.

학생들은 함께 배우고 작업하면서 각자 노력이나 능력의 총합보다 큰 결과를 자주 성취한다. 또한, 우리 지식의 많은 부분이 사회적으로 구조화되어 있다는 것을 안다. '우리는 우리의 직접적인 환경, 우리 가족, 우리 친구들에게 배운다는 것'을 인정한다. 비슷한 또래의 아동들은 비고츠키(Lev Vygotsky)가 묘사한 각자의 '근접발달지대'에서 비계로 작동할 것이다. 나아가 아이들은 서로 돕고 보살피면서 학교의 기풍, 학급 분위기에 긍정적인 영향을 미칠 수 있다. 궁극적으로, 우리의 공동체를 더욱 응집력 있게 하고, 다양성을 존중하는 데 이바지할 수 있다.[8]

특수교육지도사가 특수교육대상 학생 옆에서 도움을 주는 것을 교사와 다른 학생들에게도 큰 도움이 된다. 자리에 앉지 못하고 밖으로 나가는 학생들의 안전 문제를 책임져 주어 수업에 안정감 있게 참여하도록 도와주고 위험한 실험을 할 때도 모두의 안전에 도움이 되었다.

교사가 장애 학생을 수업에 참여시키고 싶더라도 학생이 자리를 이탈하거나 교실을 돌아다니고, 교사가 계속 지켜봐야 하는 행동을 한다면 교실에 있는 모두에게 어려운 상황이 될 것이다. 그렇기 때문에 학

---

**8** David Mitchell.《특수교육요구 학습자 어떻게 가르칠 것인가》, 교육과학사.

모두 참여 수업

생을 지원해 줄 인력이 무엇보다 중요하고, 절실하게 필요하다.

교수적 수정이 많은 장애학생에게 필요한 것은 사실이나, 수업 참여를 위해 장애 학생 모두에게 교수적 수정이 매번 필수적인 것은 아니다. 학급의 전형적인 일과(typical routines)를 따르는 것을 배우고, 교육 과정의 내용을 습득하고, 일반교육 환경의 중요한 구성원으로 인정 받을 기회가 있으면 사회적 상호작용들을 배울 수 있다. 때때로 장애학생의 제한된 능력 자체보다도 학습 능력에 대해 지나치게 낮은 기대를 하는 것이 문제가 될 수도 있다. [9]

친구들과 같은 활동에 참여할 수 있으면 수정하지 않아도 된다. 하지만 매시간 모둠별 학습을 하는 것은 아니고, 하더라도 모두가 참여하게 배려하는 훈련이 되지 않는다면 누군가는 무임승차 한다거나, 모둠활동에 도움이 되지 않는 친구라는 시선을 받을 수도 있다. 그래서 친구들과 같은 활동을 할 때에는 역할을 주고, 격려하는 분위기를 만드는 것이 필요하다.

강의식 수업이나 자율학습은 장애가 있는 학생들이 더욱 힘들어한

---

9 박승희(1999), 〈일반학급에 통합된 장애학생의 수업의 질 향상을 위한 교수적 수정의 개념과 실행 방안〉, 특수교육학 연구, 1999, Vol34, No.2, pp. 33-34.

다고 한다. 그렇다면 먼저 자리 배치를 바꾸거나, 시청각 자료를 제시하는 시도를 할 수 있다. 그래도 어려움이 있으면 목표를 바꾸거나 양을 줄이거나 방법을 바꾸는 등 학생에게 맞는 교수적 수정을 적용하는 것이 필요할 것이다.

모두 참여 수업

# 10

# 봄날의
# 햇살들과 함께

3학년 지호가 언어로 표현할 수 있는 것은 "에", "우", "네" 정도지만, 한글을 읽을 수 있다. 그래서 학생들이 실험관찰을 정리하거나 모둠 활동을 할 때면 나는 지호와 일대일로 교과서 그림이나 그림 카드를 여러 개 보여주고 "지구 골라봐", "달 어디 있지" 같은 활동을 많이 했다. 그러면 그 모습을 유심히 지켜본 친구들이 쉬는 시간에 몰려와 내가 하던 것을 따라 했다. 나는 카드 5~6개를 펼쳐 놓았는데 아이들은 책상 한가득 펼쳐 놓고 찾아보라고 했다. 지호에 대한 애정과 함께하고 도우려는 마음이 느껴졌다. "지호야, 여우 어디 있어?" 물어보는 말투도 나와 비슷했다. 나의 말투와 방식을 따라 하는 학생들을 보니 나의 말투와 표정이 아이들에게 무척이나 많은 영향을 끼친다는 생각이 들었다. 더 다정해야겠고, 더 아이를 존중해야겠다고 생각했다.

과학 시간이었다. 진동이 크면 큰 소리가 나고, 진동이 작으면 작은 소리가 나는 걸 배웠다. 실험관찰 정리까지 끝난 후 지호 짝꿍에게 실험 도구를 가지고 세게 두드리는 것과 약하게 두드리는 것을 지호에게 가르쳐 주라고 부탁했다. 여학생 두 명이 지호 손에 실험기구를 쥐여주며 진동을 느끼게 해준다. 그릇을 손바닥에 살짝 올려놓고 세게, 강하게 치는 걸 가르치려고 시범도 보였다. 지호를 돕는 걸 자기 사명으로 생각하는 듯 이리저리 궁리하는 것 같았다. 지호가 뭔가 해내는 걸 볼 때 행복해했다.

아이들은 자신이 알고 있는 것을 모르는 친구에게 가르쳐주는 것을 좋아한다. 수학 시간에도 또래 선생님으로 자처하고 나선 아이들이 많다. 친구 관계지만 짝을 정해주고 향상되었을 때 "○○의 수제자가 성적이 많이 올랐어. 선생님보다 더 잘 가르치는데~"라고 칭찬하면 가르치는 친구도 뿌듯해하고, 배우는 친구도 으쓱해했다. 자신이 이번에는 도움을 받지만, 다른 활동에서는 그 친구에게 도움을 줄 수도 있으니 자존심 상하는 것 같지 않았다.

특수교육대상 학생 지호가 도움이 필요할 때도 바로 달려갔다. 지호가 잘하고 있는지 아이들의 시선이 자주 지호에게 향했다. 그러다 도움이 필요하면 바로 달려가는 것이다. 교사가 수업을 진행하느라 분주해서 지호에게 도움이 필요한 순간을 놓치더라도 주시하고 있는 누군가가 있어서 다행이었다. 그리고 천천히, 다정하게 가르쳤다. 성격이 급하고 바쁜 나와 공부할 때는 지호가 버거워서 싫은 내색을 할 때가 많았

모두 참여 수업

는데, 따뜻하고 사려 깊은 환휘는 그게 마음에 걸렸나 보다. 방과 후에 남아서 나에게 어떻게 하면 지호가 공부를 잘할 수 있을지 아이디어를 쏟아냈다.

"쉬는 시간에 아이들 다 나가라고 하고 조용할 때 가르치면 좋을 것 같아요"

"시끄러우니까 지호 자리 주변으로 칸막이를 해주는 거 어때요?"

도움이 필요한 친구를 위해 백방으로 고민해 보는 이 아이는 봄날의 햇살이다. 다음 날 환휘에게 지호 공부를 도와주라고 했다. 환휘는 아주 천천히, 다정하게 설명을 해주었다. 잘하면 머리를 쓰다듬어 주면서 잘했다고 칭찬해 주었다. 지호가 나랑 공부할 때보다 싫은 내색을 하지 않았다. 내가 교사지만 아이들에게 배우는 순간이었다.

학급에는 특수교육대상 학생 말고도 특별한 관심이 필요한 학생들이 많다. 학습의 기초가 부족한 학생들, 관심을 받기 위해 과잉행동을 하는 학생 등 학급마다 다양한 학생들이 있을 것이다. 그렇다 보니 지금 못 따라오고 있는 특수교육대상 학생들이 마음에 걸리지만 오롯이 이 학생들만을 봐주기엔 시간 제약이 있다. 그래서 나는 또래 도우미의 도움을 많이 받는 편이다. 어떤 학급에서는 일주일, 한 달 단위로 돌아가면서 또래 도우미 활동을 하기도 한다. 그런데 장애 정도가 심할수록 여러 영역에서 도움이 필요하다. 특수학급으로 이동하기, 함께 화장실 가기, 쉬는 시간에 산책하거나 놀이터 가기, 공부 시간에 도와주기, 일인일역 도와주기 등 교사가 신경 쓸 부분이 많다. 또래 친구들의 도움을 받을 부분이기도 하다.

학기 초에는 특수학급에 데려다주는 친구만 정했는데 다른 역할들은 아이들이 자발적으로 해주었다. 2학기가 되니 점심시간에 블록을 하며 놀이하는 그룹, 주로 쉬는 시간에 놀이터에 함께 가는 그룹, 교과서 꺼내는 걸 도와주는 역할 등이 자연스럽게 나뉘어졌다.

특수교육대상 학생들은 과제나 준비물을 부모님에게 전달하기가 어렵다. 학생이 과제나 준비물을 챙기도록 부모님께 연락하는 것도 좋겠지만 나는 자료를 여분으로 준비해 놓는다. 사진 자료를 여유 있게 주면서 자르고 붙이는 역할을 맡아 달라고 한다. 장애 학생은 역할이 생겨서 좋고, 같은 모둠 학생들은 추가 자료를 획득해서 좋다.

특수학교와 통합교육이 각각 장단점이 있겠지만 나는 통합교육의 가장 큰 장점이 모델링할 수 있는 친구가 있다는 점이라고 생각한다. 장애 학생들은 친구들 행동을 따라 하면서 좋은 행동을 배울 수 있다. 가끔 어떤 선생님들은 수업 시간에 이해를 못하는 친구들을 보면서 차라리 특수학교에 가면 '아이에게 적합한 좋은 교육'을 받을 수 있지 않느냐고 한다. 그렇지만 나는 교사가 아이에게 충분한 지원을 못하더라도 친구들에게 배우고, 공동체 일원으로 적응해 가는 걸 배우는 이 과정이 성인이 되어서 사회구성원으로 살아가는 데 더 도움이 된다고 믿는다.

통합교육은 일반학생에게도 좋은 점이 많다. 흔히 부모님들은 장애학생이 수업을 방해해서 일반학생에게 손해라고 생각할 수 있지만 사

모두 참여 수업

실 수업을 방해하는 학생은 일반학생 중에도 많다.통합반에서는 도움이 필요한 학생을 어떻게 도울까 고민하며 훈훈한 학급 분위기가 만들어지는 예가 많다. 어떻게 하면 친구가 싫어하지 않고 공부에 참여할까, 아이들도 고민하며 문제해결력도 생기고 창의력도 생긴다. 이런 친구들과 한 교실에서 경험했던 것들이 어른이 되어 직업을 갖게 될 때 어떤 통찰력을 줄지 어찌 예단할 수 있을까?

아이들은 친구의 외모만을 보고 거침없이 했던 부정적인 언어 표현을 입 밖으로 꺼내지 않는 절제를 배운다. 다른 반 학생들이 장애 학생을 놀릴 때 함께 분노하고, 다른 반 장애 학생의 실수도 따뜻하게 감싸줄 수 있는 넉넉한 마음도 기르며 내면이 성장한다. 부모님들과 상담하다 보면 아이들이 집에 와서 지호가 귀여워서 좋다는 얘기를 많이 한다고 했다. 학교 밖에서 지호를 만나 자상하게 대해 주는 아들의 모습에 감동했다고도 했다.

장애 학생들이 모두 특수학교로 가버리면 비장애 학생들은 이런 소중한 경험을 할 기회가 없어진다. 지호가 코로나에 걸려 일주일간 학교를 못 나왔을 때 우리 반 분위기가 예전 같지 않음을 직감할 수 있었다. 그렇게 친구를 배려해서 감동을 주었던 모습은 보이지 않고, 자신이 드러나길 바라는 모습이 보였다. 처음엔 지호를 위한 교수적 수정을 따로 고민하지 않아도 되어서 한결 편한 듯했지만, 점차 아이들의 이런 모습이 적응되지 않았다. 지호가 무사히 등교하고서야 아이들이 예전처럼 자신보다 친구를 먼저 배려하는 모습을 보였다. 지호란 한 아이가 우리 반에 있을 때 생기는 영향력을 새삼 느낄 수 있었다.

장애 학생을 지도하는 데 일반선생님은 특수교사가 이 분야에 전문가라 생각하고, 본인은 부족한 면이 많은 비전문가라고 생각한다. 학생에 대한 정보가 부족하고, 교대에서도 장애 학생을 어떻게 가르치는지를 배우지 못했기 때문에 그리 생각할 수 있다. 교사가 된 후에도 통합교육 연수는 필수도 아니고, 일반교사가 학생 한 명을 위해 15차시, 30차시 연수를 선택하는 게 쉽지도 않다. 그렇기 때문에 오히려 특수교사와 일반교사 사이의 라포르가 잘 형성되면 일반교사에게 특수교사는 좋은 코치이며 조언자, 협력 파트너가 될 수 있다.

특수교사와 일반교사가 아이에게 문제가 생겼을 때만 대화하기보다 평소에 가볍게 아이에 대해 이야기를 나누는 것으로 물꼬를 트면 좋겠다. 이건 특수교사가 일방적으로 일반교사에게 다가와야 한다는 이야기는 아니다. 특수교사가 맡은 아이가 5명일 때, 소통해야 할 담임교사가 5명이기 때문에 간단한 티타임도 쉽지 않을 수 있다. 그러니 일반교사가 먼저 특수학급 문을 두드려 보자. 담임교사 혼자서도 교수적 수정을 할 수 있지만 특수교사, 특수교육지도사와 상의할 때 시너지가 생긴다.

우주는 3월 초에 연하게 써놓은 글씨 위에 덧쓰기를 했다. 하지만 5월쯤엔 특수학급의 개별수업에서 글자 '보고 쓰기'로 넘어가 있었다. 통합학급에서도 현재 수준보다 한 단계 높은 '보고 쓰기' 과제를 주면 도전하고픈 생각이 들 것이었다. 그런데 계속 덧쓰기만 한다면 우주가

　　　　　　　　　　　　　　모두 참여 수업

지루해했을 수도 있다.

우리 학교 특수선생님은 교수적 수정을 할 때도 '목표'를 갖는 게 중요하다고 하셨다. 아이의 변화에 따라 목표를 수정해 나가는데 그 목표를 특수교사와 일반교사가 공유하면 좋다. 우주는 '기차'라고 말해 주는 것만으로 기차 그림을 찾기는 힘들고, 그림을 보며 같은 기차를 찾는 단계였다. 담임교사와 특수교육지도사가 통합학급에서 아이에게 가장 적합한 활동을 제시하기 위해서는 소통이 필요했다.

거창한 회의가 아니라도 오후에 차 한 잔을 하러 특수학급에 들러서 아이는 특수학급에서 어떤 학습을 하는지, 선 긋기를 못한다고 했는데 그 산을 넘었는지 확인할 수 있었다. 특수학급에서 개별화 공부하는 걸 사진으로 찍어 전담선생님과도 공유했다. 우리가 특수선생님처럼 개별화된 자료를 줄 수는 없지만 교수적 수정을 할 때 참고할 수 있는 최고의 자료가 될 수 있었다.

또래 도우미로 아침, 점심에 보낸 친구들이 혼자 놀려고 하는 우주를 부단히 쫓아다니며 놀이를 시도한다는 이야기, 우주를 대하는 방식이 훌륭해 교사보다 낫다는 이야기도 들으면 아이들에 대한 감동이 밀려왔다.

특수교사는 교수적 수정의 달인이다. 특수교사들은 학부 때부터 교수적 수정을 많이 실습하고 매일 아이들에게 적용해 수업하는 것이니 아이디어가 잘 떠오르지 않을 때면 조언을 얻을 수 있다.

통합교육이 좋은 이유는 교사뿐 아니라 학급에 많은 친구가 함께하기 때문이라고 생각한다. 친구와 손잡고 산책하고, 놀이터에서 놀고, 같이 심부름도 하고, 공부도 하면서 특수교육대상 학생도 성장하고 비장애 학생들도 함께 성장한다.

특수교사와 일반교사, 특수교육지도사, 학부모가 가끔이라도 소통한다면 서로 간에 성장이 일어나고, 아이들은 어떻게 서로 협력하는지 배울 수 있다.

모두 참여 수업

# 11

# 교수 방법
# 수정

나비의 한 살이를 배우면서 지호의 학습 목표는 '알, 애벌레, 번데기, 나비 그림을 보고 단어와 연결 지을 수 있다'로 잡았다. 일반학생들은 유치원에서도 배우고, 다양한 TV 프로그램을 통해서도 이런 어휘를 익혀서 학교에서 배우기 전에 이미 알고 있었을 것이다. 그런데 장애학생들은 경험이나 독서량이 적기 때문에 생소한 경우가 많다.

지호처럼 자폐 스펙트럼이 있는 학생들은 청각, 미각, 후각이 예민하다 보니 여행하는 데도 어려움이 있다. 몸이 많이 불편한 학생들이라면 가까운 곳이라도 외출하기 쉽지 않다. 당사자도, 가족도 힘든데 남들이 쳐다보는 불편한 시선까지 고려하면 외출이 적은 것이 당연하다. 이런 학생들은 경험이 부족하다 보니 또래 친구들보다 어휘력이나 배경지식이 부족한 경우가 많다. 경험해 보지 못한 생소한 개념을 학교에서 그림으로, 문자로 익히다 보니 배우는 속도도 상대적으로 더딜 수밖에 없다. 학습 목표를 수정했더라도 이를 달성하기 위해서는 특성에 맞춰 차근차근 하나하나 가르치는 여유가 중요하다.

무엇보다 교수 방법의 수정이 필요하다. 교수 방법 수정은 교수활동이나 정보 제시 방법, 학습자 반응 양식을 다양화하는 것인데, 개별화된 목표를 달성하는데 적합한 방법을 선택할 수 있다. 과제를 작은 단계로 나누고, 양을 줄이고, 쉬운 활동 중심으로 접근할 수 있다. 학습용 소프트웨어를 사용하거나, 조작하고 만질 수 있는 교구를 사용하거나, 학생의 시각·청각·운동 능력 및 강점, 흥미를 고려하여 교수 자료를 수정할 수도 있다.[10]

나는 지호에게 먼저 그림과 나비의 한 살이 교구를 보여 주면서 "이건 애벌레야"하고 알려주고, "애벌레 어디 있어?" 물으며 손으로 짚어 보게 했다. 첫날은 나비만 알았다. 다음 차시에서 폼폼이로 만들어 보며 애벌레를 알았지만, 그다음 날에는 애벌레를 다시 잊어버리기도 했다. 싫증을 느끼지 않도록 선 긋기, 그림자 찾기, 스티커 붙이기를 번갈아 하면서 개념이 머릿속에 들어오도록 반복하게 했다. 여러 차시에 걸쳐서 같은 어휘를 계속 접하다 보니 알, 애벌레, 번데기, 나비의 모습과 명

---

10 박승희(1999). 〈일반학급에 통합된 장애학생의 수업의 질 향상을 위한 교수적 수정의 개념과 실행 방안〉. 특수교육학 연구, Vol34, No.2, pp. 41-42.

칭을 구분하는 날이 왔다.

물질의 상태를 배울 때 "기체, 액체, 고체"를 몇 차시에 걸쳐 반복해도 구별하지 못했다. 그러면 3학년 때는 몰라도 고학년과 중·고등학교를 거치면서 반복하다 보면 이해할 거로 생각한다. 계속 들어서 익숙해지다 보면 고학년 때는 더 빠르게 익힐 수 있을 거라 믿는다. 발달장애 학생들은 개념 하나, 행동 하나를 익히게 하려고 부모가 100번, 200번 반복하는데 그러다 보면 언젠가 익숙해질 때가 온다.

지호는 가위질은 서툴었지만, 풀칠해서 붙이는 것을 좋아했다. 보고 쓰기는 아직 어렵지만 희미한 글자 위에 덧쓰기는 가능하고, 한글을 읽을 수 있었다. 언어로 표현하는 건 서툴지만 "돌멩이 어디 있지?" 하면 손으로 가리키며 찾을 수 있었다. 학생의 어휘 실력에 맞게, 좋아하는 것과 싫어하는 것을 구별해, 가능한 의사소통 방법으로 학생이 이해할 수 있도록 교수 방법 수정을 시도했다.

'날아다니는 동물의 특징'을 배우는 차시에 잠자리 표본을 관찰했다. 지호는 1, 2교시 통합지원반에서 수업하고 3교시에 교실로 오는데 울면서 왔다. 앉아 있는데 소리를 내지도 않고 눈물을 삼키는 모습이 안쓰러웠지만, 편하지 않은 이유가 뭔지 알 수는 없었다. 잠자리 표본을 꺼내니 표정이 점차 안정되었고, 돋보기도 신기한지 움직이며 자세히 관찰했다. 다른 친구들은 잠자리를 관찰해서 그리고 설명을 썼는데, 지호는 글자 덧쓰기를 하고 에그 톡 물감으로 색칠했다.

이렇듯 지호에게 글을 쓰는 대신 두루미 그림 퍼즐 완성하기, 잠자리 색칠하기, 애벌레 색칠하며 어휘 익히기 등은 '교수 방법 수정'에 해당한다.

교수 방법 수정에 내가 마치 만능간장처럼 쓰는 도구들이 있다. 내가 가장 잘 활용하는 도구는 단연 포스트잇이다. 언어 표현이 잘 안 되는 자폐 스펙트럼 학생 지호에게 특히 많이 활용했는데, 포스트잇에 글씨를 써주면 지호가 글자를 읽고 교과서 그림에 붙였다. '사막과 극지방에 사는 동물'을 배울 때 포스트잇에 동물 이름을 써주면 교과서 해당 그림에 붙일 수 있었다.

'기체의 성질'을 배우는 차시에서 다른 아이들과 똑같이 컵 눌러보는 활동을 해보고, 수조와 플라스틱 컵 같은 실험도구 이름 찾기 연습을 간단히 할 때였다. 말로 설명할 수도 있지만 자폐 스펙트럼 학생은 시각 지원을 선호한다고 해서 글씨든, 그림이든 볼 수 있는 무언가를 함께 제시했다. 지호는 말로 설명해 주는 것보다 시각적인 자료를 정말로 좋아했다. 하기 싫으면 "에~"하고 큰 소리를 내며 내 손을 밀고 모

모두 참여 수업

든 얼굴 근육을 동원해 그만하고 싶다고 표현했다. 그런데 자기가 좋아하는 방식으로 과제를 주면 싫증 내지 않을뿐더러 더 하고 싶어 했다.

포스트잇만큼 자주 쓰는 만능 교구는 노란 동그라미 스티커인데, 이건 지호에게 딱 맞았다. 지호는 한글을 읽을 수는 있는데, 쓰는 건 싫어했다. 그러면 스티커에 글을 써 순서를 섞어주고 찾아 붙이도록 했다. 그런데 바로 배열하기는 어려워서 교과서 그림 옆에 '기체'라고 써주면 지호가 글자 스티커를 찾아 붙였다.

글자 스티커 붙이기에 한창 푹 빠져 있을 때 "스티커 붙이기 공부 더 할까요?" 그러면 "네" 했다. 이건 진심인 반응이었다. 진심이라고 알아차릴 수 있었던 것은 보통 "하고 싶으면 네! 해보세요" 그러면 기계적인 높은 톤으로 "네" 하는데, 이번에는 편안한 톤으로 바로 "네" 했기 때문이다. 울거나 떼를 쓸 때면 고음으로 소리를 냈는데 이제 지호의 원래 목소리를 들을 수 있었다.

평소 말로 표현하지 않는 지호가 이렇게 자발적으로 말로 표현을 해주면 비장애 학생들이 뛰어나게 성취해 냈을 때만큼 짜릿한 희열이 느껴졌다. "네" 소리가 또 듣고 싶어서 지호에게 자꾸 질문을 하면 아이들이 "선생님 지호 대답하는 거에 중독되셨다"고 했다. "맞아, 선생님 지호 대답하는 게 너무 좋아서 중독된 것 같아"라고 웃으며 답해 주었다.

물감은 미술 시간에 주로 사용하지만, 사회, 과학 시간에도 주제와 관련된 어휘를 배우면서 만들기, 색칠하기에도 사용할 수 있었다. 3월 첫 주 지호에게 색연필을 주었는데 원을 마구 그리길래 색칠은 어렵겠구나 생각했다. 그런데 어머니와 이야기를 나눠보니 붓으로 물감을 칠하는 걸 좋아한다고 하셨다. 하지만 아무리 좋아하더라도 매번 번거롭게 물감 도구를 세팅해 주기는 힘들었다. 그러다 물풀처럼 생긴 용기에 물감이 들어 있는 도트 물감을 발견해 일 년간 잘 사용했다. 색연필을 싫어하는 거지 색칠 자체를 거부하는 건 아니었다. 색칠해 보자고 색연필을 줬을 때 지호가 마구 그어놓아서 반항하는 건지 알았는데 내가 오해한 것이었다. 교사가 익숙한 방법보다 학생이 좋아하는 방식을 찾는 것이 핵심이었다.

형광펜으로 핵심단어에 하이라이트를 하고, 따라 쓰기를 하는 것, 수업 시간에 이름을 불러주는 것, 학습 목표를 읽게 하는 방법도 널리 쓰고 있다.

그 외에도 동물에 대해 배울 때 동물 모형을 활용했다. 특수학급에 다행히 곤충 모형이 있어서 동물의 한 살이를 배울 때 빌려와서 한두 차시 이용했다. 통합학급 운영비가 나오는데, 이렇듯 학생에게 필요한 교구를 구입해 사용하면 좋다. 나는 가끔 특수학급에 가서 두리번두리번하면서 교육과정을 떠올려 본다. 뭐 빌려올 게 없을까 하고 말이다. 주제와 관련이 있으면 장난감도, 퍼즐도, 그림책도 좋은 자료가 될 수 있다.

디지털 도구나 서비스는 좋은 교수 학습 방법이 될 수 있다. 워드 월(word wall)은 수업 내용을 게임에 접목할 수 있도록 게임 템플릿을 제공해 주는 사이트이다. 이리라 선생님이 알려주신 몇 가지 앱과 사이트

모두 참여 수업

중에서 슈퍼 아날로그 교사인 내 눈에 가장 먼저 들어온 사이트였다. 처음 몇 달간은 워드 월을 이용해 우리 딸과 영어공부를 했다. 책으로 공부할 때는 얼른 끝내고 싶어 했지만 게임 형식으로 공부하니 늦은 밤까지 시간 가는 줄 몰라 했다.

3학년 우리 반에도 태블릿 PC가 학생당 한 대씩 들어오면서 워드 월을 활용해 수업자료를 만드는 시도를 했다. 4월 초 일반 학생들이 동물의 암컷과 수컷 분류하기를 할 때 특수교육대상 학생은 단어를 보고 그림을 찾는 게임을 만들었다. 만드는 방법이 간단해서 자료 하나 만드는 데 20분도 안 걸렸다. 내가 만든 걸 우리 반 아이들이 한다고 생각하니 기대가 되었다. 처음 시작한 날 아이들의 눈이 반짝반짝했는데, 우리 반에서 휴대폰 게임을 가장 많이 하는 학생들이 평소와 다르게 초집중하는 모습을 보았다.

예상과는 다르게 정현이는 이 활동에 흥미가 하나도 없었다. 그림이 나오면 아무거나 클릭했다. 동물 이름을 몰라서 그런 건지 휴대폰을 평소에 사용하지 않아서 기기가 생소한 건지 알 수가 없었다. 그래도 꾸준히 하다 보면 언젠가 익숙해질 거란 믿음을 가지기로 했다. 다음 날 특수선생님을 만나러 가서 정현이에 대해 여쭈어보았다.

"정현이가 동물 이름을 모르는 건지, 기기를 사용하지 못하는 건지 모르겠어요." 그런데 선생님 말씀이 정현이는 알고 있는 어휘가 너무 적다고 하셨다. 기기 다루는 방법을 몰라서가 아니라 정말 '사자, 호랑이' 같은 단어를 모르는 것 같다고 하셨다. 나는 특수학급에서 틈틈이 이 활동을 반복해 주시라고 부탁드렸다.

직접 경험해야만 많은 개념과 어휘를 얻을 수 있는 것은 아니니 지속해 반복해야겠다는 생각이 들었다. 말로 했을 때 이해하기 어렵다고 해서 그림 힌트를 주기로 했다. '호랑이' 단어 옆에 호랑이 그림을 넣어서 같은 그림 찾기로 바꿨다. 안타깝게도 정현이는 바꿔도 큰 차이는 없었다.

4월 초에 정현이 어머니께 워드 월 주소를 보내 드리고 가정에서도 연습을 해보면 좋겠다고 말씀드렸는데, 5월에는 정현이가 학교 갔다 오면 워드 월을 열어달라고 한다고 했다. 그림 보고 맞추기 실력이 좋아졌는데, 가정과 학교에서 꾸준히 연습한 덕분이었다.

이제는 한 고개 넘었으니 '호랑이'라고 불러주면 '호랑이' 그림을 찾는 연습을 하기로 하고, 정현이 어머니께 여쭤보았다.

"정현이가 말해주면 이해하는 동물 단어가 뭐가 있나요?"

"호랑이, 원숭이, 토끼, 오리, 펭귄을 알아요"

모두 참여 수업

부모님과의 소통에서 정보가 쏟아진다. 내 교수 내용도 늘어간다.

## 일반학생용 동물의 암컷과 수컷 구분하기

## 특수교육대상학생을 위한 동물 이름 알기

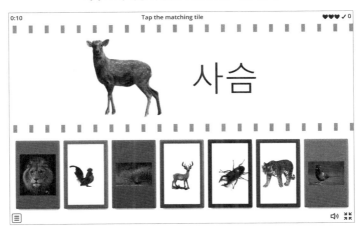

12）

# 평가 조정

둘째 아이가 일곱 살 때 유치원 선생님께서 아이 발달과 행동에 대해 매달 체크리스트를 보내주셨다. 잘 못하는 것도 대부분 좋은 쪽으로 체크를 해 주셨는데, 엄마인 내가 느끼기에는 다 못한다에 체크되어 있으면 부모님이 상처받을까 봐 선생님이 배려하셨다는 생각이 들었다. 코끝이 찡했다.

〈장애인 등에 대한 특수교육법〉 개정을 위한 강원지역 토론회에서 한 장애 학생 어머님이 울먹이며 말씀하셨다. "우리 아이는 고등학교까지 일반 학교에 다녔는데 성적표에는 늘 '하', '~할 수 없다', '~이해하지 못한다'라고 적혀 있었어요"라며 깊은 상실감을 표현하셨는데 나도 공감이 갔다.

장애 학생 성적을 일반학생과 같은 기준으로 평가하면 대부분 '최하'일 것이다. 그런데도 어떤 선생님은 (사실은 아니지만) "잘한다", "잘 이해하고 있다"라고 상이나 중에 해당하는 문구를 넣어주신다.

둘 중 하나를 고른다면 난 좋게 적어주신 선생님께 감사드린다. 아이의 예쁜 점을 보아주려는 선생님의 따뜻함이 전해지기 때문이다. 그리고 무엇보다 아이의 성장과 가능성을 키우는 것이 일인 교육자의 관점이 드러나기 때문이다. 못하고 이해 못하는 거 누구보다 부모가 잘 안다. 학생의 특성에 맞게 학습 목표를 수정하고 나서 평가도 이를 기준으로 하면 된다. 수정된 학습 목표와 교수적 수정을 통해 교육이 이뤄졌다면 평가는 '학생이 ~을 배웠다', '알고 있다', '할 수 있다'라는 긍정적 표현으로 바뀌게 된다. 학생들의 성취가 늘어가면서 교사도 보람을 느끼게 된다.

다른 환경에서 살고 특징도 다른 새, 원숭이, 펭귄, 코끼리에게 "공정한 선발을 위해 똑같은 시험을 보겠어요. 시험은 나무에 오르기입니다"라고 하면 물고기는 나무에 오를 수가 없다. 상식적으로 원숭이나 새가 일등을 하고 다른 동물들은 실패할 것이다. 선발을 위한 테스트였다면 심사하는 사람은 어차피 새나 원숭이를 선발하겠지만 다른 동물들은 불공정한 평가에 분노하며, 패배감을 느끼고 돌아갈 것이다.

단순하게 학생들을 성적으로 순위를 매기거나, 선별하기 위해 평가를 한다면 특수교육대상 학생들은 늘 최하 점수를 받고, 평가받을수록 실패하는 경험만 하나씩 더하게 된다.

나는 평가가 '학습을 위한 평가', '학습의 평가'가 되어야만 하고 평가는 학습자들이 무엇을 알고, 하고, 경험하였는지를 가장 잘 알 수 있도록 제공되어야 한다."[11]는 견해에 동감한다.

나무에 오르라는 과제를 받은 펭귄, 코끼리처럼 일반학생들과 똑같은 시험지를 받았을 때 장애 학생들의 마음은 어떨까? 해결할 수 없는 문제 때문에 불안하고 피하고 싶을 것이다. 평가가 학생의 인지능력으로는 매우 어려운 시험지를 들고서 인내하는 것을 배우는 것일까? 학교 시험은 '선발'이 목적이 아니다. 친구들이 열 가지를 배울 때 하나라도 배운 것을 평가받고, 성취를 해냈을 때 선생님, 친구들 앞에서 칭찬받으면서 자신감을 얻을 수 있다.

일반학생들은 평가를 통해 무엇을 알고, 무엇을 이해하지 못했는지 확인하고, 피드백을 받으며 노력한 것에 대한 보상을 받으며 더 잘해야겠다는 자극도 받는다. 노력한 부분에서 좋은 점수를 받는다면 자존감도 향상된다. 그런데 장애 학생은 매번 틀렸다, 못한다는 피드백을 받으니 자신감을 잃게 될 것이다. 그렇다고 어차피 인지능력이 부족하니 평가에 참여하지 않아도 된다고 배제한다면 긍정이든, 부정이든 피드백을 받을 기회조차 없애게 된다.

'공정'한 평가라는 명목으로 모두가 똑같은 조건에서 시험을 치른다며 지원 인력도, 시각, 청각, 지적장애 특성에 맞는 추가 지원도 없는

---

11 David Mitchell,《특수교육요구 학습자 어떻게 가르칠 것인가》, 교육과학사.

경우가 많다.

> 모두에게 같은 기준을 적용하기만 하면 공정할 것 같지만 결과적으로는 차별이 된다. 문제지·답안지와 시험시간을 모두에게 똑같이 주면 시각장애인에게 불리하다. 수어 통역사를 제공하지 않으면 청각장애인에게 불리하다. 모두에게 동일한 기준을 적용하는 것이 도리어 누군가를 불리하게 만드는 간접차별의 예들이다.[12]

학생이 배우고, 알고, 할 수 있는 것을 평가하도록 지원하는 방법은 학생의 요구에 따라 다양하다. 저시력 학생이나 발달장애 학생을 위해 활자의 크기를 키울 수 있다. 저시력 학생은 글자가 큰 자료를 제시했을 때 더 빠르게 이해하는 것을 볼 수 있었다. 학생이 소리 내서 문제를 읽어야 하는 경우나, 담임선생님이나 특수교사가 읽어주면서 시험을 보게 하려면 별도 공간이 필요하다. 시각장애 학습자들은 구두 혹은 점자 시험을 보게 하고, 청각장애 학생들은 시각화된 자료를 제시할 수 있다.

그렇다면 평가에서 인지에 어려움이 있는 학생들을 지원하는 방법에는 어떤 것이 있을까? 시험을 보는 요령이 부족한 경우, 20문항 중에

---

12 김지혜, 《선량한 차별주의자》, 창비.

서 어려운 것은 표시해 두고 쉬운 문제부터 푸는 요령을 알려줄 수 있다. 특히 중학교 입학을 앞둔 6학년 경석이에게는 이러한 연습을 더 자주 했다. 단원평가를 볼 때 옆에서 천천히 함께 읽으면서 힌트를 주면 20문항 중 몇 개는 해결할 수 있었다.

일반적으로 오지선다형 문제가 어려울 때는 초성 힌트를 주어 주관식으로 답하게 할 수도 있고, 어휘력이나 배경지식이 부족한 경우는 단어 옆에 그림을 제시하면 이해에 도움이 되었다. 선 긋기나 단어와 그림을 일대일 연결하기로 문제 형식을 바꿀 수도 있었다.

2021년 교육부에서 통합교육 연구학교 과제를 제시할 때 "통합학급에서 특수교육대상 학생이 일반학생과 같은 수업에 참여할 수 있도록 교수 목표 및 활동, 교수 환경의 수정, 평가 지원 등을 통해 교육과정 상에서 실질적인 통합교육 운영 방안을 모색"하라고 방향이 설정되었었다. 통합교육이 나아가는 방향을 이해할 수 있었다.

지난해 정다운 학교를 운영하며 수행평가를 입력할 때 일반학생들은 상중하에 해당하는 문구를 체크했지만 특수교육대상 학생은 '임의 입력' 항목에 서술식으로 입력했다. 수업 중 유심히 그 학생을 관찰하지 않는다면, 또 교수적 수정을 하지 않는다면 그 학생에게 맞게 기록할 내용이 없었을 거란 생각이 들었다. 정다운 학교가 아닌 일반 학교에서도 담임, 특수교사, 교과전담 교사가 평가조정 방법을 숙지하고, 교수적 수정이 이루어진 상태에서 평가조정을 할 수 있으면 좋겠다.

평가조정은 꼭 '수행평가지 조정'을 의미하진 않는다. 나도 6학년

모두 참여 수업

민욱이를 가르칠 때 동학년 선생님과 과목을 나누어 평가지를 수정해 보았다. 평가조정 아이디어를 고민하는 시간 외에 평가지를 편집하는 시간도 30분~1시간이 걸렸다. 민욱이가 100점 맞고 좋아한 수행평가지를 옆 반 특수교육대상 학생은 0점을 맞았다. 한 명을 위해 교사 개개인이 평가지 자체를 수정하는 방법은 너무 많은 에너지와 시간을 요구하므로 현실적이지 않은 것 같다. 특수교육대상 학생에게 맞게 난이도는 쉽게, 양은 적게 수정하여 배운 후 이해했는지 확인하고 피드백을 주는 것이 중요하다고 느꼈다.

나는 수업 시간에 학생 옆에서 교수적 수정한 내용으로 발표를 할 수 있는지, 실험에 참여했는지, 작품을 만들었는지, 연주했는지 관찰하거나 영상으로 촬영했다가 수업 후에 기록하는 방식을 선택했다. 기록하지 않으면 얼마만큼 이해했고 향상되었는지, 잘 참여했는지 기억이 나지 않았기 때문에 영상과 사진을 주로 활용했다.

일반학생들과 비교하면 못 하는 것이 대부분이지만 그보다는 수업에 어떻게 참여했는지, 무엇을 이해했는지, 태도와 기능이 어떻게 향상되었는지를 칭찬해 주고 기록했다. 장애 학생은 교사가 투입한 노력에 비해 변화가 눈에 잘 보이지 않는다. 시간이 지나면 학기 초 학생이 어떤 모습이었는지 기억이 나지 않기 때문에 평가 결과를 기록하는 것이 교사에게도 그간의 노력을 눈으로 확인하게 해주는 효과가 있었다. 내가 노력하고 교육한 보람을 찾는 일이기도 했다.

교육부(2018)에서 제시한 평가조정 유형[13]은 다음과 같다.

| 평가 형태의 조정 | 평가실행 방법의 조정 |
|---|---|
| • 장애학생의 현재수준을 고려하여 서답식 대신 선다형, 지필평가 대신 면담 및 포트폴리오 등으로 조정<br><br>• 장애학생의 개별화교육계획에 따른 평가 시 평가목표, 내용, 범위, 문항 수 등을 조정 | • **시간 조정: 시험시간을 조정**<br>  (예: 시간연장, 중간휴식 제공)<br>• **환경 조정: 시험보는 장소를 수정**<br>  (예:특수학급)<br>• **제시방법 조정: 시험자료 및 지시문의 제시 방법의 조정**<br>  (예: 점자, 지시문 읽어주기)<br>• **반응방법 조정: 학생이 시험문제를 답하는 방법을 조정**<br>  (예: 컴퓨터, 대필, 점자, 녹취 등) |

---

13 교육부/세종특별자치시교육청.《초·중등학교 통합교육 실행 가이드북》.

# 모두 참여 수업은
# 모두와의 소통이다

과학 시간에 국립특수교육원에서 나온 장애 학생 통합교육 교재로 틈틈이 지호와 일대일로 수업한다. 그런데 몇 페이지 넘어가면 지호가 표정을 찡그리며 내 손을 밀고, "에~" 소리를 낸다. 학기 초엔 밀고당기기로 생각했다. 여기서 그만하면 습관적으로 그럴 거로 생각해 기 싸움을 했다. "좀 더 해야지. 하나만 더 하자" 하다가 감정이 폭발해서 크게 소리를 지르기도 했다. 학기 초에 다른 학생들도 보는데 선생님이 쩔쩔매는 모습을 보여줄 수는 없어서 중도에 그만두었다.

1학기가 끝나갈 즈음에는 "에~" 그러면 "공부가 너무 어렵구나~" 하고 같은 톤으로 공감해주고, "하기 싫으면 (두손 흔들며) 싫다고 해" 하고 의사소통 방법을 알려주었다. 처음엔 의사소통의 중요성을 생각하지 못했다. 자폐 스펙트럼 학생도 지적장애 학생들처럼 교수적 수정을 해주는 것이 담임으로서 해줄 수 있는 마지노선이고, 자폐성 장애 고유의 특징에 대해서는 내가 감히 어찌할 수 없다고 생각했다.

우리 학교는 2년째 통합교육 연구학교를 운영하고 있는데 첫 해는 특수교육대상 학생 11명 중에 세 명이 자폐 스펙트럼 범주에 있었다. 이 아이들이 통합학급에서 보이는 행동으로 인해 특수교육대상 학생뿐 아니라 담임교사, 전담교사, 특수교사, 반 아이들도 어려움이 많았다. 이를 해결하기 위해 통합교육지원 교사, 특수교육지도사, 자원봉사자가 들어오는 시간을 조정했다. 아울러 여름 방학에 자폐 스펙트럼과 관련된 책을 보면서 자폐 스펙트럼 학생은 다른 사람과 의사소통하는 게 힘든 만큼 교과 지식보다 어쩌면 의사소통 연습이 중요할 수 있다는 생각이 들었다.

"적절한 표현수단이 없을 때 아이는 의사소통의 필요와 욕구를 충족할 수 없다. 그 필연적인 결과는 분노와 좌절이다. 따라서 말이든 그림이든 또는 어떤 특수 보조기법을 사용하든, 아이에게 의사소통 능력을 길러주는 것이 중요하다."[14]

"자폐인들이 하는 부적응 행동 대부분은 주위 사람들에게 자기 의사와

---

14 앨런 노트봄, 《자폐 어린이가 꼭 알려주고 싶은 열 가지》, 한울림스페셜.

욕구를 전할 수 없다는 것과, 상대가 하는 말을 잘 이해할 수 없다는 것, 즉 의사소통을 못 하기 때문에 생기는 것이라고 생각된다. 그러므로 의사소통 기능을 개선시키거나 발달시키게 되면 환경 적응이 좋아지고 행동 장애는 그만큼 줄거나 사라진다."[15]

의사소통의 중요성을 알고 나니 2학기에는 지호를 대하는 방식이 좀 달라졌다. 1학기에는 활동이 길어져 싫다는 표현을 할 때도 내가 꺾이면 안 될 것 같아 더 시키다가 아이가 흥분해서 선생님과 친구들을 밀치고, 손을 할퀴는 사태까지 벌어졌다. 그러면 최후의 방책인 특수학급으로 보내는 방법을 선택했다. 같은 상황이면 2학기에는 "힘들구나. 조금만 쉬다가 하자"고 한 후 잠시 다른 친구들 봐주고 다시 오면 그 사이 마음에 평정심을 찾았는지 아까와는 다른 태도로 공부했다.

소리를 지르고 내 손을 미는 것도 지호에게는 자기 마음을 표현하고 있는 것이었다. 내가 그 마음을 읽어주고 반응해 주면 지호도 소통의 즐거움을 느낄 수 있을 것이다. 단, 밀고 소리를 지르며 표현하는 대신 손을 흔들어 싫다는 뜻을 표현하는 것처럼 '사회적으로 용납되는' 방법을 가르치는 게 필요했다. 그래서 수업 시간에 "네"라고 대답하는 연습을 수시로 했다. 1학기에는 "지호야, 오늘 급식 맛있었어?", "물 먹

---

15 사사키 마사미. 《TEACCH 자폐와 더불어 사는 법》. 마고북스.

을래?" 등 뭐라고 물어도 높은 기계적인 톤으로 "네" 하고 대답했다. 그런데 2학기에는 같은 "네"라도 톤이 다르고 지호 본연의 목소리가 나왔다. 지호는 노란 스티커에 글자를 써서 한 글자씩 붙이는 활동을 좋아했는데, 다 하고 나서 "더 줄까요?" 그러면 "네" 하고 멋지게 대답했다.

1년이 마무리될 무렵 그림책 《스즈짱의 뇌》(다케야마 미나코 글, 미키 하나에 그림, 봄나무)를 아이들과 함께 읽으며 지호에 관해 이야기를 나누어 보았다.

"만약 지호가 말을 할 수 있다면 우리에게 무슨 말을 할까?",

"지호 목소리가 듣고 싶어"

"나도" "나도"

"나를 챙겨줘서 고마워라고 할 것 같아"

아이들은 1년간 지호와 지내면서 우리가 '문제행동'이라고 생각하는 것도 지호의 의사표현 방법이고, 그것마저 언어로 받아들이고 있었다. 비록 말로 소통하고 싶지만 그럴 수 없는 걸 받아들이고, 표정이나 소리로 지호 감정을 알아내려고 애쓰고 있었다.

"이유 없이 웃을 때 우리와 함께 있었던 좋은 일을 생각하고, 안 좋은 일을 생각할 때 울기도 한다는 걸 알게 되었어요"

"에~ 하거나 미는 행동 (공부하기 싫어!!) 같이 감정을 표현하는 게 좋은 것 같아요"

올해 만난 정현이는 자폐 스펙트럼이 있는데 수업 시간에 혼자 나가려고 해서 하루에 한 시간만 특수교육지도사 선생님과 통합학급 수

모두 참여 수업

업에 참여한다. 3월 개별화교육 회의 때 정현이 어머니께서 오셨는데 집에서는 "엄마" "아빠" "왜" "줘" "좋아" 이런 말을 한다고 하셨다. 그런데 학교에서는 특수학급에서도, 통합학급에서도 알아들을 수 있는 말을 하지 않았다.

그래도 아침에 교실에 들어오면 담임인 나에게 머리를 숙여서 인사를 했다. "친구들한테도 인사해야지." 그러면 이번에도 머리를 숙여서 친구들에게 인사했다. 개별화교육 회의 때 반 친구들에게 손을 흔들며 인사하는 걸 연습시키기로 해서, 매일 연습하고 있다. 우리는 정현이가 손을 흔드는 시늉만 해도 잘한다고 하는데, 특수선생님은 손을 쫙 펴서 인사하게끔 정확하게 지도하셨다.

> 의사소통 기술을 지도하는 데 가장 중요한 관점은 우선 자폐인이 의사소통할 상대에게 깊은 신뢰의 마음을 갖는 것이다. 그런 다음에 자폐인들이 습득한 기술을 실제 일상생활에서 자발적으로 응용하고 그 결과에 기쁨을 느끼게 하는 것이다. 자발적 의사소통을 즐길 수 있게 하기 위해서는 지도 과정에서 서서히 돌봄과 도움의 손길을 줄여 가는 것이 중요하다.[16]

---

16 사사키 마사미. 《TEACCH 자폐와 더불어 사는 법》. 마고북스.

# 수업 참여는
# 사회적 통합으로 가는 지름길

아직 완벽하진 않지만 학교마다 통합학급이 생겼으니, 통합교육은 물리적 통합 면에서는 많은 성과가 있었다고 할 수 있다. 교육과정 통합은 현재 진행형이다. 교수적 수정도, 모두가 참여하는 수업도 교육과정에서 통합을 이루려는 노력이다. 그렇다면 교육과정 통합을 넘어 사회적 통합은 얼마만큼 왔을까? 같은 학급 구성원으로 자연스럽게 받아들여지고 있고, 장애 학생의 현재 능력에 맞게 학습과제를 받고, 능력에 맞는 평가가 이루어지고 있을까?

가까운 선생님들 이야기를 들어보면 특수학급에서 국어, 수학 시간에 아이에게 꼭 맞는 수업을 해주니 통합학급에서는 친구들과 소통하는 것에 주안점을 둔다고 했다. 아이들은 고학년이 되면 장애 학생을 무시해서가 아니라 친한 그룹이 생겨, 그룹 학생들 위주로만 친하게 지낸다. 그래서 고학년이 되면 특수교육대상 학생을 친구들과 자연스럽게 어울리도록 교육하기 쉽지 않은데, 그래도 최대한 친구들과 잘 지내게 분위기를 만들어 주려고 노력한다고 했다. 특수교육대상 학생 중에는 소통하려고 하지 않고, 언어표현이 안 되고, 소극적인 친구가 많다. 그래서 담임선생님들은 이 학생들이 무시당하지 않고, 친구들과 소통하는 기회를 늘여 주기 위해 노력한다.

장애가 있는 친구를 편견 없이 바라보고, 달려가 도와주는 천사 같은 학생들도 있지만 말이 거칠고, 무시하는 말을 아무렇지 않게 하거나, 자기 일이 아니어서 남의 일에는 관심이 없는 학생들도 있다. 승부에 대한 집착이 심해서 팀이 이기는데 방해가 되는 학생을 멀리하려는 학생도 있다.

그런 학생들도 일 년간 소외되는 친구에게 관심을 가지고 배려하고, 승부보다 함께하는 과정이 중요하다는 것을 반복하여 지도하면 장애 학생뿐 아니라 다양성을 가진 친구들을 자연스레 받아들이고, 따뜻한 분위기로 변하는 걸 느낄 수 있었다.

말을 못한다고 친구가 될 수 없는 건 아니었다. 함께 놀거나 산책하면서 기뻐하는 친구를 보면서 함께한 학생들도 행복해 했다. 학년 초에는 친구가 왜 소리를 지르고, 교실에 안 들어오려고 하는지 이해하지 못했지만, 시간이 지나면서 표정과 몸짓, 소리로도 소통할 수 있다는 걸 아이들도 알게 되었다.

나는 친구를 도와주는 멋진 장면을 친구들 앞에서 칭찬해 주고, 어제보다 나아진 모습이 있을 때 격려해 준다. 아이들의 변화를 알아봐주기 위해 기록을 시작했다. 벅차게 감동했던 순간도 며칠이 지나면 잊어버릴 때가 많아 기록의 필요성을 느꼈다. 아주 사소하지만 잘한 것, 부족한 것을 짧게 메모해두고, 성장했을 때, 선한 행동을 했을 때 간식이나 문구 같은 작은 선물을 미리 사뒀다가 칭찬과 함께 주는 것을 일년 동안 꾸준히 했다. 장애 학생도, 비장애 학생도 누구에게나 성장을 칭찬할 기회가 있었다. 사회적 통합에 신경 쓰면 따뜻한 학급 분위기는 저절로 따라왔다.

나는 신규교사 때부터 "아이의 빛나는 1%를 발견해 주는 교사"를 꿈꿨다. 어느 순간 장점보다 단점이 먼저 보이던 내가 변하고 있음을 느낄 수 있었다. 아이의 단점을 보는 것은 쉬운 일이지만 장점을 찾는 일은 노력해야 하는 일이었다. 특히나 장애 학생들의 장점, 강점을 찾으려면 유심히 관찰해야 했다. 친구들과 비교하면 강점이 보이지 않을 수도 있지만, 아이가 갖고 있는 것 중에서 찾으면 찾을 수 있다. 장애 학생의 강점을 찾는 연습을 해서 그런지 비장애 학생들의 강점은 더 찾기가 쉬웠다. 강점을 찾아서 아이들 앞에서 이야기해주면 그 학생들의 표정과 행동이 달라졌다.

아직 학교 밖에서 사회적 통합이 이루어지는 모습은 잘 보이지 않지만, 적어도 학교 안에서 사회적 통합은 느리지만 분명히 진전을 이루고 있다. 이제는 장애 학생 통합(교육)을 넘어 발달장애, 경계선 지능에 있는 느린 학습자, 다문화 배경 학생 등 다양한 특성과 문화를 포용하

모두 참여 수업

고 어울리는 방향으로 학교와 교실이 진화하는 듯하다.

사회적 통합을 시작하는 곳은 사실 교실이고, 이를 이루는 기초는 교육과정의 통합이다. 인지능력이 부족하다고 수업에서 배제하지 않고, 투명인간 취급하지 않겠다는 건 인권 문제이기도 하다. 신규교사 때 나는 장애 학생을 위해 아무 배려도 해주지 않으면서 아이들에게는 배려하고 챙기라고 짐을 지우기도 했다. 아이들은 '선생님은 안 하면서 우리한테만 도와주라고 하시네요. 우리가 이 아이를 지키는 사람입니까'라고 생각했을지도 모른다.

교사가 장애 학생을 수업에 참여할 수 있도록 이끌어 주는 것은 그 자체로 교실 안 모두에게 평생을 살아가는 데 필요하고 중요한 메시지를 던진다고 생각한다. '장애가 있어도 똑같이 참여할 권리가 있어' '조금만 방법을 바꿔주면 배울 수 있어' '너희들처럼 속도가 빠르진 않지만 성장하고 있잖아' '이 친구도 잘하는 게 있어' 하는 메시지를 아이들에게 줄 수 있다. 장애 학생에게도 배울 수 있고, 성장할 수 있고, 친구들과 감정과 정서를 공유하고 나눌 수 있다는 생각이 자연스레 확산될 수 있다. 그러면 인간적 자존감과 사회적 관계의 질을 높이는데 크게 기여하리라 생각한다. 우리가 수업과 교실에서 누구도 소외되지 않고, 모두가 참여하도록 한다면 '교육과정 통합'과 '사회적 통합'이라는 두 마리 토끼를 잡을 수 있다고 믿는다.

***

정다운 학교를 4년간 운영하며 내 머릿속 키워드는 교수적 수정, 협력 교수, 또래 도우미였다. 이 세 키워드는 서로 연결이 되어 있는데, 협력 교수를 통해 특수교사가 교수적 수정 노하우와 효과를 일반교사에게 전하는 목적도 있다고 생각한다. 또한 교수적 수정은 친구와 소통할 때 어떻게 함께 활동하면 되는지 머릿속에 그릴 수 있는 좋은 모델링이 된다. 선생님이 아이를 대하는 모습을 통해 다른 친구를 어떻게 대할지 배울 수 있다.

업무도 많고, 다양한 어려움을 가진 학생들이 많은데 한 명을 위해 이렇게까지 수고해야 하는가? 하는 의문이 들 수 있지만 드라마에서 김 사부도 말하지 않았던가. 사람 하나를 구하는 게 우주 하나를 구하는 거라고. 통합학급에 장애가 있는 학생 한 명을 지원하는 것은 학생뿐 아니라 장애가족에게도 그래도 살아갈 만한 세상이란 희망을 주는 것이다.

통합학급을 운영해 보니 교사가 어려움을 겪는 한 학생을 배려했을 때 서로를 포용하는 따뜻한 학급 분위기, 학생들의 내적 성장이 덤으로 따라왔다. 이건 담임교사가 정말 꿈꾸는 학급 모습이기도 하다. 통합교육 속에 감추어진 보물을 더 많은 선생님이 발견하고, 그 기쁨을 공유하는 날을 고대한다.

나는 장애 학생의 부모이자 교사로서 절박한 마음으로 통합교육과

모두 참여 수업

모두 참여 수업을 시작했지만, 이는 장애 학생만을 위한 것은 아니었다. 장애 학생의 참여는 곧 우리 반 모두의 참여와 협력으로 발전했고, 교사와 학생, 공동체와 학생들 서로의 관계를 매우 긍정적으로 바꾸었다. 결국 누구도 소외되지 않는, 그래서 누구나 참여하고 배움이 가능한 수업은 나를 교사로서 더 성장시켰다. 그래서 나는 날마다 모두 참여 수업을 만들어 가려고 노력하고 있다. 나는 교사다.

# 모두 참여 수업

**초판 1쇄 펴낸 날** 2023년 10월 17일
**초판 2쇄 펴낸 날** 2024년 6월 10일

**지은이** 신상미, 이리라, 이영수, 임경희
**펴낸이** 이후언
**기획** 이종필
**편집** 이후언
**디자인** 윤지은
**인쇄** 하정문화사
**제본** 강원제책사

**발행처** 새로온봄
**주소** 서울시 관악구 솔밭로7길 16, 301-107
**전화** 02) 6204-0405
**팩스** 0303) 3445-0302
**이메일** hoo@onbom.kr
**홈페이지** www.onbom.kr

ⓒ onbom, 2023. Printed in Seoul, Korea

ISBN 979-11-974585-8-3 (03370)